LA MER RÉCOMPENSE LE FLEUVE

La mer récompense le fleuve

PARCOURS DE BENOÎT LACROIX

*Conversations avec Simone Saumur-Lambert
et Pierrot Lambert*

FIDES

Nous remercions vivement le père Denis Gagnon, o.p., qui a bien voulu lire le manuscrit et nous faire des recommandations fort utiles.

Catalogage avant publication de Bibliothèque et Archives nationales du Québec et Bibliothèque et Archives Canada

La mer récompense le fleuve. Parcours de Benoît Lacroix.
Conversations avec Simone Saumur-Lambert et Pierrot Lambert

ISBN 978-2-89007-987-8

1. Lacroix, Benoît, 1915- – Entretiens.
2. Théologiens – Québec (Province) –Entretiens.
3. Dominicains – Québec (Province) – Entretiens. I. Lambert, Pierrot.

BX4705.L234A5 2007 230'.2092 C2007-940689-0

Dépôt légal : 1er trimestre 2009
Bibliothèque et Archives nationales du Québec
© Éditions Fides, 2009

Les Éditions Fides reconnaissent l'aide financière du gouvernement du Canada par l'entremise du Programme d'aide au développement de l'industrie de l'édition (PADIÉ) pour leurs activités d'édition. Les Éditions Fides remercient de leur soutien financier le Conseil des Arts du Canada et la Société de développement des entreprises culturelles du Québec (SODEC). Les Éditions Fides bénéficient du Programme de crédit d'impôt pour l'édition de livres du gouvernement du Québec, géré par la SODEC.

IMPRIMÉ AU CANADA EN JANVIER 2009

Avant-propos

Nous avions une question à poser au père Lacroix. Une seule. « D'où vous vient ce langage *différent* que vous employez pour exprimer les choses de la religion ? »

Nous l'avions entendu décliner à la radio le thème de l'eau et du désir d'être, en lien avec les grands symboles du christianisme. Nous avons souhaité l'interroger sur les sources auxquelles il puisait.

Un de nos amis venait de mourir. Pendant sa maladie, nous avions souffert de sa forte méfiance envers certaines traditions spirituelles, alors que nous aurions tant voulu nommer avec lui des lieux de plénitude.

La parole du père Lacroix, avivant les mots anciens par son long dialogue avec des centaines d'êtres de milieux divers et par sa fréquentation des poètes, jetait des passerelles sur les fractures spirituelles de notre société.

Nous avons enregistré un premier entretien, en février 2006. Beaucoup d'autres ont suivi, jusqu'au printemps 2008. Car notre interrogation sur la source de son langage nous a menés tout droit à son parcours personnel. Et le père Lacroix a décidé de s'investir dans ce qui est bientôt devenu un projet de livre, encouragé par M. Maillé aux Éditions Fides.

Certes, la vie du père Lacroix était partiellement racontée ailleurs, notamment dans le beau livre préparé par Giselle Huot pour son 80ᵉ anniversaire, *Dits et Gestes de Benoît Lacroix, prophète de l'amour et de l'esprit*. Plus récemment, un colloque tenu à Naples (*L'humanisme franco-canadien. Un cas, Benoît Lacroix*) ajoutait de précieux témoignages à la connaissance de l'homme et de son œuvre. Et un film (*Lacroix sur paroles*) cherchait à traduire l'âme de ce religieux.

Si le père Lacroix s'est fait complice de notre entreprise, outre sa générosité, c'est qu'il a vu dans cette longue conversation l'occasion d'un nouveau regard sur son existence et ses grandes amitiés, à un âge imprévu où son amour de la vie ne fait que croître.

Nous le remercions vivement de son engagement dans ce dialogue dont nous espérons qu'il intéressera tous les chercheurs de lumière en amont ou en aval de son grand fleuve.

PIERROT LAMBERT
SIMONE SAUMUR-LAMBERT

I

L'ENFANCE ET LE COLLÈGE

1915-1936

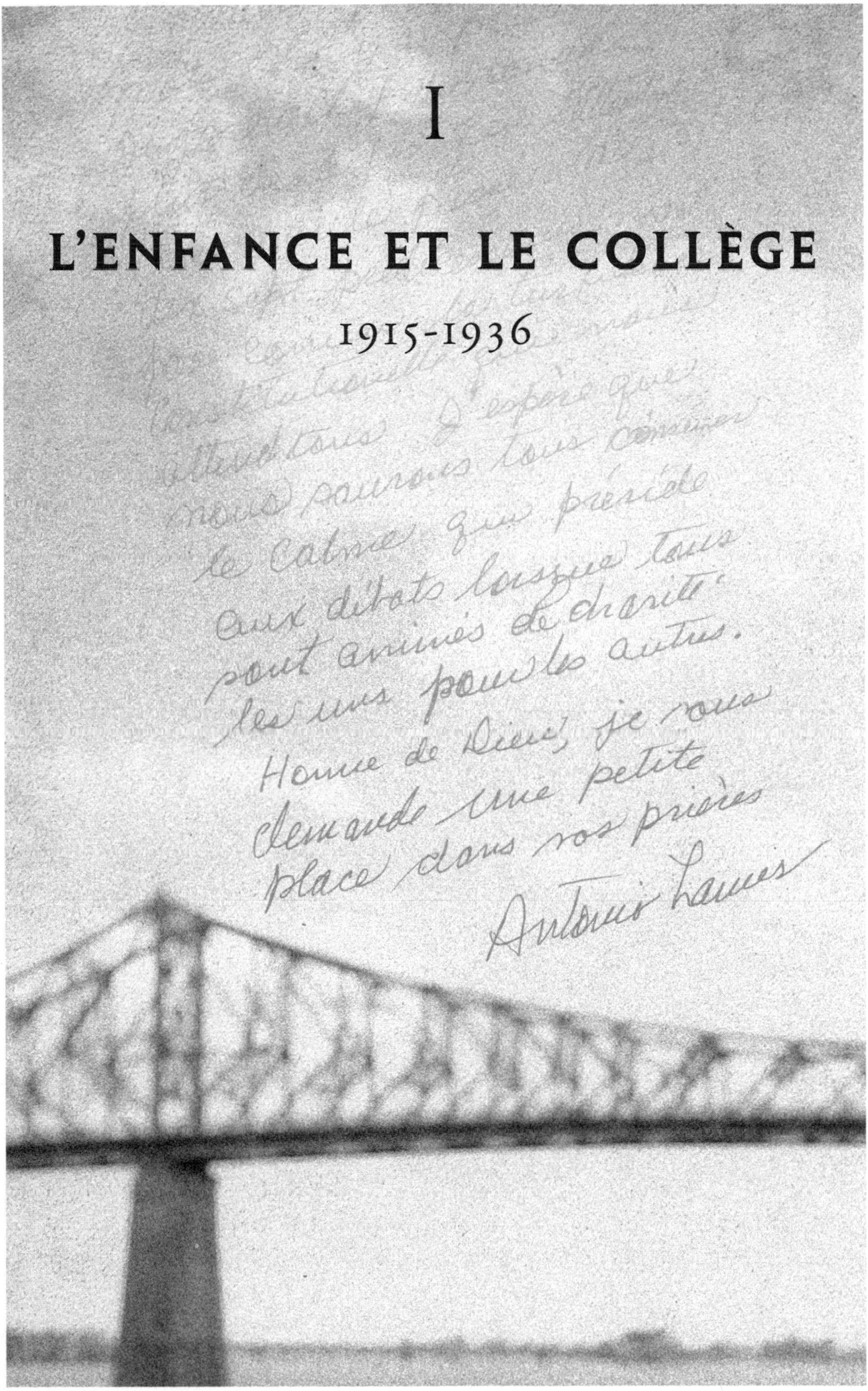
J'espère que
nous pourrons tous connaître
le calme qui préside
aux débats lorsque tous
sont animés de charité
les uns pour les autres.
Homme de Dieu, je vous
demande une petite
place dans vos prières
Antonio Lamer

Le fleuve Saint-Laurent

Quelles sont les images qui vous font vivre, père Lacroix?

L'image que j'aime est celle du fleuve à Saint-Michel qui, en route vers Gaspé, débouchera sur l'océan.

Le fleuve à lui seul pourrait résumer toute ma vie. Il est mon premier maître, un symbole qui ne cesse de m'accompagner encore aujourd'hui. Il me dit le temps qui vient et qui va, le voyage de la vie entre les rives qui le limitent. Un jour le fleuve deviendra un tout : l'océan. L'océan sera la récompense du fleuve transformé en un océan intemporel. Je rêve trop?

Pourtant, vous avez vécu le plus souvent à Montréal… votre maison était bien loin du fleuve…

Exact. Doublement exact… Le fait d'avoir à quitter le fleuve, mon premier ami, me l'a rendu plus précieux. La proximité n'est pas une condition indispensable en amitié et il arrive que la distance augmente la connaissance comme elle augmente le désir. Je me suis beaucoup attaché au fleuve, beaucoup ennuyé de lui. Comme un souvenir d'enfant : il arrive qu'il se précise à mesure que la vie avance.

Aujourd'hui, je vois encore le fleuve comme l'image de la vie qui coule, qui coule et se déroule jusqu'au moment où elle arrivera à son port ultime, l'océan. Telle la vie qui continue jusqu'à l'ultime souffle. Tel l'amour qui s'éternise jusqu'à se perdre dans l'Océan divin. Le beau mot de Rimbaud : « Elle est retrouvée, quoi ?/L'éternité/C'est la mer mêlée au soleil. »

C'est important au point de vue géographique, pour situer le Québec. La largeur, la longueur de ce fleuve-là… C'est un événement au Québec, le fleuve. C'est peut-être la rivière qui a été le plus souvent chantée, sans que les gens s'en doutent. C'est la dynamique du Québec.

La dynamique du Québec… Parce que nos premiers Québécois – je veux plutôt nommer les premiers Français – sont arrivés par le fleuve.

J'oserais même dire que le Canada est né à cause du fleuve.

Plus tard… dans la cinquantaine, je suis touché par *L'Ode au Saint-Laurent* de Gatien Lapointe († 1983). Le poème m'habite au plus haut point, autant que les célèbres *Regards et jeux dans l'espace* de Saint-Denys Garneau († 1943), je le lis et relis :

> Ma langue est d'Amérique
> Je suis né de ce paysage
> J'ai pris souffle dans le limon du fleuve
> Je suis la terre et je suis la parole
> […]

Je surveille les peintres, dont un de nos plus grands, Jean-Paul Lemieux († 1990), qui a un sens aigu de l'espace. Ses paysages sont souvent à la frontière du fleuve.

Le fleuve, ses rives, l'île d'Orléans, les montagnes, c'est ma vie.

Les Amérindiens aussi ont été très attirés par le fleuve. Ils l'appellent « la rivière qui marche ».

Cet univers maritime m'a toujours fasciné et me fascine encore. D'où un jour un essai, imparfait j'en conviens, paru chez Leméac en 1980, *Folklore de la mer et religion.*

De la maison familiale, vous n'aviez aucune vue sur le fleuve... et pourtant vous y tenez?

Pour tout dire, mon amour du fleuve toujours aussi réel a pris différentes formes. Il est le même fondamentalement. Mais la vie m'a imposé, ayant beaucoup voyagé, de l'aimer aussi à distance. Et déjà d'une façon authentique. L'amour courtois, disait-on au Moyen Âge. Simplement à penser à lui, je l'aime.

Ainsi, nous vivions dans le Troisième Rang, à proximité des terres à bois, voisins des Micmacs et un peu plus loin des Abénakis. Cet éloignement du fleuve, je l'ai dit, augmentera mes désirs d'enfant et mes attentes fébriles du dimanche.

Ah le dimanche! Aller à l'église et aller voir le fleuve, c'est du pareil au même. L'église est bâtie sur la grève, tout près.

Aller voir le fleuve même en hiver? Il nous parle tout autant. Caché, silencieux, sous la glace, on dirait qu'il planifie nos prochaines visites, en attendant que les outardes soient revenues!

Vous êtes toujours aussi enthousiaste?

Le fleuve, pour moi, c'est plus que mon enfance. C'est toute mon existence qui se déroule. Quand je vois le fleuve, ça m'impressionne... Je ne sais trop pourquoi. L'eau qui coule, peut-être? L'immensité du paysage. La joie de la famille: enfants, ensemble en route vers le village... Et le fleuve toujours fidèle à lui-même. Toujours là, comme le clocher de l'église Saint-Michel.

Quand vous avez lu Héraclite, vous...

Entre-temps – j'ai 30 ans –, je rencontre Héraclite, Aristote. Des philosophes qui me parleront du fleuve encore. À des moments inattendus. Héraclite qui me dit à sa manière que le temps, c'est ta vie qui passe : « Tu ne peux descendre deux fois dans le même fleuve. » Et revoilà mon cher Aristote : « Tu es et tu deviens. » Me voilà qui *suis* sur la terre dans le Troisième Rang de Saint-Michel et dès que je vois le fleuve, je me souviens que je *deviens*... Être et devenir !

Ces réflexions ne sont pas venues tout d'un coup ?

J'ai fait des liens entre Aristote et... l'être, le devenir... la terre et le fleuve qui passe...

Mais non ! Je veux dire, en nommant ici le fleuve, à quel point l'enfance nous marque, même aux moments les moins réfléchis de notre jeune vie. En allant à l'église, j'allais aussi à la rencontre du fleuve.

L'église est presque sise sur le fleuve, collée sur le fleuve, comme le cimetière. Les plus beaux paysages sont ceux qui sont reliés au fleuve.

La paroisse est en face de Saint-Jean, de l'Île d'Orléans, de Saint-Laurent, plus à l'est de Saint-François, en face de Beaupré.

Vous avez écrit sur Saint-Michel-de-Bellechasse...

Oui, beaucoup, beaucoup. J'ai même écrit des contes poétiques sur Bellechasse. Ça s'appelle *Trilogie en Bellechasse*.

Pour moi, ce sont des lieux premiers de réflexion. L'œil reste premier. Plus tard, je me ferai écrivain. Les yeux encore qui s'en mêlent !

La famille

Parlez-nous un peu de la famille, de votre père, de ses occupations.

Mon père était à la fois politicien de campagne, cultivateur, grand parleur et prophète en matières agricoles.

La politique et ensuite sa terre. C'était un phénomène, paraît-il. Il n'avait peur de rien. Il était à l'aise avec un député, un ministre. Rien qui l'empêche de vivre... et de parler!

Et avec la religion aussi?

Un homme religieux? Oui. Pas pieux au sens populaire de l'époque. Il préfère la parole au silence. La prière lui va, parce qu'il y parle... À Dieu de l'écouter!

Ce qu'il aime à l'église, c'est quand un curé peut «parler sans feuilles». Voilà qui l'impressionne beaucoup. Il aime beaucoup ses députés parce qu'ils «parlent sans feuilles». Autodidacte intelligent.

Grand praticien de la tradition orale. À tout sermon en règle, il préfère un récit d'Évangile élaboré, inventé, imaginé.

Mais vous nous avez dit que votre père dormait pendant les sermons?

Comme nous tous, le prône qui donne les nouvelles de la paroisse l'intéresse énormément. Le ton monotone du jeune vicaire qui fait le sermon l'endort. Il ronfle même. Ma mère intervient. Il se défend d'avoir dormi en prétextant qu'il en profite pour *méditer*. D'où lui venait ce mot choisi, nous ne l'avons jamais su.

Vous écrivez, dans La religion de mon père, *que votre père disait à votre mère de ne pas prier trop, parce que cela fatiguerait le bon Dieu.*

La prière, c'était le chapelet. Il était fatigué le soir, mais il ne s'esquivait jamais, sauf quand ma mère ajoutait une dizaine de chapelet. Il disait parfois: «Tu pries trop, tu manques de confiance.» Ces réflexions troublaient ma mère et nous rassuraient... face à des prières parfois répétitives. Si dormir était aussi prier!

C'était un homme confiant ?

Oui… un homme de parole… un homme de tradition et d'une mémoire phénoménale… Un conteur aussi. Dans ses récits souvent circonstanciés et anecdotiques, sujets à notre point de vue à quelques menteries de son cru, il nous propose parfois des réflexions très profondes sur la vie, le bonheur, l'éducation des enfants, la politique.

«Vous, les enfants, n'oubliez pas le grand-père Nadeau, la grand-mère Blais : des gros travaillants, sur la terre, dans les chantiers, à la maison. Le travail, ça rend service, ça fait vivre, c'est divin, une invention du Bon Dieu pour nous aider à faire de notre mieux. »

Peut-être est-ce cela l'essentiel de la religion de mon père. Fidélité et loyauté au rituel familial, confiance au «Bon Dieu» et à la Sainte Vierge du chapelet, familiarité avec le sacré domestique des prières avant et après les repas.

Il racontait des histoires ?

Il racontait volontiers l'histoire des «autres», du village, des rangs surtout…, qu'il faut être enraciné dans la vie, qu'il ne faut pas se laisser aller, pas simplement travailler sans savoir comment ça fonctionne, la terre. Il nous passait aussi des messages sur la nécessité de s'adapter aux nouvelles formules agricoles. Il était très renseigné… sans que nous connaissions trop ses sources : le nom des moulées, leur nécessité pratique, le prix des veaux, des volailles, des machines agricoles.

Un «habitant» d'avant-garde sans diplôme. Comment expliquer cela ?

On parle de quelles années, là ?

Il est né en 1883, et il est mort en 1969. Je l'ai surtout connu, moi, entre 1920 et 1935. Ensuite, j'étais dans des collèges, aux études. Bien que je l'aie aimé souvent à distance, comme le fleuve. Il m'a marqué beaucoup, parce que c'était un homme de parole, parole au sens large du mot. Un homme foncièrement altruiste, joyeux, blagueur.

Ma mère, c'était au contraire la discrétion, l'effacement, la priante, la femme traditionnelle, qui mène à la maison sans que cela paraisse et qui finalement s'impose, sans paroles.

Elle était effacée, mais elle avait du pouvoir...

Un pouvoir immense. À la grange, elle avait moins à faire... « La grange, c'est à nous les hommes : la maison est aux femmes ! »

Jamais je n'ai entendu une critique de mon père sur la tenue de la maison. Ni de ma mère sur la grange et ses dépendances.

À chacun, à chacune son royaume, avec une confiance naturelle. Non pas deux univers clos. Mais une confiance dans les rôles ancestraux distincts de l'homme et de la femme. Voilà ce que j'ai appris d'eux.

Nous n'avons jamais senti que ma mère était au service de papa. Le bien général de la ferme les guide et les rassure tous les deux en même temps.

Leur dialogue s'appelle entraide. Matin, midi et soir.

D'autre part, je le dis tout de suite avant que vous ne me posiez des questions : nous n'avons jamais tutoyé nos parents, ils ne nous ont jamais révélé leurs sentiments, ils ont été plutôt discrets à dire qu'ils nous aimaient. Selon eux, seuls les faits devaient parler. Or, de ce point de vue, ils étaient parfaits. Pas de mots et peu de gestes « à la moderne ».

Vous aviez beaucoup d'animaux ?

Par ordre d'importance : les chevaux, le bœuf, les vaches, les taurailles, les poules, les moutons, les cochons, les chats, le chien, et toute une bande d'oiseaux qui passaient l'hiver au fenil...

Entre nous tous, une grande familiarité. Un agneau malade dormira à la maison! Le chien a tous les droits. Aux chats de s'adapter.

C'était l'élevage ou la culture qui dominait?

Il y avait de tout. À part les animaux, il y avait le grain. Les foins. Un petit jardin. En plus, le goût de faire de la terre. Il y avait des terres qui n'étaient pas complètement défrichées. Ça, ça m'a toujours impressionné : «faire de la terre». Couper des arbres et rendre la terre capable d'être ensemencée.

Ces images reviennent, nécessairement. Quand je vois les gens qui se cherchent un logement en ville, je pense à mon père. Lui, le logement il l'avait déjà en rêve. Il s'agissait de découvrir le lieu…, de le «tailler», de le «bûcher»…

Il avait combien d'acres?

Je ne sais pas. C'était grand. D'un côté la forêt, de l'autre une petite rivière, la rivière Boyer. Un encadrement physique qui m'a beaucoup marqué : les Laurentides au nord ; les Appalaches au sud. Entre les deux, le fleuve qui roule et se déroule…

Que faisait votre père, l'hiver?

Il faisait cinquante métiers. Il s'occupait des bêtes, des chevaux à l'intérieur… Des animaux à nourrir. La grange à entretenir. Des renards tout près qui chassent les lièvres à surveiller!

L'hiver, il arrive de la visite, c'est la fête. L'hiver, c'est la liberté. C'est la belle saison. La terre nous a donné congé.

L'hiver serait-il votre saison préférée?

Chaque saison est belle, à mon avis. Je ne voudrais pas changer de pays. J'ai été en Afrique. J'ai été en France au printemps – le printemps est plus tôt qu'ici. Mais ici, c'est quelque chose, ce sont quatre saisons avec des contrastes affirmés, mais l'hiver reste à la fois étrange et magique. J'aime...

On a davantage le sens du devenir en Amérique. L'hiver y joue-t-il un rôle?

Oui et non. On est peut-être plus réalistes. On est moins productifs du point de vue idéologique qu'en Europe. L'Europe réfléchit intensément toute l'année. Nous, on ralentit tout à coup. Les éditeurs me le disaient: il y a moins de livres qui paraissent. L'hiver, c'est la lenteur! «Fais du feu dans la cheminée», chante Ferland.

H. Lubienska de Lenval (Trêve de Dieu) montre que jadis on changeait de rythme à l'automne, on s'adaptait aux changements physiques que la saison provoquait. Que dites-vous de ce propos en référence à l'hiver?

Je ne sais trop comment répondre. Sauf que j'ai remarqué qu'à la ferme les habitants retrouvent un certain rythme durant l'hiver. Un rythme fait de lenteur et d'attente dans la confiance en l'avenir s'impose à chacun, à chacune.

Est-ce que d'avoir été enfant tout près de la nature vous a permis de prendre avec un grain de sel tous les discours entendus dans le monde de la religion, de la politique?

Peut-être. Je ne peux m'empêcher encore maintenant de penser à tout ce que la terre m'a enseigné... sans paroles.

Exemple: Les crises que traversent les sociétés me surprennent. J'ai vu qu'on ensemence la terre et qu'on attend que ça pousse. Quelquefois ça prend du temps. La terre est là, on ne la voit pas, elle ne se plaint pas... et elle produit en son temps. Observons les saisons. L'hiver a succédé à l'automne et voici que vient le printemps...

La petite école

Pas toujours à la ferme à surveiller les saisons, vous avez sans doute été à la petite école dans votre Troisième Rang?

La même maîtresse faisait l'école durant dix mois, dans un même lieu, à une trentaine d'enfants de cinq à quinze ans. Inimaginable maintenant.

La maîtresse d'école…

Quand j'y pense! J'arrive à la «petite école». La prière, la leçon de catéchisme, la géographie pour tel groupe, l'arithmétique pour tel autre groupe. «Les enfants, tenez-vous tranquilles.»

Chaque groupe progresse à sa manière. L'enseignante anime.

On ne peut même plus s'imaginer l'esprit pratique de ces femmes, avec une pédagogie inachevée, rarement étudiée dans les livres mais apprise sur le terrain. Quel dévouement!

Mais certains séjours plus récents à l'hôpital m'ont convaincu que le même héroïsme est possible dans le milieu hospitalier. Diversité des services dispensés à l'urgence! Faut tout faire en prenant soin de chacun en 2009. Comme une maîtresse d'école en 1909!

Une seule explication me vient à l'esprit: cette société traditionnelle, canadienne-française, magnifiait la famille, et donc les enfants. Aimer les enfants jusqu'à leur enseigner les premiers rudiments du savoir devient un honneur; disons le mot de l'époque, une vocation.

C'était de toutes jeunes femmes enseignantes?

Oui, pour la plupart. Et peu rémunérées. Elles sont au service d'un milieu rural, milieu conservateur, milieu assez clos. Des petites rivalités éclatent malgré tout entre les écoles.

Peut-être est-ce, en petit, dans le Troisième Rang de Saint-Michel, ce qui arrive depuis toujours sur la planète. *Homo homini lupus*!

Pour donner un exemple, la maîtresse d'école ne devait pas avoir de «cavalier» (mot tellement plus élégant que «chum»). Si elle en avait un, elle et lui étaient sous surveillance. Les fréquentations se faisaient en dehors de l'école.

Y voyez-vous de l'intolérance, un manque de sens civique?

Plutôt un excès de conformisme! Jalousie tribale!

Pourtant, dans les mêmes milieux, s'il arrive un malheur, «on» se tient, «on» se retrouve. Les rivaux d'hier organisent les meilleures corvées. Faut-il en conclure que le malheur unit davantage les gens que le bonheur, qui risque de les diviser?

Vous souvenez-vous des coups de cœur que vous avez eus à la petite école? Vous avez découvert le monde des livres, du savoir...

Je me souviens que j'aimais beaucoup l'Histoire sainte, parce qu'elle était composée de récits. J'y ai pris le goût du récit, le goût d'en écouter... et d'en répéter, ou même d'en inventer.

Les raconteurs

On m'a même dit à ce sujet, que lorsque j'enseignais, je racontais mieux l'histoire d'un livre, que j'en discutais. Chacun son esprit. Le récit m'a marqué. Le récit à l'école. Le récit pendant les veillées. Le récit chez mon père. J'avais un oncle aussi qui avait épousé une madame Maria Fredette, considérée par plusieurs folkloristes d'ici comme une des meilleures raconteuses du Québec. C'était ma tante. Quel héritage!

Est-ce que ces récits ont été consignés?

Oui. Les Archives de folklore et d'ethnologie de l'Université Laval ont publié plusieurs de ces contes et récits. Il existe aussi un centre d'interprétation orale à cette université.

Le comté de Bellechasse, de même que le comté de Charlevoix, sont d'ailleurs considérés comme des comtés parmi les plus importants dans l'étude de la tradition orale au Canada français.

Les raconteurs multiplient les anecdotes qu'ils s'attribuent et qui sont souvent des anecdotes entendues ailleurs. La tradition orale laissée à elle-même est inventive et remplie d'inédits.

Il y a un mouvement là-dedans. Comment expliquer qu'aujourd'hui il y ait un mouvement... pour trouver des raconteurs ?

Fred Pellerin...

Oui, puis... Michel Faubert. Michel Faubert a été le premier à raconter. Il chantait en même temps. Il a été formé par un de mes cousins. Un vieux Monsieur Fredette de Saint-Raphaël-de-Bellechasse.

Comment se fait-il que ça revienne ? Ça m'amène à me poser des questions. Chaque fois que les choses reviennent, c'est qu'elles s'opposent à quelque chose dont on a peut-être abusé.

L'homme moderne, fatigué des théories et des idées qui lui arrivent de tous les côtés à la fois, en vient à préférer les faits, les récits, les *exempla* du Moyen Âge. Il en est de même dans la religion. Tout ce qui semble sermons et homélies trop dogmatiques ne plait guère. En revenir aux récits bibliques même folkloriques s'impose. Jésus ne s'en est pas privé.

Le père Germain Lemieux († 2008) a dit quelque chose d'étonnant. Il était allé en République tchèque et il avait entendu un récit oriental qui, par plusieurs éléments, correspondait à un récit enregistré au Canada.

C'est Placide Eustache, *Sources et parallèles du contre-type 938* (Université Laval, 1970). Il s'agit d'un guerrier, général d'armée, converti à la religion, persécuté, et finalement martyr et saint.

Je peux aussi vous donner l'exemple récent d'un jeune Italien boursier du Canada. Il a découvert qu'il existait en Italie comme au Québec des récits d'hommes-loups, d'hommes-lutins, sortes de personnages malfaisants qui viennent errer la nuit dans les campagnes. Légendes de loups-garous.

Il y aurait sûrement au Québec à parler du bateau fantôme... L'histoire est simple : des bateaux se promènent dans l'air, avec des gens qui, après avoir bûché dans le Nord, viennent voir leur blonde ou leur femme à Noël sans moyen de locomotion. Ces gens vendent leur âme au diable. Le diable l'accepte et leur offre un bateau ; et de Natashquan, en bateau aérien, ils se rendent à Montréal. C'est toujours les gens de Montréal qui font les mauvais coups ! Mais pendant qu'ils sont en route, il ne faut pas qu'ils disent quoi que ce soit qui s'inspire de la religion, parce qu'alors le bateau descendra et coulera, et ils seront tous noyés.

C'est un récit-archétype que l'on trouve ici et ailleurs. Il y a eu beaucoup de ces récits, souvent à saveur orientale. Le peuple aura toujours besoin de trouver un bon et un mauvais. Dur combat entre le bien et le mal, dirait saint Augustin...

Le peuple se reconnaissait bien dans ces aventures. Jusqu'à ces dernières années, le bien l'emportait. Notre époque est-elle plus sévère ? Pourquoi hésite-t-elle à donner la primauté au bien ? Est-ce significatif de notre misère à vivre, même dans la facilité ?

Donc, dans la famille, les récits folkloriques allaient bon train, et à l'école, l'Histoire sainte vous intéressait particulièrement.

Oui. Et je le redis, pas seulement l'Histoire sainte, mais comme j'entendais à la maison toutes sortes de récits, l'histoire du Canada me plaisait énormément aussi.

Mais l'histoire du Canada, n'est-ce pas l'histoire de la Nouvelle-France ? Et là, évidemment, comme dans l'Histoire sainte, il y avait des bons et des mauvais. Et les mauvais, c'était évidemment les Anglais. Il n'y avait pas d'esprit de vengeance, parce que la soumission était déjà acquise. Le clergé l'avait déjà dit, dans notre religion, on obéit à l'autorité. L'autorité, ce sont les Anglais, alors on leur obéit.

Mon père, qui avait déjà rencontré des Anglais, avait dit à la maison : « C'est du monde comme les autres, arrêtez de chialer. » Ça m'avait beaucoup frappé, moi, venant de la part d'un paysan, qui n'avait pas tellement voyagé. Sa remarque m'avait impressionné et, en un sens, je lui dois peut-être de m'avoir sans le vouloir « initié » à la rencontre des autres religions, à l'œcuménisme, à la présence amérindienne.

Les Amérindiens

Allons-nous déjà parler d'interreligieux ?

Oui et non. Les mots ne sont que des signes. Avant le mot, il y a la réalité. Nous vivions dans le Troisième Rang, à proximité de Maska, là où en leur réserve habitent des familles de Micmacs.

Tout près, à Saint-Gervais, nous avions le rang et le lac des Abénakis.

Ces gens faisaient leurs affaires. Nous faisions les nôtres. Aux enfants nous offrions parfois des bonbons sucrés, spécialement au temps de Noël.

Sauf que... si nous étions malades, il n'y avait aucun médecin à notre portée. Nous les consultions. Nous savions à quel point ils connaissaient les arbres ; ils faisaient bouillir de l'eau. J'ai connu ça, moi. J'ai été soigné à l'eau chaude, dans laquelle on avait fait bouillir de l'écorce d'arbre. Ma mère y ajoutait des prières.

De l'interreligieux thérapeutique ?

Services rendus et distance nous aidaient à vivre en harmonie.

Par exemple, les Micmacs n'avaient pas de montre. Quelquefois, ils envoyaient une petite fille, qui partait de La Durantaye : « Va demander l'heure à Madame Lacroix. » À ma mère, la petite fille disait : « Est-ce que je peux emprunter votre temps ? » Quelle délicatesse jusque dans les mots ! Ah ! les enfants !

Je me suis demandé si leur grand respect de la nature était lié au respect qu'ils avaient aussi pour nous, « les autres ».

Étaient-ils christianisés ?

Peut-être que certains avaient été baptisés.

J'ai souvenir qu'ils nous étaient plus étrangers que les Anglais mais dans un sens différent : les Anglais étaient nos conquérants. Les Amérindiens étaient les autres. Là depuis toujours… sans vouloir le savoir. Les grands inconnus !

Pour simplifier ou parodier l'annonce d'une nouvelle naissance, l'on se disait : « Ah ! les sauvages sont passés ! », ou « les sauvages vont venir ». Rien de plus. Formule de passe, plutôt !

C'est un monde, ça. Quand je demande à mon père, un peu plus tard : « Est-ce qu'il y a eu des mélanges entre les sauvages et nous, du mixage ? » Il dira : « Mêle-toi de tes affaires. » Moins pour me faire taire que pour contourner une réalité que les enfants n'ont pas à partager.

Savions-nous qu'ils étaient là avant nous ? Oui, implicitement. Notre mentalité de « Blancs » à l'époque ne nous invitait pas à nous interroger sur les droits des premiers occupants, étant donné que nous étions nous-mêmes « dominés » par les Anglais qui étaient devenus des occupants conquérants.

La politique

Vous disiez que votre père jouait un grand rôle en politique…

Nous avons vite perçu que la politique était à la maison plus importante que tous les Micmacs de Maska.

Mon père était organisateur local pour le Parti libéral en Bellechasse ; il se devait en conscience de mobiliser les cultivateurs et les entraîner à voter « du bon bord ». (Cette expression maritime a-t-elle été importée de nos ancêtres d'outre-mer ?)

Organisateur de comté ?

Oui. Cela veut dire qu'il sait où aller, où se présenter. Dans un milieu rural, le meilleur terrain d'atterrissage est la cuisine ! Il faut savoir arriver à l'heure… au bon moment. À la fin du repas, si possible !

Est-ce qu'il y avait du patronage ?

Il n'y avait que cela. On se fait « acheter » tout rond. Je me souviens des frigidaires promis par Duplessis. Pour les libéraux, c'était plutôt la voirie, des bouts de chemin.

Rien de secret. Les gens disaient : « On va attendre les élections pour demander ceci, cela. » Chaque député avait son mini-budget, chaque organisateur, son rôle…

L'habileté dans l'approche, la ruse au besoin, mais rien de vraiment immoral. Chaque parti tente sa chance. L'élection terminée, la vie reprend son cours. Et selon que les Rouges ou les Bleus sont au pouvoir, des avantages sociaux apparaissent. À chacun sa vie. Un vrai jeu de société !

Mon père adore ces moments de fébrilité électorale. S'il a perdu ses élections, il dira comme René Lévesque plus tard : « À la prochaine fois ! » S'il a gagné, il fera tout pour en profiter… en préparant le prochain scrutin !

Quelle influence ces mœurs électorales ont-elles pu avoir sur vous ?

J'ai appris peu à peu que la vie sociale est elle aussi un combat, un défi. Et qu'il faut y donner un peu de sa vie. Accepter aussi les échecs et les transformer en étapes. N'est jamais vaincu celui qui donne sa vie à une cause qui le dépasse, si minime soit-elle.

En matière électorale, mon père n'a jamais été un gagnant prétentieux ou un perdant amer. C'est peut-être que lui aussi considérait la politique électorale comme un jeu.

Votre attachement à votre mère...

Je pense que je lui dois beaucoup du point de vue spirituel, ce qu'on appelle l'intériorité, la vie intérieure.

Autant mon père était un peu folichon, léger, imprévisible, instable, moins porté à exécuter les travaux de la ferme, toujours prêt à faire autre chose quelque part, autant ma mère représentait la stabilité, la foi, le silence, la prière, le dévouement absolu.

Il en était ainsi dans tout. La vie familiale était bien régie.

La répartition des tâches se faisait sans discussion. Maman régnait à la maison. Papa régnait à sa ferme, avec la grange comme chef-lieu.

Le collège

Ma mère a décidé que j'irais étudier au collège Sainte-Anne-de-la-Pocatière. Mon père est venu me conduire à la gare.

À chacun sa fonction. Je n'ai jamais entendu mon père s'informer de mes résultats mais si je n'avais pas étudié, il aurait agi : «Pour gagner sa vie, il faut travailler!»

C'est toute une coupure que de partir de ce rang à Bellechasse en 1927 pour aller au collège de Sainte-Anne-de-la-Pocatière.

Je me retrouvais dans un collège rural. Donc, la coupure n'était pas si grande. Des fils d'habitants. On était chez soi. Le collège pour moi ça a été quelque chose de très vivifiant. Les prêtres étaient d'un dévouement absolu. Ils demeuraient sur place. Des prêtres séculiers. D'une grande générosité. D'une ouverture d'esprit inimaginable aujourd'hui. J'y ai appris à aimer la langue française, la littérature latine, le sport, le théâtre, la musique.

Il y a tout de même pour vous un changement d'horizon. Vous vous retrouvez avec Cicéron, Virgile, Horace...

On y étudiait les classiques. On faisait du grec et du latin. Plusieurs de nos professeurs étaient des humanistes de grande envergure. Pour me punir, on me fait apprendre une page de Virgile! Faut le faire. En 1930!

J'ai été un peu étonné qu'on soit si dur ailleurs vis-à-vis des prêtres. Qu'on soit dur vis-à-vis des Jésuites en particulier, qui ont enseigné cette forme supérieure d'humanisme. Injustice et ingratitude. Inquiétante ignorance.

J'ai été pensionnaire au collège pendant neuf ans, de 1927 à 1936.

Il s'est passé des tas de choses dans le monde, à l'époque. Vous étiez un peu coupé de l'actualité?

Très coupé.

Même la crise économique, j'imagine que pour des cultivateurs, c'était moins grave...

On avait toujours à la maison quelque chose à manger. Il arrive de la visite, tu tues une poule. Tu te nourris sainement sans surplus.

Je ne me souviens pas de la crise. Pourtant nous étions assez pauvres.

Au collège, j'étais inconscient de la pauvreté «mondiale». J'étais nourri trois fois par jour. Mais sans luxe! La crise? Ça se passait ailleurs.

Mais au collège classique, vous étiez intéressé par les études?

J'étais intéressé, mais légèrement. Je n'étais pas du tout un intellectuel.

Le baseball, le hockey, le sport, ça c'était mon monde. Je n'avais pas d'intérêt prononcé pour les études. J'ai un peu honte aujourd'hui de le constater, mais c'est la vérité.

La musique

Vous avez dit que vous aviez découvert la musique savante au collège.

J'avais été élevé avec la tradition orale, les rigodons, les quadrilles... À la maison, c'étaient le violon, l'harmonica, le « ruine-babines », le piano.

J'ai été éduqué à la musique, à même les soirées traditionnelles, les contes, les jeux. Que de souvenirs joyeux du temps des fêtes! La finale du Mardi gras, la mi-carême. J'adorais la fanfare, mais sans m'impliquer personnellement.

Il y avait de la musique chez vous?

Oui. Moi, j'ai même joué du piano. J'ai accompagné des gens.

Votre mère, votre père?

Non, pas eux, mais... ils nous encourageaient beaucoup. Je jouais un peu de l'harmonica, je jouais un peu de l'accordéon... Un peu... mais jamais professionnel.

Donc votre goût pour la musique est très ancien.

Très ancien.

Au collège il y avait un prêtre, l'abbé Roméo Gamache... il avait dit: « Ceux qui veulent entendre de la grande musique, je vais laisser ma porte de chambre ouverte... » On y écoutait du Beethoven, du Mozart. J'aimais beaucoup. Ça m'a appris qu'il y avait une autre sorte de musique que celle de mes rigodons.

Ça vous a plu tout de suite?

Il y avait un autre prêtre musicien au collège, l'abbé Destroismaisons, qui avait étudié l'orgue, et qui, lui, jouait des cantates de Bach. Un prix d'Europe, disait la tradition orale.

Il jouait fort. Comme il jouait fort, ça voulait dire qu'il était meilleur, à mon avis. L'orgue serait-il meilleur que le violon de l'oncle Alphonse?

Ensuite, chez les Dominicains, j'ai appris beaucoup de choses. J'ai commencé à connaître personnellement des musiciens, des chanteurs, des compositeurs. Depuis, cet univers me fascine.

Vous aimez des musiciens en particulier?

J'aime différents genres. J'aime, sans frontière, les sons, les rythmes, voire les Beatles, Presley. Je ne sais pas si vous vous en rendez compte, moi qui adorais les valses! La culture, c'est de s'interroger sur ce qui arrive, être témoin d'une nouvelle vague, jusqu'à peut-être l'intégrer.

La musique est importante.

On dit même que Dieu aurait créé l'univers en chantant «Que la lumière soit... Éveille-toi, harpe, que j'éveille l'aurore!»

Toute musique est importante. Elle vient la plupart du temps contredire nos manières brutales d'agir, sauf évidemment le rap, les musiques violentes d'aujourd'hui qui expriment davantage le désespoir social.

Un quadrille, ça me passionne, mais c'est émotif. Ça me ramène à ma jeunesse.

Mais la grande musique, pour moi, c'est encore Bach, c'est Mozart. Je suis devenu «classique». À l'horizon, le retour du flamenco. J'aime cette merveilleuse audace.

Vous dites que vous écoutez encore beaucoup de musique...

La musique, j'en écoute tous les jours, quand c'est possible. De huit heures à huit heures et demie, chaque soir.

Pour moi la musique fait partie de ma vie. Elle appelle le rythme. Elle s'introduit dans notre espace mental. Elle vient créer des court-circuits dans notre vie ordinaire, des court-circuits parfois doux et généreux.

Y compris la musique folklorique. Le rock m'intéresse aussi. Parce qu'il représente une nouvelle culture.

La chance que j'ai eue d'entendre et de voir plusieurs grands de ce monde, à Toronto, à Montréal, à Paris, Pablo Casals, Fritz Kreisler, Menuhin, etc., Stravinsky, Rubinstein au piano, les yeux fermés... et des chefs d'orchestre tels Stokowski, Munch, Dutoit, Nagano...

Sans oublier mes amis organistes telle la regrettée Madame Pratte, et quelques chanteurs, les «génies» d'ici pour moi, Céline Dion, Gilles Vigneault, Diane Dufresne et d'autres comme Charlebois, Ferland..., plusieurs autres!

Je l'ai déjà écrit: «Ô bien-aimée musique! Immortelle amie! Mer profonde!... Tu es l'écriture de Dieu.» (Mozart)

J'écoute plutôt des classiques.

Tchaïkovski, je l'aime, parce que je le trouve violent et passionné. À un certain moment, il me fait plaisir. Dans ses symphonies, il ne sait pas comment terminer. Ça m'achale et ça me rassure, parce que je ne sais pas comment terminer un article ou un livre.

Mozart, c'est la jeunesse, la finesse, la moquerie joyeuse.

Dans Beethoven, la *Symphonie pastorale*, pour un habitant, c'est très émouvant. Tu tressailles, tu revis ton enfance, tu entends le tonnerre.

Comme je suis intéressé par le récit, le descriptif m'intéresse beaucoup.

Nous entendons dire que vous avez de plus en plus de préférence pour Bach. Est-ce un effet de l'âge ? Un signe de sagesse supplémentaire ? Comment expliquez-vous ce choix parmi tant d'autres que la vie nous offre ?

Oui, Bach… mon ultime préféré. Mais Bach ne m'isole pas. Aussi, je me permets de me consacrer à l'écoute d'autres genres de musique et parfois Bach est loin. Je constate que chaque compositeur fait son possible, ici comme ailleurs…

Quand je célèbre des funérailles, si possible, je demande d'ouvrir la cérémonie par une pièce de Bach. Tout le monde est assis et écoute. C'est majeur.

Ça change toute l'atmosphère d'une fête, d'un concert, d'une cérémonie.

« La musique creuse le ciel », écrit Baudelaire.

Vous avez eu au collège, à La Pocatière, un contact avec la littérature de plusieurs pays…

Vous avez raison. Les premiers contacts que j'ai eus, c'est avec les grands classiques français. Comme je m'occupais du théâtre avec un prêtre, on montait des pièces, sérieuses, légères.

Pendant mes études collégiales, j'ai fréquenté plusieurs auteurs grecs et latins. J'étais impressionné. Par instinct. Par intuition. Mais j'étais si jeune…

Vous avez appris des langues anciennes ?

Oui. Je les ai oubliées, sauf le latin, que j'aime toujours. Le latin se chante. Comme l'italien.

Mes auteurs préférés ? C'était Virgile, qui parle de la vie agricole. Les discours de Cicéron, c'étaient les discours politiques de mon père. Des liens se tissaient.

Mon père parlait des grandes envolées du député Boulanger. Le professeur nous faisait de grands éloges des discours de Cicéron.

Pour moi, Boulanger et Cicéron, c'était la même chose. Des gens qui placotent ben, comme on disait chez nous.

Il y avait en moi un petit côté nationaliste qui se développait. Mgr Lebon, le supérieur du collège, était un ami intime du chanoine Lionel Groulx. Alors on fêtait Dollard, nous autres. On avait un congé. Vive Dollard tombé au champ d'honneur et vive le congé!

Vous allez devenir un ami de Lionel Groulx, à un moment donné...

Oui, absolument... J'aimerais beaucoup en reparler. Il était connu à l'époque, mais moins au collège Sainte-Anne qu'à Montréal.

L'orientation de l'existence

Vous arrivez à l'heure des choix. Pour aller au collège, il fallait vouloir devenir prêtre, normalement, non?

Oui et non. J'avais un frère qui était déjà prêtre. L'autre frère était cultivateur et suffisait à tenir la ferme en ordre.

Ma mère souhaitait-elle que je me fasse prêtre? Implicitement oui, mais elle n'a jamais insisté.

Comme je n'étais pas très vaillant sur la terre, les voisins avaient dit: «Il n'aime pas travailler, il va faire un curé.»

Nous étions pauvres, comme presque tous les habitants du Troisième Rang. Ma mère – je l'ai appris plus tard – serait allée voir le curé qui l'aurait aidée à payer partiellement mes études à La Pocatière.

Intérieurement je me disais: «Je vais faire un prêtre ou un avocat comme le député Boulanger.»

J'avais une petite amie qui m'attendait, mais ça, ça jouait moins que... la question: «Est-ce que je reste avec ce désir d'aller ailleurs?»

D'autre part, je suis disponible. À dix-huit ans, un jour, elle demande : « Seras-tu prêtre ou ferons-nous plutôt de petits prêtres ? » Je prends peu au sérieux ses questions.

Bref, j'irai voir... si... quand... on verra bien. Cruel que je suis, sans m'en douter.

Mais quand je regarde ce qui se passe aujourd'hui, nous étions, elle et moi, d'une naïveté exemplaire. Je l'aimais beaucoup, elle était belle, elle était douce...

Sa mère, Madame Gagnon, « la belle-mère », m'aimait beaucoup. J'étais chez moi chez elle. Je prenais ma bicyclette et en quinze minutes... j'y étais.

Être ensemble, causer, rire, aller, venir, sans rendez-vous. C'était si simple, si candide. Je l'aimais pour l'aimer. Sans plus. C'était la liberté ! la fraternité !

Une amitié pure, candide, toute spontanée, simple, ce qui est difficilement imaginable à notre époque.

Vous n'alliez pas à des danses ?

Non, jamais. La danse, c'est pour les fêtes, pour les noces. Nous, Thérèse et moi, avions nos rencontres au hasard, à bicyclette, chez elle, ou près de la rivière Boyer, ou à la porte de l'église.

Je l'ai quittée le 26 juillet 1936, en train, pour rejoindre les Dominicains. Elle est demeurée seule, seule, très seule. Je l'ai appris par ses amies.

Les femmes vivent autrement les peines d'amour. Moi, j'étais trop distrait pour me rendre compte. Ce n'est pas beau à dire, mais c'est ça.

Je suivais un appel sans trop me rendre compte au début que j'allais ailleurs. Non, moi je n'ai pas vécu une vocation comme celles qui sont racontées dans les livres. J'ai une « première » vocation un peu sociologique, j'ai marché avec le vent, j'ai écouté le vent. Pas de Dieu senti au premier plan, mais d'abord la société. Plus tard, j'ai appris que j'étais dominicain. Plus tard, j'ai appris pourquoi j'étais prêtre.

Aujourd'hui, je mesure mieux la patience de Dieu à mon égard, le chagrin causé à Thérèse et l'importance des Pères Dominicains appelés plus solennellement les Frères Prêcheurs.

II

LES DOMINICAINS
LA RELIGION
LE BONHEUR DES AUTRES

1936-...

urgente et un courrier volumineux réclament une
attention personnelle...

Cependant, je n'ai pas voulu le laisser
prolonger davantage et c'est très sincèrement que je
vous remercier pour votre petite note du 2 août ainsi
pour la copie de l'homélie.

En parcourant ces pages j'ai noté la justesse
vos mots et je cite, "la vie publique n'est-elle pas une
de affaire, un vrai combat, comme la foi?" Et comme la
i, la vie publique est sujette aux doutes. Dans les deux
s, l'essentiel est d'en sortir plus convaincu que jamais.

Veuillez accepter l'expression de mes
sentiments respectueux et mes remerciements renouvelés.

Le maire de Montréal

En amont de Bellechasse, l'entrée chez les Dominicains

Vous avez parlé du fleuve et du mouvement vers la mer et les pays lointains… Mais quand vous êtes à l'âge de partir, à 21 ans, vous ne partez pas vers la mer, vous remontez le fleuve, vous allez à Saint-Hyacinthe, puis à Ottawa. Vous décidez d'aller chez les Dominicains…

Comment tout cela a commencé?

Mon premier instinct: aller ailleurs. Non pas choisir entre le mariage et le célibat. Mais aller ailleurs. Au Japon? En Afrique? L'idée magique du départ!…

Aller rencontrer les autres, et leur donner ma vie.

Tout cela était assez flou en moi à l'époque. Flou mais très présent comme une nuée au lever du jour.

Le 26 juillet 1936, vous allez ailleurs, vous partez faire un essai chez les Dominicains. Postulant, puis novice. Le premier nom qui vient à votre mémoire?

Le premier nom: le père E.-A. Langlais († 1962). Il incarnait pour moi le dominicain idéal. Il fut mon premier «père-maître». Le premier dominicain que j'ai connu d'un peu plus près, et à qui j'ai parlé un peu de moi.

Il avait l'autorité. Deviendrait-il mon père ? J'en doute, avec les manières de l'époque !

Tous les jeudis matins, nous devions aller le voir et lui parler de spiritualité. Et à genoux s'il vous plaît ! Je lui parlais. Quelquefois, il dépouillait son courrier, jouant sans doute l'indifférent. Difficile à avaler, j'en conviens. Sans oublier que j'étais à genoux… moi qui n'avais pas été un étudiant absolument priant.

Non. Il ne pouvait pas prendre la place de mon père. Je ne connais encore personne qui puisse ressembler à Caïus Lacroix (1883-1969).

Avec votre père, il y avait une plus grande familiarité qu'avec le père Langlais ?

Mon père était un habitant. Pauvre mais prêt à faire instruire ses garçons, avec cette conviction à lui qu'il serait toujours notre père, que notre instruction n'avait pas à supplanter son savoir naturel. Rivalité ouverte qu'il aimait formuler à sa manière : « Je fais instruire mes enfants. Ça coûte cher. Plus ils sont instruits, plus ça me coûte cher… et moins je les comprends. Mais c'est moé, le père. »

Il est assuré, sans le dire ouvertement, que l'enseignement secret que lui donnent sa terre et les animaux est aussi valable que ce que ses deux garçons diplômés à La Pocatière tentent parfois de lui imposer.

Revenons au père Langlais, votre « premier » maître dominicain…

Le père Langlais jouait à la sévérité, mais il était très bon. Nous les novices de vingt ans, nous l'avions vite perçu. Il était exigeant mais nous pouvions toujours compter sur sa miséricorde.

Ce qui le rendait plus « fraternel » à mes yeux, c'était que le père Langlais était un ancien du même collège « bien-aimé » qui avait été le mien, le collège Sainte-Anne-de-la-Pocatière, Kamouraska, là où j'avais été pensionnaire (1927-1936).

Le père Langlais, c'était vraiment le mentor, le père spirituel, celui qui nous formait. J'ai eu beaucoup d'admiration pour lui... une fois que je l'eus quitté. Je me suis aperçu plus tard pourquoi il incarnait un idéal. Né en 1872, n'était-il pas un peu le contemporain de Lacordaire († 1861), celui qui avait encouragé l'arrivée des Pères Dominicains en terre canadienne (1873)? Lacordaire! Sorte de héros pour les jeunes frères dominicains de l'époque...

J'entrais ainsi dans l'univers dominicain, un univers qui m'introduirait à la culture européenne chrétienne. Du nouveau pour moi. Par le père Langlais, Canadien français, j'apprendrais à mieux connaître l'Europe et Rome, où il avait séjourné et œuvré. Par lui, j'entendrais parler du pape comme d'un frère avec qui il avait conversé. J'étais fasciné par ce propos : l'Église était peut-être plus que la paroisse Saint-Michel, et le pape, plus que le curé Bélanger, si chatouilleux de son autorité.

Il avait étudié à votre collège, dites-vous?

Oui. Il venait parfois au collège de Sainte-Anne-de-la-Pocatière pour dépister de futures vocations. Ce collège préparait à l'époque beaucoup de jeunes « appelés ». Les prêtres professeurs nous étaient très sympathiques.

Le père E.-A. Langlais venait donc périodiquement au collège. Habillé de blanc, dominicain. Je préférais déjà cet habit blanc à l'habit noir des prêtres. Caprice jeunet!

Le vent soufflait de quel côté quand vous étiez à Sainte-Anne-de-la-Pocatière, pour que vous vous retrouviez au noviciat de Saint-Hyacinthe? Il n'y avait pas beaucoup de Dominicains dans le paysage, à Saint-Michel...

J'observais. D'autres prêtres, en blanc eux aussi, venaient nous visiter. On les appelait Pères Blancs. Ils nous invitaient à les suivre en Afrique.

Je ne savais pas trop, serais-je père blanc en Afrique, ou père blanc dominicain? Au noviciat, au moins je serais en blanc!

En entrant dans les ordres, à l'époque, en juillet 1936, je devenais en quelque sorte valorisé par rapport au Troisième Rang, par rapport au village même. En portant un habit blanc plutôt qu'un habit noir, j'étais plus visible, et en principe plus beau!

J'irais chez les Dominicains en me disant: «J'aimerais aller en mission...» C'est beaucoup plus tard, après ma prêtrise, que j'ai découvert que j'avais été appelé. J'ai découvert que le Seigneur m'avait pris par la main. Et peu à peu, à Ottawa, j'ai appris la théologie. Ça ne m'intéressait pas du tout au départ. Ma vocation était vraiment tardive.

J'ai toujours dit que Dieu m'avait tiré par la main. Comme Pierre quand il va s'enfoncer. Je n'ai pas d'autre explication.

Personnellement, j'avance à la fois en obéissant et en me fiant à mon instinct. On me demande d'aller étudier à Toronto, je ne sais pas l'anglais, j'y vais. Jusqu'à en oublier mon désir premier d'être missionnaire en Afrique, ou au Japon. Entre-temps, j'apprends par le même père Langlais que les Dominicains canadiens ont une mission au Japon.

Bref, Dieu m'envoie chez les Dominicains qui m'attirent vers l'étude «savante», puis vers l'université.

Mais vous aviez le sentiment que ce qui avait été léger, comme vous avez dit, l'attrait du blanc, l'attrait des missions, le goût de partir... était au fond un appel particulier du Seigneur.

J'ai senti plus tard que sous les vagues de la vie, il y avait un chenal... que dirigeait le Seigneur. Que vienne maintenant le vent, je suis plus confiant.

Je n'ai pas d'autre explication à fournir. Je n'ai pas éprouvé d'appels violents… comme il arriverait aujourd'hui. Avec un moi qui s'oppose au moi?… Rien de ça!

Les deux personnalités de Jung, vous n'avez pas ça…

Non, mais non. J'en ai assez de ma petite personne. À trop analyser les cheminements de mon âme, je me perdrais vite en route.

Donc, d'abord vous vous retrouvez au noviciat. Vous voilà dans un cadre médiéval…

Oui. Très médiéval. Je l'apprendrai plus tard. L'office choral m'a beaucoup plu. J'aimais ça. Ils chantaient ensemble. Comme au collège.

Chez les Dominicains, les gens avaient l'air heureux. Ce qui me rassurait sur la sagesse de mon choix. J'ai toujours aimé la joie. La joie partagée.

Ottawa : le choix d'une vie intellectuelle

Après le noviciat à Saint-Hyacinthe, vous êtes allé étudier à Ottawa.

Directement. Je me suis dit: « Tu ne t'en vas pas chez toi, tu t'en vas directement à Ottawa, *recto tramite*!» Règlement oblige! «Tout quitter!» J'ai passé exactement cinq ans à Ottawa sans revoir mes parents ni le fleuve.

C'est là que vous avez eu à choisir. Là, vous vous éloignez de vos acquis sportifs.

Culturellement, à Ottawa, c'est un choc. Ça ne remet pas en question ma vocation. Je continue sur l'erre d'aller.

Finis les sports! Aux études!

À Ottawa (1938-1943), je me retrouve en continuité institutionnelle avec La Pocatière: étudiants et professeurs vivent sous le même toit. Là aussi, il y a de bons professeurs. Sympathiques.

J'éprouve de grandes aptitudes pour la vie fraternelle dite conventuelle.

Vous faites d'abord la philo. Pendant trois ans?

Je me lance. *Full speed*! Je lis, j'écoute, m'informe, je bûche, découvre le plaisir de travailler et de passer des heures dans une bibliothèque. Une vraie conversion!

Résultat, le père Gérard Paré († 1968), mon professeur, me félicite de ma première dissertation sur l'*Éthique à Nicomaque* d'Aristote... en me demandant: «Où avez-vous pris ça?» Heurté, j'en conclus néanmoins que l'étude pourrait devenir mon sport préféré!

De là mon amour d'Aristote, mon goût pour l'étude de la philosophie, et bientôt de la théologie.

Quant au père Paré, qui avait douté... Je lui ai pardonné plus tard, en lui obéissant en tant que provincial de ma communauté.

Vous n'avez pas seulement appris à obéir...

Les Dominicains d'Ottawa m'ont surtout appris l'amour de l'étude. Avec des professeurs que je trouvais d'autant plus compétents que j'étais, en plusieurs matières, comme l'Écriture sainte, ignare et, pire, peu initié à des réflexions en profondeur. Au collège Sainte-Anne, je n'avais pas pris mes études au sérieux. Mon cœur était ailleurs, je l'ai dit, au hockey, au baseball, à la balle au mur, etc.

À Ottawa, nous avions les cours du père Yves Faribault († 1981), lui-même étudiant du célèbre bibliste Marie-Joseph Lagrange de Jérusalem. De même, le père Adrien-M. Brunet († 1990). Quels privilèges!

Et de voir jusqu'à quel point ces savants biblistes étaient capables de lire le texte biblique et d'y noter des aspects qu'on n'avait pas nécessairement connus. Nous étions portés à moraliser ou à dogmatiser. Et quelle chance de voir ces gens qui revenaient au texte, qui revenaient à la lettre et nous rendaient la Parole de Dieu à l'état pur.

Ils sortaient de l'Histoire sainte.

Ils nous sortaient de l'Histoire sainte pour en faire une histoire humaine, en même temps que divinement inspirée.

Je me suis dit: «Le Seigneur m'a protégé par générosité, pour que je puisse faire ce cheminement.»

Le père Louis-Marie Régis avait étudié avec les grands de France: Mandonnet, Serrillanges, Chenu, Congar, etc. Par eux, j'entre dans l'univers intellectuel et spirituel de la grande tradition dominicaine. Et ce n'est pas peu dire!

Vous auriez donc des préférés comme…

Aristote, Thomas d'Aquin.

Chaque année, je m'oblige, sans difficulté, à lire la *Métaphysique* d'Aristote. Et la lire en la méditant. Je ne sais pas d'où ça vient, ce goût de la philosophie grecque qui me fait encore aujourd'hui tellement apprécier la poétesse québécoise présocratique Hélène Dorion.

Peut-être que vous y trouvez un ordre du monde…

Bien oui. Les sources sont en place, les mots sont là: accident, puissance, relation, être, devenir, bien, mal. C'est un cadre de pensée qui me fascine.

Comme quelqu'un qui réécoute une grande symphonie…

Exactement ça. Comme j'aime écouter la *Pastorale* ou lire l'*Ode au Saint-Laurent* du grand Gatien Lapointe († 1983) quand je m'ennuie du fleuve.

La source ou la mer ?

Vous avez dit : la mer récompense le fleuve. N'êtes-vous pas tourné davantage vers la source que vers la mer ?

À cause d'Aristote, je suis intellectuellement attiré par la pensée présocratique, préaristotélicienne, préplatonicienne, par ce qui s'appelle les origines premières, preuves premières de la pensée pure : la source.

C'est peut-être une affaire de vieillesse. Les vieux se rappellent davantage leurs premières années et ils oublient les dernières.

Où est alors votre Thomas d'Aquin ?

Je dirais qu'il est partout. Thomas d'Aquin, pour moi, c'est Aristote baptisé. Ça ne se résume pas. Je n'ose même pas commencer. À Thomas, disciple d'Aristote, je dois mon amour pour la culture ouverte, les idées claires, l'objectivité de principe, la Bible raisonnée.

Peut-être que mes deux maîtres aujourd'hui insisteraient davantage sur la subjectivité en devenir, sur l'intériorité et son mystère. Peut-être !

Un maître, le père Régis

Pouvez-vous nous parler un peu du père Régis ?

Le père Régis fut mon « père intellectuel », mon premier professeur dominicain préféré ! Mon idole.

Un sorcier de l'intelligence et un excellent pédagogue. Il avait un petit côté « amérindien » et de grands sourcils. Il enseignait en nous fixant des yeux comme si chacun de nous était unique.

Il écrit tous ses cours mais sans les lire. Comme un menu à la portée de son intelligence toujours en alerte.

Qu'est-ce qu'il enseignait ?

La philosophie, l'épistémologie, la métaphysique et la métapsychologie. Les grands thèmes d'Aristote et de saint Thomas : être, essence, existence, acte, puissance, substance, accident... Chaque cours était une création « Régis ».

Nous ne comprenions pas toujours, mais sa manière de nous instruire en nous questionnant était si valorisante. Quelle habileté pour nous amener à conclure en sa faveur ! Il avait sa manière de vivre aussi. Je le voyais au chœur qui priait. Je me disais : « Il enseigne, il sait beaucoup de choses, et il prie. Donc ce n'est pas tout d'apprendre, d'étudier, il faut prier. »

Impressionné pour la première fois par une vocation possible d'études plutôt que de missionnaire (ma première idée en entrant chez les Dominicains), peu à peu ce désir de vie missionnaire s'étiole.

C'est étrange comment ça se passe. Il me faut à moi du temps pour penser, agir, changer d'idée.

Grâce au père Régis, j'apprends qu'on peut donner sa vie, non plus au hockey, au baseball, non plus au sport, mais à l'étude, aux idées, à la pensée.

À la ferme, j'avais appris l'entêtement à répéter les mêmes rites selon les saisons. Ici, aux études, je constate l'importance d'être intérieurement mobile, ouvert et répétitif. Comme mon fleuve avec ses marées montantes et descendantes, et l'océan-terminus.

D'autres Dominicains vous ont marqué spirituellement et intellectuellement ?

Oui, mais moins profondément que les pères Langlais et Régis. Ceux-ci m'auront permis de « solidifier » mes appels premiers à vivre autrement et ailleurs.

Une rencontre capitale :
Thérèse de Lisieux

Et à cette époque vous découvrez Thérèse de l'Enfant-Jésus
(†1897). Une rencontre importante...

Au cours de mes études de théologie, à Ottawa, des questions essentielles surgissent : « Pourquoi je vis ? Pourquoi j'étudie ? Pourquoi ces longs offices à chanter les psaumes ? Pour quoi ? Pour qui ? »

Un jour, comme par hasard, après le long office religieux du soir, je trouve à la bibliothèque de notre couvent d'études à Ottawa un livre du père Petitot, *Sainte Thérèse de Lisieux. Une renaissance spirituelle* (Paris, 1925). C'est un vrai choc ! Cette Thérèse, toute jeune, qui porte le nom de mon ancienne blonde, me fascine. Au Carmel à quinze ans, elle se forge une spiritualité qui capitalise sur la miséricorde divine. Elle est ingénieuse, pas compliquée. Ça me va, d'autant plus qu'elle n'aimerait pas suivre tous ces cours que je suis.

Elle remplacera sans le supprimer Dom Marmion († 1923), dont on me parlait beaucoup au noviciat, trop sérieux pour moi !

Me voilà tout à coup aux prises avec mes dialogues intérieurs ! D'une part, la philosophie et la théologie en compagnie de Thomas d'Aquin et, d'autre part, sainte Thérèse, que les théories fatiguent !

Mais Thérèse de Lisieux valorise tout de même le savoir... On fait souvent l'éloge de sa doctrine de l'enfance spirituelle...

Oui, mais elle n'aime pas trop les gros livres, qui lui donnent mal à la tête. Elle aime l'histoire, elle aime lire. Moi j'aime beaucoup sa valorisation du quotidien, sa charité. Elle supporte des sœurs pas toutes agréables, comme elle surmonte la terrible épreuve de la maladie mentale de son père, son idole.

Tout chez elle m'attire, sans oublier qu'elle est espiègle, moqueuse.

En même temps que le père Régis me motive, m'élève, m'instruit des «vérités de la foi», Thérèse de Lisieux m'accompagne dans le quotidien de la vie communautaire.

Régis: l'esprit! Thérèse: le cœur! Une synthèse qui s'impose à moi tous les jours. Jamais terminée.

Donc sainte Thérèse a été importante, elle a été un facteur dans cette découverte?

Elle m'a permis de mieux me connaître. Spirituellement, devant Dieu. Humainement, avec mes frères. Plus tard je me rappellerai que sainte Thérèse de l'Enfant-Jésus a donné sa vie aux prêtres. Par la prière et le sacrifice. Si je deviens prêtre malgré mes limites, elle m'aidera... Je serai prêtre, elle sera là pour m'aider.

Vous avez écrit un livre sur sainte Thérèse...

Oui. Il fallait que je l'écrive. J'étais aux études à Toronto, en train d'éditer des textes du XIIᵉ siècle qui n'avaient pas d'intérêt immédiat pour moi. Mais j'avais décidé d'aller au bout de mes études – le sens du devoir! – d'obtenir mon doctorat. Et pendant que je rédigeais des pages savantes, comme pour me venger, j'écrivais une petite introduction à la pensée de sainte Thérèse de l'Enfant-Jésus[1].

Le père Benoît Mailloux († 1949), alors directeur de mes études, m'avait dit: «Vous pouvez publier.» Mon «parent» et frère Luc Lacroix († 1951), alors aux Presses dominicaines, accepte de m'éditer. Quelle audace!

Témérité plutôt. Naïveté surtout. Malgré des erreurs de dates, de mots, ce livre, aujourd'hui épuisé, s'est bien vendu.

---

1. *Sainte Thérèse de Lisieux et l'histoire de son âme*, Ottawa-Montréal, les Éditions du Lévrier, 1947, 155 p.

À cause d'elle! Mon orgueil est monté d'un cran quand j'ai reçu de nulle autre que sœur Geneviève, la sœur aînée de Thérèse, une lettre autographe avec remerciements et promesses de prière du Carmel de Lisieux. Depuis ce temps-là, je vis de ces promesses.

Ça a été le premier livre que vous avez publié?

Oui, mais sous un pseudonyme. Michel de La Durantaye, nom d'une paroisse voisine de Saint-Michel-de-Bellechasse.

Pourquoi un pseudonyme?

Parce que j'étais en pleine session d'études scientifiques. Cela n'aurait pas été acceptable, dans un contexte universitaire, de me voir tout à coup publier un essai en spiritualité. Être savant, c'est être professionnel. Tu ne « magasines » pas.

Comment exprimeriez-vous en quelques phrases ce que Thérèse de Lisieux représente pour vous?

Elle me fréquente. Je la fréquente encore. Comme autrefois Thérèse à Saint-Michel! Même candeur, même douceur.

Elle représente pour moi le goût du spirituel, la finesse, la confiance.

Elle m'a fait entrer dans un univers sacré accessible, qui n'est pas celui des grands mystiques. L'univers de la vie fraternelle. Elle écrit, elle écrit beaucoup. Dans un style simple et pauvre. On sent chez elle beaucoup de générosité et de vérité intérieure.

C'est un phare?

Oui, sûrement. Tous les jours je consacre une demi-heure à Thérèse de l'Enfant-Jésus. Tous les jours, ou presque. Textes, études, essais biographiques, commentaires.

J'ai encore trois ou quatre livres à son sujet qui m'attendent. Il y en a un qui raconte – les psychologues français s'en sont mêlés – la fixation sur son père, Louis Martin. C'est tellement évident. Elle parle de Dieu comme elle parle de son père. Et quand son père a une crise de névrose et qu'il devient malade mentalement, à partir d'un certain moment, elle ne voit plus rien, elle est en pleine nuit mystique. Alors je vois bien que la nuit mystique a aussi un rapport avec la nuit des sens… Ça m'aide à comprendre les mystiques, leurs élans autant que leurs complaintes face au Dieu caché. La grâce ne détruit pas la nature, me répétaient mes professeurs de théologie thomiste. Comme c'est vrai!

Oui, elle est un phare pour ne pas perdre de vue l'amour de Dieu et l'ouverture aux autres. En même temps, je me sens si petit à côté d'elle!

Avec tous ces professeurs savants autour de vous, et vos études savantes, n'avez-vous pas quelquefois douté de votre choix… et d'elle?

Oui, bien sûr, je cherchais toujours à raccorder Thérèse à ma tradition dite scolastique en lisant ses textes. J'apprends qu'elle et ses Carmélites ont le souci majeur d'aider les prêtres par leurs prières et leurs pénitences, voilà qui rassure encore!

Je la pratique, la lis, l'écoute, lui parle, l'aime, peu à peu j'apprends que je ne suis pas le seul «fanatique» à lui faire confiance inconditionnellement.

Je lui dois peut-être aussi ma joie de vivre malgré mes limites et mes multiples erreurs.

Le jour où elle devient officiellement docteure de l'Église, c'est le triomphe! La vengeance presque sur la scolastique!

Elle m'enseigne encore, nonagénaire, à vivre au quotidien, à ne jamais me décourager, à faire confiance à la miséricorde infinie du Seigneur.

J'ai toujours espoir que, dans l'Église, il arrivera encore des gens comme elle; des gens qui sans trop de bagage intellectuel nous donnent l'Évangile. Moins de grands discours. Davantage de témoignages. Elle est pour moi plus et mieux que si elle était prêtre à la romaine. Elle est le prêtre de mon âme. Comme pourraient l'être Catherine de Sienne, Thérèse d'Avila, Edith Stein, mère Teresa.

Deux mots s'imposent : amour et miséricorde.

Même si l'*amour* dépasse en importance et en impact la vie de chacun et de chacune, je donnerais une priorité d'urgence à la *miséricorde.*

Priorité à la miséricorde

*Vous aviez découvert à cette époque de votre vie d'études chez les Dominicains, grâce à l'*Histoire d'une âme *de Thérèse de Lisieux, la réalité d'un Dieu avant tout miséricordieux ?*

Exact. D'abord en théorie. Et plus tard avec l'expérience. Thérèse de l'Enfant-Jésus m'invite à miser sur la miséricorde divine. Personnellement et ecclésialement.

Aux études, j'étais prêtre, prêtre en Jésus, prêtre Benoît. Comprenez que tous ces mots-là, c'était très beau. Mais, qu'en était-il de ma réalité, de ma vie ? Je crois que j'étais un enfant de la miséricorde, en ce sens que quand j'ai vu comment Jésus pardonnait... j'ai toujours tenté de pardonner à sa manière.

J'ai tellement été pardonné dans ma vie, j'en ai tellement offert des pardons de toutes sortes, j'en ai tellement vu des pardons. Je vis dans l'admiration continue de la miséricorde divine... et humaine.

« Errer est humain. Pardonner est divin. » Le pardon, fruit mûr de l'amour ! Mon texte préféré demeure la parabole de l'enfant prodigue. Mon acte préféré est celui du Christ en croix disant ces paroles : « Pardonnez-leur, ils ne savent pas ce qu'ils font. »

À cause de l'Évangile, tel qu'il est vécu et dit par Thérèse, la miséricorde de Dieu m'a toujours fasciné. C'est un surplus d'amour jamais épuisé !

Le Christ de miséricorde demeurera toujours ma référence essentielle. Je retiens toujours ses paroles : « N'éteins pas la mèche qui fume encore... Ne sépare pas tout de suite l'ivraie et le bon grain... Ne coupe pas cet arbre tout de suite au cas où... » Puis la parabole de l'enfant prodigue, le bon larron, Marie-Madeleine.

Je suis encore très ému par la miséricorde, telle qu'elle est racontée dans la Bible. Que de faits, que de pages grandioses !

Vous avez certainement vécu des événements de miséricorde pour en parler avec tant d'éloquence...

Je reconnais la miséricorde de Dieu à travers tous ces gens qui, quelle que soit leur religion ou leur non-religion, n'en finissent pas d'aider, de soigner, de donner, et ce, souvent à leurs enfants parfois ingrats, désinvoltes.

Voici un exemple, parmi les plus émouvants que j'ai vécus.

Un couple de Gatineau est assassiné par son fils. J'ai présidé les funérailles. C'était très difficile. Il y avait tant d'émotion dans l'air ! Mais surtout une immense bonté : la sœur de l'assassin, une jeune femme dans la vingtaine, demande à la famille et à l'assemblée de pardonner. « C'est la première chose à faire », dit-elle. Richesse inépuisable d'un cœur féminin.

Voici un autre fait. Il m'est arrivé de rencontrer un assassin. Même si j'avais peur, je l'ai écouté. J'ai senti en lui une sorte de bonté. Et en même temps, une immense tristesse de ne pas être capable de répondre à cette bonté. Il avait été piégé dans son existence, par la compagnie de délinquants. Cet assassin aura réussi à me conduire à la frontière de l'énorme mystère du mal.

« La miséricorde se moque du jugement. »

Je connais des gens miséricordieux. Ce sont ceux qui m'aident le mieux à connaître Dieu, sa bonté, son amour. Le plus beau qui arrive à un pécheur est d'expérimenter par le « signe » du pardon la miséricorde de Dieu.

Il m'est arrivé souvent de représenter auprès des gens le signe de la miséricorde, en les visitant jusqu'en prison, en leur offrant l'autre joue, en oubliant leur « méchanceté ».

Qui n'a pas fait une expérience concrète du pardon ignore la véritable religion du Christ.

Nous vous trouvons plus que compréhensif devant l'évidence du mal. Sur le plan théorique! Que faites-vous de ceux qui ne partagent pas votre foi, vos idées... votre miséricorde?

Entre nous, ça va. On se comprend. Mais les athées, les agnostiques, les anticléricaux, les autres...

Il y a une parole que je me cite souvent, elle vient de Martin Luther King : « Les gens sont meilleurs que leurs actes »... et j'ajoute : « que leurs paroles ». Je pense à Platon : « C'est le bien qui mène le monde. »

Certains de mes amis incroyants mais si humbles, si sincères, me disent davantage la miséricorde de Dieu que d'autres qui n'arrivent pas à donner leur « pardon » à moins qu'on leur assure une certaine publicité.

J'ai des amis juifs, j'ai des amis athées. Au Centre étudiant Benoît-Lacroix, j'ai œuvré avec des musulmans. Cette rencontre des autres m'aide beaucoup. Je ne vis pas pour juger les autres, je cherche à savoir comment le Christ se comporterait avec eux. Ce sont parfois des gens d'une miséricorde hors de l'ordinaire. D'une bonté, d'une charité absolues. Je les rencontre, et je me dis que Dieu, ce Dieu que je souhaite mieux connaître, ils me le racontent à leur manière. Plusieurs sont mes « pratiquants » préférés parce qu'ils vivent l'essentiel : l'amour vrai. « Il leur sera tout pardonné parce qu'ils auront beaucoup aimé. »

L'avenir engagé

Vous franchissez des étapes. Vous prononcez des vœux. Vous êtes ordonné prêtre. Vous pouvez nous parler un peu de ce que vous vivez à cette époque, à part les études ?

Faire des vœux, ça représentait une étape que les autres franchissaient. J'avais une tendance d'imitateur : ils les faisaient, donc je devais être capable de faire comme eux. Ce ne fut pas un choix cruel pour moi, il n'y a pas eu de tiraillements de mon moi profond ; je suis gêné de l'avouer.

Vous n'avez pas eu de grandes interrogations quand sont arrivés les vœux « perpétuels » ?

Non. J'avais quitté ma petite amie, Thérèse Gagnon, depuis quatre-cinq ans. Le problème était résolu pour moi. J'avais fait un choix déjà.

Je me suis identifié aux Dominicains comme étant partenaire d'un groupe sympathique, agréable, vivant dans un contexte fraternel, qui me permettait d'avancer dans la paix.

Vœux, sacerdoce, je participais à la vie d'un groupe. Je m'identifiais facilement à ce groupe-là, comme je m'étais identifié au collège à La Pocatière, sans trop me poser de questions sur la valeur pédagogique et démocratique du pensionnat.

Je fais confiance au groupe. Par instinct personnel. Faire confiance à un groupe qui semble bien fonctionner, pourquoi pas ?

Je ne suis pas l'homme des interrogations existentialistes.

Il est possible que les autres aient eu des doutes à mon sujet, se demandant si j'allais rester, à cause peut-être de mon attitude presque désinvolte. Je n'ai pas eu de confidences à ce propos de la part de mes supérieurs.

L'ordre dominicain comprend des membres prêtres et des membres non prêtres, qu'on appelait « convers ».

Il faut dire que les frères convers (que l'on appelle aujourd'hui « frères coopérateurs ») m'impressionnaient beaucoup. Eux, ils étaient là, ils travaillaient, ils ne couraient pas après les diplômes, ils ne passaient pas d'examen, ils étaient fidèles à la prière et à leurs travaux. Ils m'ont toujours impressionné. Encore aujourd'hui, et comment!

Étienne Gilson m'a dit un jour : « Ce sont vos vrais moines. » Encore aujourd'hui, dans un milieu strictement intellectuel, ils sont là, ils font leurs travaux, ils nous regardent. Souvent, ils sourient avec une certaine indulgence, parfois avec pitié en nous voyant nous énerver pour quelques idées, nous qui ne sommes pas toujours aussi religieux, aussi réguliers qu'eux. Merveilleux frères! Frères à tout faire! Frères évangéliques! Si souvent nos modèles. Merci! Merci!

Pendant que vous franchissez les étapes de la formation dominicaine, à Ottawa (vœux, sacerdoce), vous étiez loin de Saint-Michel-de-Bellechasse et de votre famille. Vous aviez des contacts avec eux?

Dire que je n'ai pas revu mon père, l'espiègle Caïus, pendant cinq ans! Pourquoi n'a-t-il pas accompagné ma mère qui est venue une fois – une seule fois – me visiter durant mon année de noviciat (1936)? Je ne l'ai jamais su. J'estime aujourd'hui qu'il ne voulait pas me montrer sa peine d'être séparé de moi. Mais je ne sais pas vraiment. Il faut préciser que mes parents étaient pauvres, qu'ils n'allaient jamais bien loin. Déjà, se rendre à Québec était un événement. Venir à Ottawa? Impensable.

À Ottawa, je me suis beaucoup ennuyé de ma famille. Un jour que j'avais écrit à ma mère (papa lirait la lettre bien entendu) que je m'ennuyais de voir le fleuve et, pour taquiner mon père, que je m'ennuyais plus du fleuve que de la grange à travailler avec lui, il avait répondu : « Oui, lui, il est ailleurs, et moi je reste pour payer ses études et ses voyages. C'est mieux que de regarder couler le fleuve. » C'était dit sans malice, j'en suis certain.

Vous êtes aux études, vous avez prononcé des vœux, vous vivez votre foi dans un milieu différent de celui que vous avez connu. Vous vous convertissez aux études philosophiques et théologiques. Vous n'avez sûrement pas oublié votre fleuve comme lieu de référence… Puis il y a la Bible qui vous parle de plus en plus.

Oui, la Bible, que les Dominicains m'ont enseignée me parle de plus en plus. Je n'ai jamais oublié le fleuve de mon enfance. Mais il y a un nouveau venu dans mon imaginaire, au moment où, lisant toujours la Bible, l'étudiant surtout, je commence à préférer Aristote. Est-ce une préférence qui n'engage pas ma foi ? Je le crois. Tiens, j'ai une histoire inédite à vous raconter.

L'arbre, le père Régis et Caïus Lacroix

J'aime beaucoup les arbres. Je me souviens, à Ottawa, d'un bel arbre planté dans la cour intérieure du couvent d'études où j'habitais. Le père Régis nous faufilait toutes sortes d'idées : « Cet arbre-là. Il est. Il est plus que ce que tu vois. Il est plus que ses feuilles, plus que ses branches, il est. Être, c'est tout. »
C'est une intuition chez lui, ce n'est pas raisonné.
Je m'en souviens encore comme si c'était ce matin. Un matin, un midi, je ne sais plus, le père Régis nous dit : « Levez les yeux, regardez au même endroit le plus longtemps possible, l'endroit va vous parler. »
De retour à ma cellule, j'ai regardé longuement cet arbre dans la cour intérieure. Et j'ai eu l'intuition – très prétentieux à dire –, cette intuition fondamentale que les choses sont. Lui,

Dieu, il est toujours là! L'arbre est… Dieu est. Exister, être: ne jamais plus oublier de me redire ces deux mots: Dieu est.

J'ai, après cinquante ans d'études spécialisées, la même intuition: cet arbre est. Il existe pour exister. Tout simplement, il est. Seul, pour simplement être.

Étrange que je m'en souvienne tout à coup. Récemment, pour le tournage d'un film, le cameraman et le réalisateur arrivent à la ferme, chez nous, à Saint-Michel, pour des images d'un train qui va passer. Je leur dis: «Il y a un arbre là-bas. Je ne l'ai jamais oublié cet arbre-là.»

Quelque peu étonnés par mes propos, mes compagnons de tournage me disent: «C'est extraordinaire.» Et ils m'ont photographié pendant que je marchais vers l'arbre. Je leur explique: «Cet arbre-là, il a vaincu les vents de l'Atlantique, subi toutes les tempêtes de neige, il dure, il a duré, parce qu'il existe. Simplement, parce qu'il est.»

J'avais demandé à mon père – j'avais alors 50-60 ans –, je me rappelle tout à coup, comme un retour à l'enfance: «Il est toujours là, cet arbre-là?» Il m'avait répondu: «Oui. Fais comme lui. Garde tes racines.»

Cet arbre a changé votre vie?

Il m'arrive encore aujourd'hui, me promenant à proximité des jolis parcs d'Outremont, de m'arrêter devant un arbre et d'avoir des intuitions semblables: la vie est, cet arbre est, la création est. Et je fais une prière personnelle, mais qui rejoint les invocations du psalmiste. Je pense à ce merveilleux psaume huitième dont une transcription manuscrite par le pape Paul VI a été remise à l'astronaute Armstrong en 1969, pour être déposée sur la Lune: «Seigneur, que ton nom est magnifique par toute la terre!»

Devez-vous oublier en 2009 ce que vous avez appris à Ottawa en 1940 ?

Non, bien au contraire. L'existence est toujours d'actualité. Aujourd'hui, c'est chacun pour soi. Chacun cherche le sens de sa propre vie.

Il y a peut-être plus de réflexion personnalisée aujourd'hui qu'il n'y en avait autrefois. Plus d'inquiétude, plus de peur aussi. Pourtant, la nature humaine ne change pas. Il reste des tendances profondes et des passions élémentaires qui continuent à nous harceler. Inévitable inquiétude humaine. C'était le cas chez les présocratiques, avant mon Aristote !

Est-ce que vous abordiez les courants contemporains dans vos études ? Au temps du thomisme ?

Légèrement. Nous nous étions alignés sur le renouvellement de la pensée de Thomas d'Aquin. En 1938, nous délaissions les manuels de Grenier, de Dionne et des autres, pour nous concentrer sur les textes de saint Thomas directement. À la source, plutôt qu'au robinet.

À Ottawa, au Collège dominicain, nous publiions à l'époque encore (1941-1945) une réédition complète de la *Somme théologique*. J'y ai travaillé. La Piana comme on l'appelait.

Vous savez, les cinq volumes bleus, imprimés près de Montréal, édités par notre Institut d'études médiévales, ce fut une « aventure » communautaire dominicaine d'une grande richesse. Tout en étudiant Thomas d'Aquin dans le texte, nous nous engagions à propager un chef-d'œuvre, la *Summa Theologiæ*. Nous étions tous à l'œuvre. Durant quatre ans. Les premiers responsables en étaient les pères Régis († 1988) et Richard Mignault († 1969). Seule l'édition internationale, dite Léonine, aurait pu rivaliser. La guerre et certains droits d'auteur nous en tenaient à distance.

Toronto. Profession : historien

C'est à cette époque que vous êtes parti à Toronto, en 1941 plus précisément, pour des études spécialisées. C'était par choix personnel ? Ou est-ce les circonstances qui vous y ont amené ?

C'est simple. Étienne Gilson et le père Chenu, dominicain, tous deux de Paris, sont de grands amis. En 1929, Gilson est à Toronto pour fonder The Pontifical Institute of Mediaeval Studies et le père Chenu en 1930 à Ottawa encourage les professeurs dominicains à créer une sorte d'institut d'études médiévales et il établit un lien précis avec l'éditeur J. Vrin à Paris.

L'heure vient de me spécialiser parce qu'on a noté mes goûts pour l'étude et mon entêtement à tout lire. Sans doute que je voulais me rattraper face à mes confrères déjà plus instruits que moi.

Plutôt qu'à Louvain – à cause de la guerre en Europe –, j'irai tout près, à Toronto, où se trouve une équipe de médiévistes instruits et zélés. À cette équipe, je dois ma première vraie connaissance du Moyen Âge, mon amitié pour les bibliothèques spécialisées et la découverte du travail intellectuel en équipe. Sans compter que j'y recevrai quelques rudiments d'anglais, cette langue qui deviendra peu à peu une langue internationale et que j'aime autant que je la parle gauchement. L'anglais ménage les mots, le français les gaspille.

Je me retrouve ainsi en 1941 au Pontifical Institute of Mediaeval Studies of Toronto. Le prestige de l'historien et philosophe Étienne Gilson y est grand. Me voilà donc en sa compagnie (nous logions au même étage du Brennan Hall).

En histoire de la philosophie médiévale, il se révèle être un vrai maître : savant, direct, exigeant, perfectionniste à sa manière, mais quel personnage !

Je lisais, je lisais. Renfermé sur moi-même, avec mes livres, dans les bibliothèques.

Je relisais mes classiques grecs et latins. Je découvrais peu à peu l'importance du Moyen Âge. Puis me voilà vraiment en amour avec le Moyen Âge français : à cause de mes racines. J'ai commencé à parler français au Moyen Âge. Au Moyen Âge, j'ai retrouvé des romans en français. J'y ai vu des rapports entre *Maria Chapdelaine*, *La chanson de Roland* ; plus tard viendra *Menaud, maître-draveur*. J'étais intéressé à savoir comment les littératures ont commencé. Sans doute parce que le « Français » que je suis en Amérique sera toujours minoritaire. Connaître ses origines, c'est apprendre à survivre.

Donc vous êtes entré dans le Moyen Âge.

Par obéissance. Sans être déçu. Comme dirait Teilhard de Chardin, l'obéissance rapporte toujours. La valeur humaine de l'obéissance « religieuse » vient sans doute de ce qu'elle est une acceptation au moins provisoire d'une réalité à apprivoiser. La foi s'en mêlant, tu te sens libre, libre.

Entre-temps, Dieu, par la pensée, par la prière, s'impose à moi. À Toronto, grâce à Gilson, je rencontre saint Augustin qui m'émeut quand il parle à Dieu, dans les *Confessions* surtout.

Dieu, le théisme, saint Augustin, l'incroyance

Vous avez souvent nommé Dieu en tant que prêtre. Mais aussi dans une vie personnelle vouée à une sorte de trialogue entre les gens, Dieu et vous. Est-ce que votre perception de Dieu a changé avec le temps ?

Elle change. Et là, je suis en train de m'apercevoir que Dieu a voulu, a permis que je vive longtemps, peut-être aussi pour le faire connaître. Je ne veux pas apprendre pour apprendre. Je veux apprendre pour donner. C'est mon côté dominicain. «*Contemplata aliis tradere*», formule entendue au noviciat en 1936. C'est-à-dire donne tes acquis aux autres.

Mais c'est aussi de famille, ça. Chez nous, on travaillait pour rendre service. Non pour faire de l'argent, mais pour que tout le monde ait à manger. Et tu te hâtais d'aller aider les autres. Dans le temps des foins, on avait travaillé tellement fort, qu'on aurait pu se reposer un peu. Mais non, mon frère disait: «Non, ils n'ont pas fini, eux autres. Faut les aider.» Étudier, oui, lire, oui, mais pour aider les autres à vivre.

Vous n'avez pas vécu longtemps en historien passif.

Mais non! Déjà le texte sacré est là. Il parle et j'écoute.

Aujourd'hui, devant le même texte, selon les méthodes actuelles, je me dis: «Pourquoi cet écrit? Qu'est-ce que Dieu a fait? Qu'est-ce qui est écrit exactement? Qu'est-ce que Dieu veut dire?»

Peu à peu, j'en viens à être plus personnel, moins timide, plus intimiste.

J'aimerais vous raconter un jour comment Dieu s'est imposé à moi inconsciemment à Saint-Michel! Je me sentais si petit.

Êtes-vous près aujourd'hui de saint Augustin?

Oui. Et pourquoi pas?

Pour parler de Dieu et avec Dieu, il me faudrait être sensible comme saint Augustin. Et moins rationnel que Thomas d'Aquin. Pourtant! Dieu est le même. Unique. Absolu. Éternel.

Pourquoi pas comme Thomas d'Aquin?

Thomas d'Aquin parle de Dieu à partir de son intelligence, à partir des textes bibliques. Il en parle d'une façon que j'oserais dire presque trop objective. À la manière d'Aristote: Dieu cause première, Dieu de la transcendance. Mais le monde moderne trouve très difficile de parler ainsi. Capable de s'interroger, épris de son «moi», il éprouve une énorme difficulté à pratiquer directement la pensée objective.

C'étaient des sensibilités d'époque. La nôtre raisonne autrement. Vaut-il mieux regretter que s'adapter?

Saint Augustin se livre à un dialogue intérieur dans ses Confessions. *Des critiques d'aujourd'hui disent aux croyants:* *« Vous avez créé un Dieu avec qui vous dialoguez, mais vous êtes finalement devant un miroir. »*

Je dirais: «Comment se fait-il qu'un homme intelligent comme saint Augustin en soit arrivé à affirmer Celui qui est au-delà de lui? Il ne peut pas saisir Dieu complètement mais il accepte d'y penser, d'y réfléchir et finalement d'y croire. À coups d'introspection. C'est peut-être trop vite résumer. »

Mais moi, je me situerais aussi comme saint Anselme, étant donné que je pense Dieu! Comment se fait-il que je pense Dieu comme tel: infini, total, créateur, inventeur?

Oui, mais vous pouvez penser des objets imaginaires.

Bien sûr. Pourquoi je pense à des objets imaginaires? Pourquoi je les crée? Quelle est la nature de cette puissance de l'esprit qui peut aller au-delà de ce qu'il perçoit actuellement?

Comment se fait-il que l'esprit humain soit capable de vagabonder comme ça?

La puissance de l'imagination! Il y a quelque chose de divin en elle. À sa manière, l'imagination est divine, créatrice! Qu'elle imagine Dieu, voilà qui est aussi étonnant que simplement le penser.

Mais ça peut être la même chose pour la pensée. Vous concluez votre raisonnement en disant: «Il y a un être qui correspond à mes pensées. »

Quand je suis devant l'océan, je me dis qu'il y a une rivière, une source, quelque part.

L'autre dira que l'océan se tient par lui-même. Et qui nourrit l'océan?

Comme fils de la terre, j'ai appris que s'il y a une rivière, il y a une source. À partir de quelque chose de tout simple je veux éclairer mon esprit, mais en même temps m'émerveiller. M'émerveiller aussi devant la puissance de la raison. Devant la puissance du raisonnement. Les allées et venues de mon imagination et de ma mémoire me conduisent à dire Dieu... pour lui dire merci! Merci à Dieu pour l'eau, la source, la rivière, l'océan!

Ça, c'est le théisme.

Étrange à dire... Oui, j'aurais été longtemps théiste. Même chez les Dominicains. D'être devenu chrétien avec le temps, d'avoir rencontré ce Dieu éternel et tout-puissant dans la nature et d'avoir été heureux avec ce Dieu-là, est-ce un malheur?

J'étais heureux et admiratif. Peut-être prisonnier des intuitions du Dieu cosmique de mon enfance! Sans oublier cette croyance que Jésus étant mort pour nos péchés sur la croix, cela risquait de me le rendre plus lointain. Bref, ma relation personnelle avec Dieu n'est pas venue tout de suite. Non, hélas! Il me faudra une meilleure connaissance de Jésus pour y arriver. Avec le temps!

Votre âge à l'époque?

Mettons trente ans. Dans les années 1945. Je suis prêtre depuis 1941.

Vos grandes intuitions humaines sur Dieu, vous les recevez aussi de vos relations interpersonnelles?

Je me dis que si Dieu a créé les gens tellement différents, c'est qu'il ne pouvait pas faire une seule personne comme lui.

Donc il était bien obligé, à cause de sa perfection, de multiplier les miniperfections des autres. Chaque personne représente quelque chose de divin, c'est à moi de le trouver. C'est ainsi que peu à peu la présence de Dieu m'inspire. Grâce aux autres souvent.

Est-ce qu'il n'est pas normal de ne pas croire en Dieu? Est-ce que ce n'est pas la position la plus normale? C'est tellement incroyable, Dieu, finalement!

On peut très facilement s'organiser intérieurement pour ne pas croire en Dieu. Mais aussitôt que tu regardes la nature, que tu regardes l'univers, tu te demandes comment fonctionne cet univers-là. Le matin qui se lève, le jour, le soir qui s'achève: il faut trouver un responsable. Comme ce n'est pas toi, ça doit être un autre. Qui? Plusieurs autres? Mais d'où vient cette unité dans la multiplicité? Le multiple ne peut pas rendre compte de l'Un.

On ne peut pas tout expliquer de cette immensité qui fonctionne. Les astrophysiciens, ce sont pour moi de grands théologiens. Ils sont là et disent qu'on ne peut pas tout savoir ni tout analyser de l'infini astral: les énergies transplanétaires, la chimie des étoiles, la physique, la métaphysique encore!

On ne peut pas tout voir, on ne peut pas tout analyser. On sait que c'est infini… Même le big bang ne dit pas ce qu'il devrait dire. Qui a déclenché, ou même fabriqué ces énergies «célestes»?

Moi, je préférerais penser aux commencements qu'à la finale de l'univers, à la «fin des temps», comme nous disons entre nous les chrétiens.

Tout a commencé, je le dirai toujours, et ça continue avec la contemplation du paysage grandiose qui m'attend quand, du nord vers le sud, je m'approche du village de Saint-Michel-de-Bellechasse. Peu importe qu'il soit Tu ou Vous. Je sais qu'Il est là. Je récite le psaume 8 qui dit tout chaque fois que je pense à Lui. Quelle intelligence d'avoir créé tout cet univers! Quel amour, pour l'avoir désiré.

L'affirmation de Dieu nous arrive aussi par des gens qui se disent quelquefois non croyants. Certains, par ailleurs, conti-nuent à affirmer, comme Aristote, qu'il faut un moteur, qu'il y a du mouvement, de l'ordre malgré tout. Donc, à tout effet il faut une cause, comme tout rayon mène au soleil. Où vous situez-vous, là?

Autant j'ai un grand respect pour les croyants qui affirment leur foi tout en reconnaissant les limites de leurs croyances, autant j'admire ces autres, athées, agnostiques, qui ne cessent de s'interroger sur leur état d'esprit. Ce sont des purs. En leur âme habite souvent le meilleur de nos croyances.

Qui ne réfléchit pas sur sa croyance risque de rétrécir le champ de sa pensée.

Si tu refuses de croire, c'est ta responsabilité. Il y a des paresses intellectuelles dans l'agnosticisme aussi. La peur de se tromper est normale, et beaucoup de générosité se cache dans la peur de tromper l'autre. «Je ne parle pas de Dieu à mes enfants pour ne pas les tromper», me dit mon ami qui, je pense, n'ose plus chercher celui qui pourrait ennoblir son esprit.

Il demeure que vous vous accrochez au nom de Dieu.

Sûrement. Bien entendu, on accroche au nom de Dieu une foule d'idéologies, comme les juifs l'ont fait: le Dieu de la victoire, le Dieu des armées... Nous autres, c'est le Dieu-amour, le Dieu du pardon... Ce qui est premier, c'est l'amour. Non pas les idéologies.

L'humilité de Dieu : Jésus

Nous savons à quel point Jésus est devenu unique pour vous.
Mais que s'est-il produit ?

Après le p'tit Jésus de mon enfance et le Christ de Saint-Michel mort pour mes péchés, la grâce divine fait sourdement sa ronde en moi. Le Christ m'apprivoise. Le Christ vivant, le Ressuscité. C'est d'abord à Ottawa, en étudiant, que j'ai « compris ».

Parce que je tiens de ma mère d'avoir été semi-scrupuleux, je reçois plus tard le don de la miséricorde telle qu'elle est incarnée dans la personne de Jésus de Nazareth !

C'est en recevant souvent la miséricorde que j'ai le mieux rencontré le Christ. Et rencontrer le Christ, c'est déjà mieux connaître Dieu. Du Fils au Père, du Père au Fils : la même bonté miséricordieuse qui circule alors que l'Esprit sourdement fait son chemin dans ma conscience inquiète.

Une autre qualité de Jésus qui m'a toujours fasciné : l'humilité.

L'humilité de Jésus, oui, mais Dieu ? Le Tout-Puissant ?

Je vous répondrai par un souvenir. Récemment, j'accompagnais une malade. Très spéciale. Une histoire assez unique. Une juive qui a fui Hitler et qui a rencontré un Québécois. Elle s'est convertie au catholicisme et elle est devenue fanatiquement catholique. Je l'écoute, je l'écoute.

Je sens très bien que sa foi inclut le refus de son passé allemand. Je veux savoir et lui demande : « Que dites-vous de Dieu après toutes ces épreuves ? » Elle me répond : « Dieu est si humble ! » Ça m'a bouleversé. Elle avait pardonné.

L'humilité de Dieu, est-ce le visage de Jésus ?

Oui, je pense souvent à Jésus. Jésus miséricordieux, Jésus humble qui va jusqu'à laver les pieds de Pierre ; Jésus bafoué,

Jésus qui marche, Jésus qui boite, Jésus qui chute, et qui se reprend. Finalement, c'est la crucifixion.

Ce n'est pas le catéchisme ni même la théologie savante qui m'ont conduit en tout premier à la rencontre personnelle de Jésus… et de Dieu. C'est plutôt la suite d'expériences multiples de la miséricorde comme de cette considération de l'humilité du Seigneur. Elles m'ont marqué. Le Christ est devenu peu à peu « un frère, une mère, une sœur ».

Il y a beaucoup à comprendre dans le Christ…

Le Christ était un laïc. Pas un grand-prêtre. Pas un notable. Pas un « prêtre en autorité ».

Qu'ensuite il ait désiré… *s'acharner*… (c'est le cas de le dire, à la manière acadienne), s'acharner sur nous et prendre notre nature humaine, sous la forme d'un enfant, pendant que les autres attendaient un roi, un libérateur, cela me fascine aujourd'hui autant qu'autrefois à Ottawa, à Paris ou à Montréal.

Je passais tant d'examens en lien avec mes études. La vie à mesure m'enseignait la vérité de mes énoncés « appris par cœur ». Pour résumer : Jésus fils d'homme me conduira peu à peu à vénérer, à adorer Jésus Fils de Dieu, Verbe éternel, Jésus antérieur, Jésus Alpha.

Jésus promoteur de tous ces paysages bien-aimés.

Pas seulement le Jésus de l'histoire, comme on dit…

Mais Jésus d'avant Moïse, Bouddha, Mahomet… Jésus, l'architecte, le géomètre, le paysagiste de l'univers. Logos. La pensée avant la chair.

Avec toutes vos études spécialisées, comment dire Jésus autrement que par des mots savants et conventionnels ?

J'aime penser Jésus en amour avec le Père et les deux qui me le racontent selon l'inspiration de l'Esprit.

Ce Jésus que j'aime est plus que le seul Jésus de Nazareth.

C'est Jésus de toujours, qui descend vers nous. Il me parle si bien de Lui, le Père, que finalement il m'inspire et il m'introduit à l'intérieur de la vie divine.

J'éprouve beaucoup de joie à penser à lui, à le prier seul ou avec les autres.

Vous avez de la chance de parler ainsi de lui.

Pourtant, même à lire et à méditer souvent les Évangiles, je me sens encore « timide » pour lui parler de personne à personne. Je ne peux pas le tutoyer, personnellement. Pas encore, du moins.

Il me semble que je n'ai jamais les mots qu'il faut.

J'envie Thérèse de Lisieux d'être si à l'aise pour causer avec lui.

Et l'Esprit saint, auquel vous faisiez allusion tout à l'heure?
Un troisième Dieu?

Il est devenu pour moi plus que simple croyance et idée. Toute l'histoire judéo-chrétienne me le raconte. Comment ne pas croire en l'Esprit saint quand on connaît l'histoire de l'Église catholique? Tant de tempêtes en haute mer! L'Esprit est au gouvernail. Le même Esprit m'habite quand je prie, quand je réfléchis, quand je m'adresse à la Vierge Marie, à Thérèse.

L'Esprit parfois me fait trouver le mot qu'il faut, la décision à prendre. Ou même me conduit au livre, à la citation, à la lecture qui convient pour aller de l'avant. Est-ce que je deviens superstitieux?

Et la Sainte Trinité? Comment en parlez-vous?

Parce que Jésus a insisté sur son Père, sur l'Esprit, il faut respecter le mystère là où il intervient. En discuter? Pourquoi ne pas se taire plutôt et considérer l'immense grandeur de Dieu, le Dieu des chrétiens, qui s'appelle le don personnalisé du Père, le don personnalisé du Fils, le don personnalisé de l'Esprit. La Trinité, c'est Dieu en trois dons! C'est Dieu Amour. Amour communionel et ce, pour mieux nous rejoindre en corps et en esprit. Incomparable mystère trinitaire.

Marie : la Sainte Vierge

Un jour, vous avez dit que vous priez la Sainte Vierge tous les jours. Pour un homme épris d'idées et de raisonnements, ça nous surprend!

Mon amour des femmes dont il m'arrive de trop m'enorgueillir vient-il d'elle? Sans Marie, je n'aurais jamais autant observé et commenté la spiritualité au féminin.

À l'observation de ma mère et de ma belle-sœur Marie-Louise, j'ai vite appris que la plus belle preuve de l'infini amour du cœur de Dieu était l'amour du cœur d'une mère, et donc de Marie, mère de Jésus-Dieu.

J'en suis certain. Ève n'a pas été « créée » à la fin du sixième jour par hasard : elle récapitule, elle est le suprême acte du Tout-Puissant. De même, la femme participe à ce surplus de bonté divine qui s'appelle miséricorde.

Tout de même! La virginité de Marie n'est-elle pas devenue une forme de négation de la vraie femme et de la famille?

La virginité de Marie! À notre époque, voilà une histoire bien étrange. Pourtant intégrée dans la Bible. Une manière de montrer que Marie mère de Jésus est exceptionnelle. Non pas une affaire gynécologique à la moderne. Il n'y a aucun voyeurisme dans les récits évangéliques.

À tout prendre, ne trouvez-vous pas le projet de Dieu quelque peu contradictoire : d'une part, il crée un homme et une femme, il les avise : «Allez, multipliez-vous», puis quand vient son Fils sur la terre, il souhaite qu'Il naisse d'une vierge?

Comme Ève fut une femme d'exception au début, ainsi Marie profite de toute l'expérience de Dieu. Elle est un chef-d'œuvre de continuité, de perfection, une femme «pas comme les autres».

La manière de le dire à l'époque, c'était de dire qu'elle était vierge… même si elle était enceinte, et fiancée à Joseph.

Un vrai défi posé à nos manières habituelles de raisonner. Ça reste un mystère. Un grand mystère. Comme toute naissance d'ailleurs.

Cette virginité de Marie vient nous contredire à tant d'égards, elle est tellement à l'opposé de nos habitudes que nous hésitons souvent à l'affirmer… trop ouvertement.

Nous ne comprenons pas. Pourquoi vouloir absolument contredire ce qui est écrit et admiré depuis longtemps?

Mais de la virginité de Marie, faites-vous un article de foi?

Ma foi souhaite que la mère de Dieu soit à tous égards un personnage exceptionnel. Cela devrait s'exprimer par sa beauté physique et par une virginité appliquée… Lorsque Matthieu et Luc racontent, ils racontent. Ils n'ont pas établi un dossier, ni un CV. Ils racontent que tous la trouvent exceptionnelle, pas comme les autres femmes.

L'Église ne tient-elle pas trop à affirmer la virginité de Marie? Vous y tenez toujours?

L'Église y tient énormément. Mais je crois surtout qu'elle tient à ce qu'on ne dévie pas des textes sacrés. Et si les textes parlent de virginité, j'accepte. Pourquoi tout réduire à l'interprétation physiologique, psychodramatique, ou même naturaliste? Nos contemporains s'énervent en ces matières. C'est si beau de croire en un être pur, lumineux, en amour sans distraction! C'est si beau un corps d'enfant.

La virginité de Marie ne contredit donc pas selon vous une juste appréciation de l'union procréatrice?

Il ne s'agit pas simplement en ce monde de perpétuer l'espèce, mais aussi de proclamer l'Alliance, effet de la patiente gratuité divine. La virginité mariale obéit à cette ultime perspective d'un amour au-delà de la norme.

En somme, le plan de Dieu, l'Alliance, confirme l'importance première du mariage et de son correspondant mystique, la virginité de Marie, épouse de Joseph. Tous les deux parents de Jésus et enfants de l'Alliance.

Vous parlez de Dieu comme si en ces matières de chasteté forcée et de maternité exceptionnelle Dieu agissait de haut et de loin…

Peut-être que j'imite trop certains auteurs pressés de faire un dogme de toute exception ou qui se plaisent à enseigner froidement tout ce qui touche au mystère. Après la fin de mes études universitaires, j'ai pris beaucoup de temps à méditer sur les enseignements reçus. Mais au-delà de tout ce que j'ai appris demeure le grand projet du Seigneur, un projet d'amour. Aimer coûte que coûte! Premier et seul commandement! Ce projet ne peut exister et demeurer qu'à l'intérieur d'une institution privilégiée qui s'appelle la famille. Par la famille se vivent, se fondent l'amour et sa durée.

Projet d'Adam et d'Ève. Chaque fois que je baptise, que je vois même un enfant, j'y pense. C'est ce même projet du Seigneur que je vis en tant que consacré. Chasteté oblative, don de soi au couple, comme le couple se donne à l'enfant. Solitude et complémentarité.

La Vierge Marie s'est offerte à l'humanité et vit avec elle en couple, comme autrefois avec Joseph.

Me voilà bien loin des sermons entendus au collège sur la Vierge Marie, modèle de pureté, modèle de chasteté, modèle de continence. Les trois mystères douloureux de notre jeunesse tourmentée quand nous étions adolescents! Je vois aujourd'hui en tant que consacré au Seigneur qu'il est noble de penser à la Vierge Marie, de l'invoquer, de lui confier toutes nos aventures intérieures en ces matières délicates de la chasteté consacrée, gardée, perdue et retrouvée. Marie: Nouvelle Ève!

Revenons à la mystique chrétienne: le célibat ou le mariage...

Ne séparons pas ce que Dieu a uni à sa manière. Je connais des moines et des moniales qui ont opté pour la virginité, la chasteté. Leur idéal demeure le don personnel de leur vie quotidienne au bonheur de l'humanité. Les mystiques le disent dans leur langage souvent poétique: ils se considèrent personnellement en union nuptiale avec le Christ et dès lors avec l'humanité.

Pour toutes ces raisons, la famille est non seulement une réalité nécessaire à la survie de l'humanité, mais elle est aussi nécessaire pour que les mystiques, qui ont des vocations particulières, puissent se donner des assises bibliques.

Sinon, c'est la frustration. Mon père avait l'habitude de résumer mes soi-disant théories: «Mon garçon, t'es instruit, t'as des beaux mots, tu ne comprends pas toujours, tu peux dire ce que tu veux, mais sans ton père qui est devant toi, tu n'aurais jamais pu parler comme tu parles. Demande à ta mère: elle te dira la même chose que moi. Va pas te vanter de ce qui n'est pas rien qu'à toé.»

Dominique de Guzmán

Vous avez publié un livre sur saint Dominique récemment.
Vous dites dans ce livre que saint Dominique cherche à toucher le cœur mais aussi l'intelligence.

Je dirais qu'au départ Dominique est une sorte de prêtre charismatique. Par la suite, il se fait évangélique, surtout soucieux du pouvoir «divin» de l'intelligence humaine.

Il serait instructif de le comparer à d'autres saints dominicains. À saint Thomas d'Aquin, à saint Albert. Thomas est très intelligent. Le cœur paraît en retrait. De même que chez saint Albert, théologien et encyclopédiste. Les deux cependant tiennent la charité comme première vertu de la vie parfaite.

Ce que j'aime chez saint Dominique, c'est qu'il y va avec tout son cœur. En cherchant à prendre ce qu'il y a de bon dans la tradition bénédictine, le silence, la prière, la clôture. La clôture? Le bénédictin Matthieu Paris raconte cependant que «chez les Frères Prêcheurs (Dominicains), la clôture voyage comme les vagues de la Manche. On ne sait pas où elle commence et où elle finit. Elle, si mobile!» Jolie malice qui a sa vérité.

La vie dominicaine, c'est comme une sorte de vie monastique portative?

Exactement. La dominicaine Catherine de Sienne parle de sa cellule portative, adaptable aux situations et au travail de chacun au service des «âmes». Fascinant!

Ça n'enlève rien aux autres traditions.

Dieu n'est pas seulement dans les bois ou dans les champs. Dieu peut être aussi dans les universités, quoi qu'en pensent «les autres», pour qui le cœur ne devrait jamais céder le pas à l'intelligence.

Vous semblez devoir beaucoup de vos idées à vos études au couvent d'études des Dominicains à Ottawa, même si vous avez quitté ces lieux il y a plus de 50 ans. Entre-temps, dans ce livre sur saint Dominique, vous dites qu'aujourd'hui le salut des âmes, ça se traduit par la volonté de voir les gens heureux.

Quand saint Dominique de Guzmán († 1221) dit: «Que vont devenir les pécheurs?», il veut dire: «Qu'est-ce qui arrivera à l'humanité si elle s'égare?»

Quand il parle du salut des âmes, il signifie en termes d'aujourd'hui le bonheur de la personne.

La figure de saint Dominique est une inspiration pour vous?

Saint Dominique, notre «bienheureux père», est un homme de terrain. Étudier, instruire, rendre la foi intelligente, au-delà de tout entêtement à croire à tout prix. Un amoureux aussi qui, paraît-il, préférait les jeunes femmes aux vieilles! Je n'ose pas commenter de peur de me faire de «vieilles ennemies» à qui je tiens beaucoup.

J'aime l'esprit que saint Dominique a inculqué à nos communautés: esprit de travail, de liberté… et beaucoup de joie à l'occasion.

Sa fidélité à la prière chorale impressionne. Il est pour moi à plusieurs égards autant un ami qu'un modèle. Je lui parle souvent en conversation intime, au-delà des formules apprises. Je lui dois beaucoup.

Autre point qui me le rend si sympathique et si fraternel: chez lui, le salut des âmes passe par le contact humain. J'aime en lui cette alliance entre l'humain et le divin, entre l'action et la contemplation, entre la prière et l'apostolat, entre la parole et le silence. La présence!

Un autre grand fleuve: les Dominicains, communauté d'appartenance

J'aime beaucoup ma «gang», ma communauté, mon groupe d'appartenance. Pourquoi? À cause de saint Dominique, ce vagabond de la Parole de Dieu. En même temps, je note que Dominique s'intéresse à la tradition monastique. Il doit beaucoup aux Cisterciens, il les connaît, il les fréquente, il connaît leurs traditions issues de la vie radicale des Pères du désert. Par ailleurs, prêcheur évangélique, il se doit d'aller aux autres hors clôture. Moine itinérant? Apôtre chez les moines? Pourquoi ne pas revenir aux mots de ses contemporains: Dominique est un homme évangélique, un homme de Dieu.

Dans l'histoire des Dominicains, la première génération, plus charismatique, ce sont des gens qui ont pris la route. Ils vivaient une composante monastique, mais sans se laisser trop envelopper par elle. Des apôtres, itinérants et mendiants.

Ça rejoint votre tempérament: cloîtré et voyageur, silencieux et grand parleur, contemplatif et actif...

Je vous remercie de cette sage synthèse que je me souhaite chaque jour, sans nécessairement toujours la réussir. Eh oui! j'aime cette instabilité, ce contraste d'être à la fois tout à tous et en même temps d'adorer ma cellule, ma maison. Oui à l'institution, oui à la vie charismastique. Comme je dis à mes amis et frères moines d'ici et là: «Vous êtes mon idéal, sauf que n'ayant pas eu le courage de vous suivre, ni le courage d'être moine, laissez-moi au moins le plaisir d'en rêver!»

Que dit l'historien en vous à propos d'un rêve et de la réalité?

Aussitôt qu'on entre dans une communauté, cet aspect charismatique primitif est appelé à être intégré dans un rapport institutionnel et plus déroutant par rapport aux origines. Je le vois avec mère Teresa. Il faut qu'elle organise sa communauté. Il faut qu'elle se donne des structures. Il faut qu'elle ait des dispensaires. Le charismatique est vite menacé par l'institutionnel.

Selon vous, où est l'essentiel pour les gens qui viennent à vous?

Aujourd'hui, ce que les gens espèrent de nous? La clarté de la vie, le langage du cœur et l'amitié transparente. Ils attendent aussi une réponse intelligente à leurs questions. Non une réponse qui va les exclure. Mais une réponse plutôt inclusive qui les invite à réfléchir, à penser, à repenser...

Même s'ils sont peu nombreux, Dominique tient à envoyer certaines de ses plus jeunes recrues dans les universités, pour y étudier.

Il faut nous rattacher à ces institutions qui valorisent d'abord l'intelligence.

Dominique et sa génération sont des champions démocratiques de la vérité à défendre coûte que coûte. Étrange à dire, la deuxième génération de Dominicains compte aussi des savants, des encyclopédistes : Vincent de Beauvais, Albert le Grand, Thomas d'Aquin. Vous avez aussi, dans le droit canon, Raymond de Penyafort, qui incite ses frères à étudier le Coran. Même en hagiographie, voici Jacques de Voragine et sa *Légende dorée...*

Ce sont toujours des « savants priants » qui veulent nourrir dans la foi l'intelligence de leurs contemporains.

La petite fille d'un couple d'amis, qui se trouvait dans un couvent dominicain, nous a demandé : « C'est quoi un dominicain ? » Que répondriez-vous ?

À la petite fille, je dirais : « Je pense beaucoup à toi, je veux que tu sois heureuse dans la vie, que tu étudies un jour... »

Et si on vous posait la question ?

À l'étudiant universitaire, je dirais : « Un dominicain c'est quelqu'un qui étudie toujours pour mieux comprendre les croyances et la vie d'aujourd'hui. »

À une femme âgée, je dirais : « Un dominicain, c'est quelqu'un qui avec l'âge apprend l'essentiel du quotidien dans l'amour qui donne plus qu'il ne reçoit. »

À un homme âgé, je dirais : « Un dominicain, c'est quelqu'un qui apprend de la vie que l'espoir est permis à tout âge. »

*Les Dominicains ont été créés au Moyen Âge. Vous dites que
notre société vivait comme au Moyen Âge jusqu'en 1960. Il y
avait donc une continuité. Est-ce que c'est plus difficile d'être
dominicain, dans un monde qui a complètement changé?*

C'est tellement difficile que, au sein des Dominicains au
Canada, certains ne peuvent plus vivre avec des offices et des
repas à telle ou telle heure et avec la messe quotidienne. Et ma
communauté leur permet de faire cette expérience. D'autres
– hors couvent – peuvent être très productifs. Oui à l'exception. Seule la Règle permet la continuité. Sans elle, l'exception
serait pure marginalité. Comme une branche sans tronc, un
tronc sans racines.

*Et vous personnellement, préférez-vous une vie plutôt
structurée?*

Je me souviens d'avoir vécu à Caen en France pendant trois
ans en appartement. Ce qui me manquait le plus : c'était de ne
pas avoir à m'arrêter au signal de la prière communautaire, moi
qui voulais continuer à lire et à écrire! Ces interruptions, je me
suis aperçu qu'elles étaient humainement thérapeutiques autant
qu'enrichissantes spirituellement. Antiques habitudes des
horaires alternatifs de temps de prière, de travail, de repos.

Votre vie est encadrée par un certain nombre de paramètres.

Oui. Depuis le 26 juillet 1936! De même qu'il y a des
paramètres pour vivre en couple, il y a, il faut des rites à
l'éducation des enfants, voire pour établir sa sincérité, pour
équilibrer sa vie. Il ne s'agit pas simplement de s'imposer des
rubriques selon ses exigences à soi, comme se lever tôt pour
méditer quitte à être impatient avec les collègues. L'important,
ce sont les autres à aimer, à aider…

Même si en principe ces Frères Dominicains passent de
longues heures à étudier dans leur cellule ou à la bibliothèque,

le temps qu'ils prient en communauté les grandit nécessairement et leur action apostolique à long terme ne peut être que plus bénéfique.

Il y a des aspects de la vie dominicaine que vous avez intégrés dans votre équilibre, dans les composantes de votre vie personnelle?

Nous sommes des êtres humains, nous avons besoin des autres. Des rites communautaires reliés à la prière, au travail, aux repas, comme des temps de récréation, sont majeurs. Je vis une grande liberté pendant la majeure partie de la journée. Je me retrouve pour la prière et pour le repas, actes sociaux essentiels.

Ça me plaît, étude en cellule, prière et repas. *Ora et labora…*

Quand des amis incroyants me disent: « Tu viens souper », je dis: « J'ai une célébration à six heures, je serai là à sept heures. » Ils disent: « Ah, on va t'attendre à sept heures. » Le message est passé. En un sens, il me préfèrent priant à distance que mondainement présent à l'heure d'un premier rendez-vous purement social.

À travers vos antennes… vous avez beaucoup d'antennes… cela vous donne sur le plan personnel, j'imagine, une espèce de culture humaniste…

Une culture humaniste faite de l'acceptation des autres, de l'acceptation de telle situation, en connaissance des circonstances. De plus, je crois aux autres autant que j'espère des convergences, à la communion des différences.

L'égalité sur le seul plan des droits de la personne?

Il faut être différents et chercher à communier dans des rapports de différences. Ce qui nous permet d'être nous-mêmes avec tout le monde.

Depuis quelque temps, je pense beaucoup à la solidarité mystique, ciel et terre, défunts et vivants...

C'est si beau à penser, si bon à croire!

Est-ce si bon de croire? Croire, est-ce penser?

Croire, c'est apprendre à penser. Croire, dit à la manière de Confucius, c'est « discerner ce que l'on comprend et ce que l'on ne comprend pas ». L'incapacité de croire serait-elle une maladie de l'intelligence? Une épreuve passagère?

Avez-vous connu des retours... dans votre foi « dominicaine »?

Non, je n'ai jamais reculé. Mais je suis parti de loin, avant d'arriver en ville! J'habite le monde imparfait du devenir de la foi, la foi comme une lampe portative...

La comparaison entre les gens d'esprit et les gens de cœur nous fait penser à Benoît XVI. Un homme plutôt cérébral. Il a consacré sa première encyclique à l'amour, ce qui peut surprendre.

Ça m'a rassuré. Mais comment s'en tirera-t-il à proclamer « à temps et à contretemps » une morale qui s'applique difficilement à la liberté des mœurs de notre époque?

Êtes-vous désespéré?

Au contraire. En spiritualité chrétienne, l'échec, la croix, peut devenir une anticipation d'un renouveau, d'un passage.

Je pense par exemple à une phrase de Benoît XVI, en réponse aux féministes qui ont voulu le cerner dans une conversation rapide. Il aurait dit: « N'attendez pas du côté des institutions les changements que vous prévoyez. Attendez plutôt du côté charismatique des événements imprévisibles. »

Ça m'a plu. La tradition dominicaine vit, elle aussi, sous le signe de l'Esprit, de l'intelligence, de l'invention spirituelle. L'Esprit saint n'a pas encore dit son mot. À lui le dernier mot! Il est Celui qui nous précède dans le changement.

Le sacerdoce des femmes, je l'ai depuis longtemps confié à sainte Thérèse de l'Enfant-Jésus, qui a souvent souhaité être prêtre.

Sacerdoce souhaitable? Sûrement. Culturellement et universellement réalisable? J'en doute. À moins de changer la vie du sacerdoce masculin tel qu'il est vécu et pratiqué depuis 2000 ans et plus. D'autre part, je crois que les femmes de bonne volonté, et inspirées de l'Évangile, sont capables de s'adapter à de nouvelles manières et à de nouveaux droits issus du sacerdoce baptismal commun aux hommes et aux femmes. Je ne veux pas, je ne peux pas écrire l'histoire avant qu'elle arrive…

Les incroyants et les autres croyants

Pour revenir à la question de la foi, nous vous avons parlé d'un ami décédé. Incroyant – d'après lui athée –, il vivait radicalement ses absolus. Comment exprimeriez-vous votre foi à cet ami-là en employant son langage…

Je dirais: «Tu as droit à tes idées, mais le chemin du cœur va plus loin que le chemin de nos idées.»

L'athéisme idéologique d'ici n'est pas toujours aussi profond que l'on pense. Plusieurs athées éprouvent le besoin de parler avec nous, de discuter. Dans cette perspective… le chemin du cœur… va plus loin et il est plus direct. Baudelaire aurait écrit que «si un jour la religion disparaissait dans le monde, c'est dans le cœur d'un athée qu'on la retrouverait». Je suis de son avis.

*Comte-Sponville (*L'esprit de l'athéisme. Introduction à une spiritualité sans Dieu) *dit qu'on peut se passer de religion, mais pas de communion, ni de fidélité, ni d'amour.*

Quand il emploie ces mots-là, je me retrouve en plein christianisme. Du christianisme involontaire. Comme nous, cet auteur, habile en voltiges verbales, ne peut pas se passer de plusieurs siècles de réflexion.

Je suis d'accord. On peut se passer de religion, mais pas de foi ni de croyance. Croire est naturel. Les croyances sont de tous les temps.

Dans Carnet devant la mort *de Laurent-Michel Vacher, qui est décédé en 2005, il est question de la foi. Il dit : « Le noyau de la foi serait simplement "Une puissance ou quelqu'un d'invisible m'aime, me guide, me protège, me connaît, m'écoute, me rassure et m'est garant à la fois que ma vie n'est pas délaissée et que mon existence comme celle des personnes qui me sont chères ne prendra pas fin abruptement (et absurdement) à la mort de nos corps physiques."»*

Il rejette ça pour deux raisons : « La première, c'est que la pensée en question est en fin de compte si faible, si naïve, si infantile, si invraisemblable et si pauvre qu'elle défie la critique. La seconde, c'est qu'elle est si intérieure, si émotive et si forte qu'elle impose aux critiques le silence poli dû au respect des personnes[2]. »

Et pourquoi insiste-t-il tellement pour dire que c'est enfantin? Une névrose, dirait Freud.

Nous les chrétiens, on s'entête à croire. Lui s'entête à ne pas croire. À chacun sa tête. À chacun sa névrose. Surtout, à chacun sa conscience.

Est-ce que ce n'est pas tout de même un bel effort de lucidité?

Oui. Je crois que je dois prendre très au sérieux cet homme qui a beaucoup réfléchi. Je m'interroge sur son moi profond. Pour en arriver à se tenir tête et à conclure que tout est peur, que tout en ce domaine est davantage illusion que vérité, il faut être mentalement solide et s'habituer à être davantage avec soi qu'avec la pensée des autres penseurs qui sont la majorité.

2. Laurent-Michel Vacher, *Une petite fin du monde. Carnet devant la mort*, Montréal, Liber, 2005, p. 70.

J'ai rencontré certains de ses amis. Les gens le respectaient beaucoup. C'était un homme de grande intelligence.

C'était un martyre de l'incroyance! Il faut le lire avec beaucoup de respect.

En se disant matérialiste, il élimine tout ce que Teilhard de Chardin nomme l'appel divin de la matière, non pas seulement à l'intérieur de la personne, mais à l'intérieur de la nature elle-même. Teilhard voit du divin au-delà, comme les jeunes aujourd'hui voient de la spiritualité dans l'eau, dans la terre, dans l'univers.

L'imaginaire d'aujourd'hui associe la religion et la peur. Avez-vous des peurs?

C'est la conclusion de Freud: la religion est le fruit de la peur! Je dirais tout autant que la pensée de Freud, enfant du doute, un doute intelligent, est le fruit d'un moi surévalué.

Qui dit peur dit trouble en soi face à un danger réel. La peur est sœur de l'angoisse, celle qui appréhende le danger parfois imaginé.

Bien sûr, j'ai peur des abeilles et des taons pour avoir été souvent piqué quand, jeune, j'étais à «faire les foins».

J'ai peur des hommes qui parlent fort; j'ai vu des gens en colère crier et blasphémer.

Pendant longtemps, j'ai eu peur des péchés mortels, ceux qu'on est obligé de confesser, qui empêchent de communier et qui nous mènent en enfer… Mais à force d'en multiplier, selon les normes de l'époque, j'ai de plus en plus apprivoisé l'infinie miséricorde divine. Sainte Thérèse de l'Enfant-Jésus ayant résolu le problème pour moi et, bien que toujours pécheur, je nage aujourd'hui dans la confiance au Seigneur!

Bref, la peur du péché mortel se transforme pour devenir confiance. La nuit se fait aurore. Qui m'instruit me convertit? Elle, Thérèse de l'Enfant-Jésus, interprète de merveilleuses paroles bibliques et elle sait faire flèche d'amour de tout bois abîmé!

Pour revenir à la foi aujourd'hui, un bon nombre de personnes dans notre société font profession d'athéisme, mais parlent de religion constamment.

Vrai. Je l'ai expérimenté. Plusieurs des Québécois qui se proclament athées le sont moins à la suite de longues réflexions qu'à la suite de certaines blessures. Le «Dieu» qu'ils avaient appris n'était pas le Dieu de Jésus-Christ. Leur athéisme m'aide à mieux identifier le Dieu de la foi évangélique.

Donc un croyant dans le monde d'aujourd'hui...

Un croyant doit aimer les gens, il doit aimer tout autant les athées, les incroyants, les agnostiques que les plus fidèles des pratiquants. Fini le temps «héroïque» des excommunications en série.

Dans votre livre sur le Japon (1965), vous dites de belles choses sur le bouddhisme. «Bouddha a sûrement fait beaucoup de saints humains, parce qu'il croit en l'homme.»

Pour moi, les bouddhistes et les hindouistes que je connais sont les stoïciens du monde moderne, des «vrais» pour qui j'éprouve beaucoup d'admiration, jusqu'à envier à plusieurs titres leur générosité intérieure.

Il y a des bouddhistes guerriers, comme il y a eu des moines chrétiens guerriers: les templiers, des exceptions. De quoi amuser ces journalistes épris de «scandale». Les vrais journalistes de contenu s'occupent ailleurs...

Vous dites aussi: «L'autre point à noter au sujet du bouddhisme, c'est son sens du mystère, de l'inconnu, de l'infini, de l'inaccessible.» Et vous ajoutez: «C'est quelque chose que même de très bons chrétiens ont perdu.» Le bouddhisme est assez en vogue ici.

Il est en vogue, mais, pour des raisons plutôt humaines. La santé, la paix, l'écologie, la compassion. Dans une société brutale comme la nôtre, la compassion (nous appelons ça la miséricorde) est urgente ; les gens vont trouver dans le bouddhisme ce qui correspond très bien à leur besoin de paix intérieure, de compassion, de silence.

Le bouddhisme vient en quelque sorte « sanctionner » ces aspirations. Le salut par soi-même. Selon mon karma. Le don de soi. La maîtrise de soi. Une sagesse humaine. De l'excellent Montaigne. Je suis admiratif.

Mais vous êtes en dialogue avec les bouddhistes et les hindouistes. Donc vous y trouvez quelque chose.

Oui. J'ai de grands amis. X, c'est vraiment une grande amie. Elle m'a demandé de la conduire chez les moniales dominicaines l'autre jour. Elle voulait apprendre comment méditaient ces religieuses. Elles ont échangé dans un grand respect. Elles se sont aimées. L'essentiel est atteint. Aimer, s'aimer… Dieu n'est-il pas amour ?

Donc le bouddhisme vrai est exigeant.

Riche, exigeant, comme toute sagesse.

J'observe mes amis bouddhistes. Ne faisons-nous pas tous référence à un « dieu » unique et miséricordieux ? Ne sommes-nous pas attachés à nos traditions, à des révélations d'ailleurs et venues d'en haut ? N'avons-nous pas des pensées de salut et des vues dites eschatologiques ? N'avons-nous pas l'idée que nous sommes élus, choisis pour exister ? Ne croyons-nous pas à l'unité du genre humain et à une morale universelle ? Ne croyons nous pas à la recherche de perfection jusqu'à penser que meilleur tu es, mieux tu vis, mieux tu meurs, mieux tu vivras ?

Et la réincarnation?

Disons que j'ai un immense respect pour Hélène, Jacques, Flore et d'autres qui y croient. Ils croient à la durée; ils ont de l'espoir, ils ne démissionnent pas devant la mort, ils croient à une vie meilleure, ils croient que l'on peut, que l'on doit dès cette vie s'occuper de l'autre… Nous sommes frère et sœur dans l'espoir d'une vie meilleure. N'est-ce pas édifiant?

Mais quand Jacques, un Québécois baptisé, me dit que plus tard il pourrait être une fleur, je me demande laquelle et pourquoi il serait une fleur plutôt qu'un nouveau Jacques « revu et corrigé », un nouvel héros sportif? Pendant qu'il parle ainsi, je pense à tous ceux et à toutes celles que je veux revoir… en train d'aimer le même Dieu avec le Christ et Marie, et déjà arrivés… Quand je pense à tout ce que me révèle la croyance au Corps mystique… je suis ébahi.

Oui, je veux revoir mes amis, mes proches.

Vous parlez de rencontres avec des hindouistes, avec des boud-dhistes et vous n'avez pas l'air inquiet? Êtes-vous superficiel en ces matières pour oublier les différences?

Oui, je dirais que je suis superficiel dans un sens assez particulier. Le goût d'une vision globale et panoramique de l'histoire des religions m'habite plus qu'il ne convient, je crois.

Il m'arrive souvent de comparer Bouddha et certains maî-tres spirituels d'Orient à Jésus-Christ qui est mort pour ses disciples. Cela est assez original, à savoir que le fondateur d'une religion meurt, pour le salut des siens, en pardonnant aux personnes qui l'ont conduit au supplice.

D'autre part, j'aime la sagesse de Bouddha avec ses petites histoires et réflexions si proches des paraboles de Jésus. Sauf que Jésus dans son message enveloppe non seulement chaque per-sonne en quête de salut mais s'identifie à toute l'humanité.

J'aime la foi de Mahomet dont le premier commandement est théoriquement le même que celui des juifs et des chrétiens. J'aime le Dieu de toute miséricorde de l'islam cultivé.

Finalement, la résurrection personnelle de Jésus n'a rien d'apparenté à Mahomet, à Bouddha : Jésus est unique. Il est pour le croyant chrétien, le Dieu prochain, chez nous, avec nous, à jamais.

Vous parlez de vos amis bouddhistes. Depuis quelque temps, il est question partout des conditions du vivre-ensemble (les fameux accommodements). À une certaine époque, on employait plus couramment le mot œcuménisme.

Je tiens ma vision œcuménique de mon père qui nous invitait à respecter les autres, les étrangers, les Anglais, les Américains, les Amérindiens.

Plus tard, en lisant les anciens, en rencontrant le père Chenu, en lisant le jésuite Jacques Dupuis et surtout le dominicain Geffré, j'apprends que Dieu a permis que d'autres êtres de bonne volonté soient dans leurs voies secrètes sauvés et que j'ai intérêt à les connaître pour mieux apprécier ma propre croyance.

J'aime déjà ces Chinois, de moi inconnus, qui sans le vouloir ignorent Jésus et pourtant pratiquent des valeurs d'évangile. Ils agissent en toute bonne conscience selon le meilleur de leurs traditions. Il m'arrive de regarder des films qui les montrent en train de travailler dans leurs champs de riz. Je prie pour eux. Je prie Dieu avec eux qui pourtant prient autrement. Suis-je trop optimiste ? Si Dieu est Amour, si Dieu est le Tout-Puissant miséricordieux, une fois de plus la miséricorde se moquera de nos catégories mentales.

Casse la noix, si tu veux voir l'amande, dit le proverbe. Écarte les clôtures mentales et tu apprendras à quel point les « autres » sont souvent meilleurs que ce que signifient certaines de leurs pratiques religieuses et que ce que l'on raconte à leur sujet. Les autres en un sens nous définissent, nous identifient.

Vous êtes heureux dans le christianisme ?

Heureux dans l'espérance de toujours mieux savoir pourquoi je crois en Lui. Mais je ne veux pas m'isoler des autres croyances, des autres chemins de vérité que nous rapporte l'histoire religieuse de l'humanité.

J'estime que culturellement le christianisme est une des plus grandes religions qui soient. Une religion faite pour apprendre à aimer, comme le judaïsme apprend à espérer et l'islam à croire.

Le Christ a bousculé tout le monde. En arrivant, il a dit : « Moi, je suis le Fils. Appelez Dieu le Père, moi je suis son Fils. Appelez-le l'Esprit et vous verrez bien. » Ça me fascine. Je ne le dis pas en tant que prêtre. Culturellement, le christianisme est un trésor de connaissances qui va dans tous les sens.

Les Béatitudes, quel réalisme ! La souffrance est là. Tu l'identifies, tu l'intègres et tu te sauves en agissant de ton mieux. Il y a de quoi être émerveillé.

Le christianisme, une plaque tectonique ?

Nos discussions sur la religion font penser à ce que dit Yves Bonnefoy dans L'imaginaire métaphysique *(p. 69).*

Il parle de deux plaques tectoniques qui se frappent en Europe depuis l'origine des temps modernes : le platonisme et le christianisme. Il dit que le christianisme valorise la personne.

Bonnefoy, c'est bien. Mais quand on compare un courant philosophique à une religion, à mon avis on évite la vraie perspective. On peut comparer une pensée à une autre pensée, et non une foi à une pensée.

Je suis attiré aussi par le symbolisme, par les intuitions dites platoniciennes. Mais je ne peux pas laisser aller Aristote. Pour moi, c'est une question d'équilibre intérieur en matière culturelle.

Survient maintenant la pensée orientale. Autre courant de fond. Ce n'est ni Aristote ni Platon, c'est autre chose. Comme le bouddhisme. À nous d'interpréter, d'évaluer!

Poésie et langage religieux

Vous avez un langage, des références, des images bien à vous, pour exprimer le divin. Comment parler d'expériences profondes, comment parler de religion, en dehors du langage clérical?

Il est exact de penser que le langage religieux traditionnel est un peu blessé et parfois blessant. On ne peut presque plus parler de Dieu avec notre langage habituel. Il faut des images, des symboles, l'analogie...

Heureusement. J'ai appris ça au collège. Ma mère répétait: «Les "autres", ils vont tous se convertir à la fin... même les juifs... Tout le monde va se convertir. Tout le monde va être heureux, tout le monde va être catholique.» Disons que j'y ai cru. J'y crois encore mais d'une tout autre manière. Va chercher ce qu'il y a de beau ailleurs, partout. On est ensemble. Chaque religion est bonne... pourvu que tu connaisses mieux la tienne et que tu ne t'en serves pas pour te croire, toi personnellement, meilleur que tout le monde. J'en connais tellement d'autres qui sont meilleurs que moi, et en conduite et en intelligence.

Mère Teresa disait qu'elle demanderait à un bouddhiste d'être un bon bouddhiste, à un shintoïste d'être un bon shintoïste, comme à un catholique d'être un bon catholique... Ça me plaît.

La religion doit donc se nourrir de poésie...

Le christianisme, c'est une religion dont les premiers récits sont poétiques. Je pense à cette manière épique de raconter les origines du monde. Tant de textes encore à saveur poétique dont le *Cantique des cantiques*. J'ai constaté avec joie que, dans sa première encyclique, le pape Benoît XVI cite les poètes latins Virgile, Horace. Toutes les grandes religions auront à adapter bientôt leur langage à cette façon moderne de parler par images, allusions, suggestions. À cause de l'impact du visuel sur les gens de notre temps.

Mon cher Thomas d'Aquin, si sérieux pourtant, n'hésitait pas à faire appel aux poètes.

La pensée subjective a pris le dessus. Les jeunes s'intéressent de plus en plus à la pensée plus imagée, à la réflexion du moi. Le grand philosophe québécois Jean Grondin mobilise de nombreux étudiants autour de l'étude des *Confessions* de saint Augustin. Une fois de plus, poésie et subjectivité vont de pair. C'est de bon augure. À mentalité nouvelle, expressions nouvelles de ses croyances. Tant mieux! Même les modes philosophiques passent, dirait Héraclite.

À ce propos, j'aimerais nommer deux poètes que j'aime : Jacques Brault, penseur, elliptique, mais si généreux à valoriser le temps quotidien, le matin, au jour le jour. L'autre est Fernand Ouellette, au grand lyrisme évocateur de sentiments.

La religion doit-elle s'adapter à ces récentes manières de dire le monde?

Absolument. Est-ce la fin des idées? La tendance est à la diversité. Il faut dire que les gens aiment moins les raisonnements à certitudes établies. On admet tout au plus une proposition. Lorsqu'il s'agit d'un discours sur Dieu, sur l'amour, les grandes avenues de la pensée actuelle, la seule solution à mon avis est la poésie, l'image, la parabole, la suggestion nuancée plus que l'affirmation dogmatique.

Les Pères de l'Église ont vécu au temps des Grecs, au temps de la très puissante culture grecque. Ce qu'ils ont fait? Ils ont beaucoup utilisé le symbole, l'allégorie, la parabole idéologique.

À partir d'un symbole, il y a une grande liberté de pensée. Il ne s'agit pas d'obliger quelqu'un à penser comme nous. L'avenir est au dialogue et au partage des idées, voire des émotions.

Durant les premiers siècles de l'Église, il y avait un essor de la pensée allégorique. Pensée allégorique, pensée symbolique, que saint Thomas (XIIIᵉ siècle) n'aimait pas trop. Il le dit d'ailleurs explicitement à l'article 9, au début de la *Summa theologiæ*. Il n'aimait pas les métaphores, sinon pour leur utilité pédagogique auprès du peuple.

Pourquoi il ne les aimait pas?

Pour lui, l'intelligence est le premier des biens humains. Le vieil Anaxagore pensait la même chose. Si Thomas d'Aquin craint quelque peu l'abus des images, c'est surtout dans le but de protéger la Vérité contre la paresse de ceux qui préfèrent voir plutôt que de réfléchir sur la réalité.

C'est ce que vous, théologien, historien, avez pratiqué toute votre vie : vous vous êtes nourri de littérature, de poésie.

Nourri des paysages de mon enfance, du cosmos, du spatial, de tout ce qui est visuel. De mon fleuve, que je ne finis pas de visualiser. Je suis littéralement prisonnier de mon enfance poétisée.

La poésie, je la lis comme quelqu'un qui a transcrit en langage fluide ce qu'il a pensé, prémédité, intégré.

Là, il y a comme un paradoxe. Vous parlez des textes liturgiques qui portent une tradition, mais en même temps vous dites que les homélies doivent être rafraîchies.

Rafraîchies, oui. Comme un vieux cantique. Dans un chant grégorien bien exécuté, il se passe quelque chose de magique. La magie du sacré.

Il faut peu de choses pour les allumer. Un texte très ancien, d'inspiration proche-orientale, bien senti, bien lu, est toujours une grâce.

Je suis certain que le message de l'Évangile, même si le texte est «vieux», ancien, est à la portée immédiate des gens. Jésus l'avait prévu.

Les jurons au Canada français

Vous qui semblez désirer un langage religieux digne d'une culture intégrée, vous avez beaucoup étudié la religion populaire au Canada français, vous vous êtes penché entre autres sur le phénomène des jurons, des «sacres», dans notre société. Est-ce exact?

Pourrions-nous nous arrêter un peu sur ce phénomène de culture et de religion populaire au Canada français?

Eh oui! Je pourrais même vous réciter par cœur, à voix haute, les dix sacres les plus importants. Et leurs dérivés.

Comment expliquer cette particularité bien à nous?

Un phénomène de tradition orale religieuse populaire. En apprenant le *Petit catéchisme* par cœur, les gens de la forêt, les gens de la terre, apprenaient des mots sérieux dans une langue correcte, qui n'était pas nécessairement la leur. Ah! l'attrait du défendu, du secret.

La consigne est : tu ne touches pas au calice, tu ne touches pas au ciboire, tu ne touches pas au tabernacle. Le Christ, la

Vierge sont des «saintes» personnes que la croyance ne cesse de magnifier, tu ne dis pas ces mots sans respect.

Ces beaux messieurs de la forêt, tout fin seuls dans le Nord, qu'est-ce qu'ils disent quand ça va mal? Comme les petits enfants, qui disent «caca» devant tout le monde, ils disent des mots «réservés».

Ici, nous n'avions pas pour nous défouler les mots français passe-partout, tels que «merde» ou «bordel», n'est-ce pas? À climat plus rude, il faut des mots plus forts.

Le sacre (juron), c'était habituellement pour nos «travailleurs» une manière légère de se défouler. À partir de mots défendus, comme font les enfants devant leurs parents.

Dans l'intention des gens, il n'y avait pas toujours méchanceté ou révolte. Les mêmes personnes qui sacraient allaient se confesser pour venir communier à Pâques et à Noël. Ce n'était pas des sacres de révolte. Les femmes ne sacraient pas. On ne sacrait pas devant les enfants en principe. On sacrait beaucoup plus quand on était seul entre hommes dans les chantiers, ou en voyage, ou dans les travaux difficiles. N'est-ce pas aussi une manière «populaire» de s'affirmer, faute de vocabulaire réfléchi?

À une certaine époque, le cardinal Villeneuve y voyait des intentions plus graves…

Il a écrit un long texte. En 1941, je pense. Une lettre épiscopale, plutôt en retard sur la réalité. Tout «juron» d'ici n'est pas nécessairement péché. S'il y a péché, c'est contre la langue française mal dite, mal interprétée.

Les collégiens sacrent beaucoup aujourd'hui.

«Nobles» fils de leurs ancêtres sacreurs, des mots sacrés, des mots «étrangers» à leur quotidien, deviennent valorisants, autant pour eux que pour leurs parents.

Même les filles…

Impossible d'imaginer il y a quarante ans que les filles pourraient se rendre à la taverne, temple officiel des meilleures sacrures canadiennes-françaises. Aujourd'hui…

Il y a donc un rejet de la religion dans les jurons?

Non. Plutôt un léger mépris du sacré. De l'ignorance surtout.

Le juron au Québec a d'abord fait partie de la culture des gens pauvres. Peu à peu, le juron fera partie de la culture de gens qui ne savent pas bien ce qu'ils disent. Mais ils le disent, stie, tabarnacle, ciboère!

Le peuple écrasé par le clergé?

Les jurons gardent notre passé religieux bien vivant, pour ainsi dire. Mais ce passé a plutôt mauvaise mine. Le Refus global *est encore d'actualité : « Un petit peuple serré de près aux soutanes restées les seuls dépositaires de la foi, du savoir, de la vérité et de la richesse nationale ». Avec ce que vous avez dit de votre père, et même de votre mère, est-ce que le peuple n'était pas plus libre que le prétend le* Refus global, *qui vise avant tout le clergé d'ici?*

Le *Refus global*, historiquement, est génial. En ce sens que, signé en 1948 par un groupe d'artistes talentueux de Montréal, il a prophétisé sans toujours s'en douter la brisure radicale des années 1970 et suivantes.

Prophétiser une rupture n'est pas nécessairement la promouvoir. La Révolution tranquille, comme on l'appelle, a une longue histoire, préparée de longue date. Souvent par des clercs, assez lucides pour conclure qu'une religion sans mystère devient une religion supermoralisatrice et d'elle-même autodestructrice.

Déjà, en juin 1947, l'abbé Lionel Groulx nous sert un texte sévère sur nos manières d'être catholiques pratiquants. Dix ans plus tard, Claude Ryan en fera autant.

Vous étiez prêtre en 1948 et déjà attaché à vos origines religieuses, vous sentiez-vous écrasé?

Moi, non.

Peut-être que je n'étais pas encore assez instruit. Cependant, je sentais chez certains moins l'adjuration du *Refus global* qu'une profonde souffrance. Notre forme obsessive de catholicisme ne pouvait plus durer. Nos pouvoirs en tant que clercs et religieux étaient excessifs. Comment rendre à César ce qui est à César? César s'en chargera.

Au fond, le peuple échappait aux contrôles, parce que de toute façon personne ne va se mêler du travail, des métiers, et tout, mais ceux qui voulaient avoir accès au savoir devaient passer par le clergé.

Moi j'ai étudié au collège classique à cette époque-là, à Sainte-Anne-de-la-Pocatière, je n'ai jamais été brimé. Jamais. On se faisait taper sur les doigts de temps à autre, quand on se conduisait mal. Mais je n'ai jamais personnellement été « blessé ». Je n'ai pas senti qu'ils voulaient m'écraser. Au contraire. J'ai toujours senti qu'ils voulaient m'instruire.

Tout cela me fait penser aujourd'hui au mythe du Moyen Âge synonyme de « *Dark Ages* ». Ces *Dark Ages* ont pourtant fait les cathédrales et les plus grands monuments dont vit le tourisme européen encore aujourd'hui. Sans oublier ses philosophes, ses savants.

N'a-t-on pas traité de la même manière l'ère duplessiste, soumise elle aussi à l'encan de la révolte des « élites »?

Avec Duplessis, politicien habile en mots et en faits, il s'agit des rapports du politicien rusé avec la politique. Quel univers!

Que de contradictions de part et d'autre! Chez lui, chez nous.

L'interprétation en cours à propos de Duplessis est trop rapide. Mon avis personnel est que ceux qui ont davantage souffert – et ça se comprend –, ce sont les intellectuels, ce sont les gens qui tout à coup lui ont dit non.

Leurs souffrances ont cependant été moindres que celle que l'on «imagine» 50 ans après.

L'histoire de Duplessis est à reprendre, en tenant compte de l'époque et des humeurs savantes de ce politicien d'une grande habileté. Il connaissait son monde! De ce point de vue, le Québec est riche en personnages. N'oublions pas que Duplessis a été élu, réélu, et sans jamais faire appel à l'armée! Nous lui devons même notre drapeau. Étrange!

Mais revenons à notre «question principale». Tout ce que les curés et les «bonnes sœurs» ont fait pour créer le Québec est étonnant. Autant que leurs abus d'autorité. Le peuple était-il vraiment écrasé par le clergé?

Je connais davantage le peuple rural que le peuple des villes. Le peuple ordinaire d'ici s'est beaucoup moqué de ses curés. Il a chanté des histoires grivoises au possible sur les servantes des curés, sur les soi-disant distractions maritales de nos ancêtres. Le peuple a largement désobéi, mais joyeusement, au moralisme ambiant.

Par exemple, je me souviens très bien de ma mère qui était, disons, à la limite du scrupule. En nous écoutant chanter des chansons plutôt grivoises, elle disait: «Quand c'est chanté, ce n'est pas péché!» Incroyable!

Le curé interdisait la danse. Il disait: «Il s'est fait du mal l'an dernier.» À la maison, nous avions de la visite, la famille X. Elle devait faire trois heures de route en hiver pour venir nous voir.

Nous, on servait le caribou. Ma mère avait dit : « Il faut obéir à Monsieur le curé. » Mon père avait dit : « On va danser et on va se confesser samedi ! » Ce qui fut « sagement » accompli !

Hors de l'institution, le salut de l'Église ?

Dans Catholicisme, *le père Henri de Lubac disait que ce qui caractérisait l'Église, c'était la passion de l'unité humaine.*

Vous, aux études, puis à l'université, puis « agent libre » à l'intérieur de votre Église, comment réagissez-vous face à cette institution, face à son avenir ? Depuis le concile ?

De plus en plus, je vois l'Église comme une grande famille qui se recrute depuis des siècles et des siècles. Une famille sans cesse en devenir. Une famille qui regroupe tous les chercheurs d'absolu, sûrement plus nombreux que ce que racontent nos registres et nos statistiques. La vraie Église est, je le redis, je le re-crois, celle des cœurs, des âmes, d'hier, d'aujourd'hui et de demain. Immense !

Mais l'Église dont vous parlez, en ayant une identité, a des convictions, des frontières. Il y a une tension. Dès qu'elle existe, elle ne peut pas faire autrement que de s'institutionnaliser.

C'est la tension qu'il y a entre le rêve et la réalité. Le rêve de Dieu est celui d'une immense famille.

La famille en elle-même est déjà une institution. La société humaine est aussi une institution avec ses codes, ses peuples et leurs chefs. Il n'y a pas de groupe durable sans institution.

En se présentant à plusieurs égards comme une institution « divine » et humaine, l'Église catholique s'expose à des « crises ». Dès le commencement, l'âge des martyrs précède l'ère de Constantin. De toute façon, nous nous rappelons qu'une crise appelle le plus souvent un processus de croissance.

Au Québec, après l'ère des pratiquants, voici celle des absents. Ils ne sont plus dans les églises, ils sont ailleurs. Certains rêvent toujours des années 1950. Leur sévérité bien que documentée est excessive. L'avenir ne sera jamais au passé. L'Église, toujours, appelle le Royaume.

En quel sens s'oriente votre réflexion actuellement?

Peut-être ai-je vécu jusqu'en 1960 un peu trop de la petite Église locale, partielle socialement, juridiquement, religieusement en de multiples sens.

J'aime beaucoup réfléchir, moins sur l'actualité que sur des événements durables. Au risque de me tromper… J'aime réfléchir surtout avec des laïcs croyants informés et aussi avec des marginaux, à propos du mariage des prêtres, de la création de nouveaux ministères féminins, de la morale sexuelle, etc.

Personnellement, je trouve heureux que des laïcs instruits et de bon vouloir questionnent nos encycliques, nos «*motu proprio*» en tout ce qui ne fait pas partie de notre traditionnel credo. Par eux, la Parole demeure vivante, actuelle, active. Bravo!

Vous êtes optimiste, alors que l'institution ecclésiale semble mal en point.

Moi, historien voyageur, j'aime l'Église.

Elle est très mal en point, je sais. Mais comme historien, j'en ai connu bien d'autres! L'Église a besoin d'être purifiée. Et se purifie. Certains clercs ont abusé des «commandements» et ils nous ont souvent culpabilisés à tort. Cela est en train de changer. C'était urgent. La vraie Église, elle est libre, et au-dedans de moi. Comme le Royaume, dirait Jésus.

Lao Tseu disait: «Un bon gouvernant est toujours un peu large d'esprit. Et le mauvais gouvernant crée des fautes chez les autres. Il les oblige à se tromper.» C'est fait!

«La lettre tue, l'esprit sauve.» Dès que les lois se multi-plient, une crise se prépare. L'Église donne un espace immense à l'Esprit saint, un espace dit charismatique, une improvisation au-delà des normes instituées, plus loin que les institutions sans pour autant trahir l'esprit de la lettre.

L'Église que j'aime, c'est cette Église encore inconnue, ou mal connue. Nos révolutions ne vont pas la détruire. J'aime ces nouveaux départs plus charismatiques, qui font en sorte que l'Église humaine se mobilise autrement qu'autrefois.

En chaque temple, il y a les murs et les gens à l'intérieur.

Les murs, c'est l'institution telle qu'elle apparaît à mes yeux de chair. À l'intérieur : le culte, la prière. Je vais citer Paul VI : «L'avenir de l'Église est peut-être moins dans les églises de pierre, que dans l'Église des cœurs.»

Je vois au Québec l'Église des cœurs naître, renaître. Une sorte de révolution silencieuse est amorcée.

Moi, ce qui me rend optimiste, c'est qu'à chaque fois que l'institution a multiplié les lois, le peuple a réagi, les clercs aussi quelquefois, et à chaque fois l'Église se rafraîchit en purifiant son «corps» et même en purifiant son âme en quête de vérité biblique. L'Esprit saint aura toujours le dernier mot! C'est une de mes convictions profondes.

Quand saint Dominique est venu, au XIIIe siècle, tout n'était pas très joli. C'était le temps des croisades. Saint Bernard encourage la mystique des croisades. Surviennent Dominique et François d'Assise qui eux décident d'aller sur le terrain et sans armée. Il y a eu un renouveau grâce à la Parole sacrée remise en chemin.

Au moment où l'Église du XXe siècle organise ses institu-tions de charité, qu'elle établit son budget pour la propagation de la foi, arrive mère Teresa, un petit bout de femme, qui fait quelque chose à partir de rien ou à peu près.

Au moment où des théologiens savants, que j'admire beaucoup, s'agitent, voici que Thérèse de l'Enfant-Jésus est nommée docteure de l'Église, elle qui ne s'embarrasse pas de gros livres...

Ma confiance première va au Christ, le silencieux de Nazareth et celui-là même qu'on accusera plus tard d'être un blasphémateur. Ma confiance va à l'Esprit saint qui a souvent le don de surprendre.

Votre réflexion, vous la dites inachevée... par peur de vous tromper?

Je dirais plutôt que je souhaite respecter et l'institution et les personnes en recherche pour ne pas dire en crise. Je souhaite ne jamais cesser de réfléchir sur l'Église pour la bonne raison que je la vois souvent changer devant moi. Sans que les gens s'en doutent. L'essentiel est dans le cœur des croyants.

Tant de signes prometteurs! Tant de gens qui cherchent!

Je connais des artistes qui ne vont pas dans les églises de pierre. Mais qui sont très mobilisés par la beauté et le respect des paroles sacrées.

Au hasard de la mémoire, je cite les noms d'amis comédiens, tels Casabonne, Panneton, Paradis, Faucher et d'autres. Toute parole sacrée mérite d'être traitée avec grand respect.

Voilà qui me fait penser tout à coup à quel point je crois, j'ai toujours cru, que les artistes de la parole sont importants. Ces gens méritent que les églises les accueillent le plus souvent possible, quitte à les rétribuer... eux qui vivent parfois dans une grande pauvreté matérielle. Plusieurs, sinon la majorité, sont prêts à dire la Parole. D'ailleurs, pourquoi insister quand nous apprenons par l'histoire des arts qu'il y a souvent eu entre l'Église et l'art des liens de toutes sortes?

Si vous êtes optimiste, c'est parce que pour vous l'Église déborde l'institution. Est-ce qu'on ne pourrait pas tourner la formule à l'envers et dire : Hors de l'institution, le salut de l'Église ? Vous auriez des exemples encore, maintenant ?

Nous sommes tout de même des êtres humains. Nous avons besoin d'un corps pour penser. L'Église a besoin d'un corps pour exister. Si divine soit-elle dans son inspiration, elle a besoin d'un corps. Inévitable institution ! Comme un pays doit avoir sa Constitution, mais que de misères à vivre ses propres lois !

Les évêques à notre époque s'arrachent les cheveux parce qu'ils n'ont plus de prêtres à mettre dans les paroisses, et parce qu'il n'y a plus de monde dans les églises…

Les faits sont les faits. N'espérons plus de majorité. Les gens quittent leurs prêtres. Ils ne quittent pas nécessairement leur religion.

Pourquoi toujours partir des sacrements ? Il convient peut-être de continuer à observer le Christ dans ses rapports avec la tradition culturelle de son époque. Avec ses trente ans avant de dire un mot, avec ses retours fréquents à la montagne, avec sa fidélité à la prière ainsi qu'au travail quotidien, il y a de quoi réfléchir.

Un temps prolongé de réflexion et de prière fera que nous verrons mieux ce qu'il faut confier aux laïcs compétents. Entre-temps, que s'organisent des temps forts, un renouvellement de la célébration dominicale. Mais toujours en lien final avec l'évêque. Autrement, on crée des clans de nouveaux pratiquants. Sans lien avec le tronc, la branche dépérit.

Avez-vous confiance dans notre époque ?

J'ai beaucoup confiance au peuple. Il est léger, il suit la mode, mais quand arrive un événement un peu plus sérieux, il est capable de réfléchir, de rejoindre l'essentiel peut-être plus vite que les élites. Il est souvent plus près de la croyance pure, alors que bien d'autres, portés au raisonnement, oublient tout simplement de croire avant de s'interroger.

Le peuple est sentimental. Sa révolte dit parfois sa paresse face au mystère.

La révolte de certaines élites québécoises obéit trop souvent à l'ignorance de l'histoire réelle remplacée par des raccourcis. Du réchauffé médiatique.

L'Église que vous représentez, à laquelle vous avez consacré votre vie, est en crise. Comment vivez-vous cette crise?

Moi, j'ai vu qu'on ensemence la terre et qu'on attend que ça pousse. Quelquefois ça prend du temps. Tout à coup, un gros orage ébranle nos arbres. La terre est là, on ne la voit pas, elle ne se plaint pas. Elle demeure. Les arbres sont sauvés par leurs racines.

L'Église a de solides racines, tout comme la synagogue. J'ai beaucoup d'admiration pour la synagogue. Voilà des institutions enracinées. Là où il y a des racines, on est certain que ça va continuer. Les racines, c'est le salut de tout le boisé!

Vous n'êtes pas quelqu'un qui a peur, ou qui est amer de voir tout ce qui est tombé, depuis les années 1960?

Je crois que l'Église est peut-être plus présente au peuple à l'heure actuelle, au moment où elle est critiquée, qu'au moment où on la suivait en stricte obéissance.

L'Église de l'an 2000 est si présente à l'humanité, qu'il n'y a pas de déclaration officielle du pape qui ne soit commentée. C'est un bon signe. Même quand notre réaction est négative.

La chose qui me blesse, c'est l'ignorance de certains chroniqueurs et commentateurs; par ailleurs, la liberté de presse reste essentielle. Mieux vaut cette liberté du mal savoir que la censure qui gèle tout savoir.

L'Église est très critiquée…

Critiquée, humiliée, grossièrement parfois. Parfois elle a de grands torts, mais de là à lui imposer des jugements quasi définitifs sans savoir…

Vous n'êtes pas surpris que la crise soit venue si vite? En voyez-vous la fin?

Au moment où je vous parle, il y a beaucoup de «braise» ici et là. Pas toujours à l'intérieur des églises. Mais dans des groupes de prière, de réflexion. De petits groupes. Et ça, dans toutes les classes de la société. Étonnant!

C'est un peu paradoxal que les Baptistes, les Évangélistes aient beaucoup de succès. Comme en Amérique latine, entre autres.

Oui, parce qu'ils créent des petits groupes. Ils couvent leurs ouailles. Comme l'Église autrefois. Ils les couvent beaucoup. Les Témoins de Jéhovah sont un exemple parmi d'autres. Quand un succès découle d'un excès, vaut mieux regarder ailleurs.

Il y a comme un sens de l'identité que les gens retrouvent là.

Oui. Avec le sens de la famille. Dans cinquante ans, qu'est-ce qui va se passer? Beaucoup de petites communautés se forment à l'heure actuelle. Vont-elles durer? Le test d'une communauté, ce n'est pas sa fondation, c'est plus tard, quand les gens vieillissent, et qu'il faut en outre nous occuper de nos malades, de nos anciens.

On dirait parfois que vous avez votre Église à vous tout seul, une Église inventée à votre goût? Vrai ou faux?

Pour tout dire, je pense plus souvent à l'Église globale, à l'Église universelle, à l'Église invisible, au Corps mystique, qu'à l'Église visible, à l'Église partielle. Sans doute que mon âge y fait. À 93 ans, on sent l'avenir tout proche… et on le devine autrement. Le visible dérange moins.

Si vous aviez à exprimer l'Église-Corps mystique…

Je répéterais d'abord : « Nul n'est une île. » Personne n'est seul. Vous pensez peut-être à votre mère, à votre père qui sont décédés. Vous avez entendu parler de Gandhi, vous avez entendu parler de Martin Luther King. Ça veut dire que ces gens-là vous habitent. Donc leur pensée vous habite. Donc vous vivez avec eux. Donc spirituellement ces gens sont avec vous. Merveilleuse alliance entre ciel et terre !

Votre vie en l'Église visible, votre vie chrétienne, est encadrée de rites, de pratiques religieuses. Avez-vous développé des préférences ?

Parmi tous les rites et rubriques que m'ont enseignés les Pères Dominicains, bien que je les pratiquais déjà depuis 10-20 ans, l'eucharistie est ma préférée.

Sans doute que leur exemple, leur enseignement et surtout l'action divine elle-même y sont pour beaucoup.

Je me souviens comme si c'était hier : durant les nombreux voyages que j'ai faits à travers le monde, seul ou accompagné, toujours je souhaitais célébrer « la messe ».

L'eucharistie, je l'aimais, je l'aime encore pour de multiples raisons, humaines et spirituelles. Je trouve génial de la part du Christ retournant chez lui de nous donner rendez-vous pour un repas de style « mystique ». Il est bon de savoir qu'au même rendez-vous se rendent d'autres baptisés et proches à travers le monde.

Je trouve de bonne pédagogie d'avoir retenu des éléments « eucharistiques » essentiels tels le pain, l'eau, le vin, etc. L'eucharistie avec sa composante cosmique me fascine de plus en plus.

L'eucharistie, pour moi, c'est le ciel, la terre, la Trinité, les anges, les saints, le Corps mystique. Aussi la prière sous ses formes les plus nobles : adoration, action de grâce, écoute, imploration, voire prostration, mots de bonheur, mots d'angoisse, de justice, de miséricorde.

Dieu y désire le premier nous aimer, communier, nous parler, jusqu'à nous promettre une amitié éternelle.

L'Église dure. Comme certaines monarchies durent. Sa durée ne peut pas n'être que politique, ne croyez-vous pas? Vous êtes historien: comment l'Église catholique vous paraît-elle si vous oubliez ses structures, sa bureaucratie quasi inévitable dans une société comme la nôtre?

L'historien que je suis voit en même temps une seconde manière de penser l'Église. Je veux dire l'Église «populaire», l'Église-peuple, l'Église-événement, cette Église qui dure, depuis que Jésus l'a mise au monde, en lien avec le désir du Père comme il dirait.

Enfin, laissez-moi au moins nommer et redire l'Église totale, ma sainte Église, qui réunit ciel et terre, de la divinité à la plus humble créature, avec les saints, les saintes, les apôtres, les martyrs, les vivants et les morts. Quel privilège d'en être depuis le 8 septembre 1915!

À cette Église universelle du ciel et de la terre, je donne toute ma vie.

Revenons sur terre! Vous souvenez-vous de cette Église si bien structurée?

Si je m'en souviens! Le chancelier de mon université, en 1945, c'était un curé, Mgr Charbonneau, archevêque de Montréal. Tous les collèges sont en général dirigés par des prêtres. Les sœurs «administrent» le service social, les écoles, les hôpitaux. Le clocher signifie l'unité géographique. Le rang définit l'unité paroissiale.

Je ne crois pas qu'on puisse perdre de vue ce passé. La brisure d'aujourd'hui est trop radicale, par rapport à notre passé «médiéval». Entre-temps, la même Église en certains points obéit à une tendance universelle à s'adapter au nouveau monde davantage séculier, laïque, individualiste, bureaucratique.

J'aimerais mieux célébrer mon Église humaine, laïque. Ceci n'est pas nécessairement trahison ou même révolution. Le Christ ne s'est-il pas incarné et n'a-t-il pas grandi dans un milieu laïque, séculier? Chercher, trouver des raisons humaines et profanes de célébrer Noël et Pâques n'est pas nécessairement oublier le mystère. C'est pour cette raison que le petit Jésus de Noël ou le seul Jésus en croix du Vendredi saint ne suffisent pas à justifier la fête. Il nous faut aussi trouver, ajouter de nouvelles raisons humaines de célébrer nos fêtes dites religieuses. Noël, qui inaugure le retour de la lumière, la naissance de l'hiver. Pâques, qui invite à désirer le printemps, un voyage à la campagne. De toute façon, plusieurs de nos fêtes chrétiennes ont été précédées par des fêtes profanes. Rien ne nous empêche, nous les chrétiens, de créer la célébration de chaque saison à la manière biblique et cosmique.

Suis-je anormal? Je ne veux pas être orgueilleux. Mais j'ai besoin de raisons humanitaires pour mieux respirer, pour être vraiment de la fête. Noël pour moi est aussi la célébration du mystère de notre fragilité humaine. Fête de tout ce qui est origine, nouveauté.

Pour revenir au temps de l'Église-événement…

J'aime ces dimanches, tous les dimanches pour retrouver enfin la gratuité, la paresse, la lenteur, la fraternité.

Voilà pourquoi je persiste à dire, à penser, que l'Église-institution a beaucoup à dire et à faire pour l'amélioration d'un univers premier, séculier, laïque. Le spirituel, le divin, c'est comme la fleur sur la tige. Sans la tige, pas de fleur…

N'oublions pas que nos discussions sur le laïcisme n'intéressent qu'une infime partie de l'humanité.

Comme c'est juste! Il ne faudrait surtout pas que l'Occident se prenne toujours pour le « centre » du monde civilisé. D'autre part, la plupart des pays actuels ne remettent pas en question leurs composantes spirituelles. Quant à la sécularisation, elle est loin d'être un défaut de société. Il en est de même pour le laïcisme pratique. L'évolution de la Chine marxiste est à suivre de près. Ses rapports avec l'Occident ne font que commencer. Elle aura quelque chose à nous apprendre de son expérience.

On a l'impression, en écoutant un certain nombre de gens, que pour eux, les gens qui ont fondé la Nouvelle-France avaient comme un virus, qui était le christianisme et que la société d'ici a été créée par des gens malades. Il faut donc assainir, débarrasser la société de ce virus.

Beaucoup de gens qui n'ont pas étudié l'histoire ou qui l'ont apprise à travers, disons, des petits forums publics ont l'impression que le christianisme est une religion qui détruit au lieu d'accomplir.

À certains égards, rien de plus malsain qu'une religion qui se dénature, oublie le pourquoi, les grands mystères de la vie et de la mort pour ne voir que le comment, la morale immédiate. Ce n'est pas ce qui s'est passé en Nouvelle-France. Bien au contraire.

Une chose est certaine : une religion qui ne fait que moraliser, qui culpabilise, ne peut pas, ne doit pas durer. Les Québécois viennent de le dire ouvertement. Mais de là à penser que la religion chrétienne n'est pas valable, qu'elle n'aurait jamais dû exister ici ou ailleurs, c'est largement ignorer l'histoire religieuse de l'humanité. Pire que ne pas comprendre est de mal comprendre. D'autre part, un peu nostalgiques malgré tout, mes contemporains, sauf quelques exceptions, ne se réfugient pas dans les sectes ou même dans les religions protestantes parallèles. Ils espèrent malgré tout la « révolution tranquille » de leur Église.

Quelqu'un a prédit que tout serait fini en 2013...

À moins de catastrophe écologique majeure ou d'une guerre qui extermine tout, la religion ici est faite pour durer. Comme un chêne cent fois centenaire! Moins à cause de ses feuilles qu'à cause de ses racines. La racine évangélique, à travers le Christ, est forte, toujours vivante...

Le christianisme surmonte toutes les crises. Le judaïsme aussi. Il faut étudier le judaïsme pour comprendre notre propre survie. La prière, le retour aux petits groupes, aux minorités, une présence ici et là... et c'est la renaissance. Plus secrète. Peut-être plus vraie qu'au temps des cultes majoritaires.

Qu'arrivera-t-il à l'Église du Québec?

Le catholicisme au Québec, si fragile soit-il, durera. Non plus à cause d'une majorité de pratiquants, mais à la suite de petits regroupements de tous âges...

Au milieu d'une foule distraite et occupée ailleurs, un peu partout s'allument des lampes, des chandelles dans la nuit. Les minorités sauvent le monde.

Pour l'instant, la pratique religieuse repose sur la paroisse territoriale ou quelques paroisses improvisées. Sans oublier les lieux traditionnels de pèlerinage toujours aussi hospitaliers.

Nous assistons à la mort de bien des paroisses.

Exact. La paroisse, le petit reste, demeure à mon avis la minorité la plus souhaitable. Minorité géographiquement identifiée: voilà du solide. Le reste est à inventer.

L'Église de demain?

Ne nous laissons pas trop distraire par les crises. Observons plutôt ces groupes de prière, de méditation, de pratique dominicale ici et là.

L'Église de demain sera encore l'Église du Christ avec ce qu'il lui a toujours inspiré: une Église universelle, une Église société, sinon communion de toute personne de bon vouloir. Une Église dans laquelle les saints et les martyrs joueront le premier rôle. Une Église dans laquelle les laïcs, hommes et femmes, deviendront les grands et premiers conseillers de la hiérarchie.

Peu à peu des gens d'ici, peut-être conseillés par d'autres plus expérimentés, se regrouperont, surtout, en milieu urbain, en de nouvelles communautés. Tandis qu'en milieu rural, des paroisses, lieux traditionnels de nos survivances, retrouveront déjà les chemins traditionnels des sacrements, surtout le baptême et l'eucharistie, de la prière, du silence, de la méditation et, à l'occasion, de l'adoration.

Entre-temps, l'Esprit agissant, j'en suis certain, suscitera des personnes, des œuvres, des actions.

Au lieu de la culpabilité des années 1900, on verra renaître le contraire, un Esprit de liberté qui peut de ces pierres faire naître des fils d'Abraham.

Non, ce n'est pas la langue, ni même la pratique extérieure, ni surtout la popularité ou le prestige qui nous sauveront, mais plutôt la foi au Christ… retrouvé, vivant, ressuscité!

La bureaucratie cléricale où qu'elle soit n'est pas assurément de droit divin.

Foi purifiée, éclaircie, remise en dernière analyse à la conscience que l'on espère droite, éclairée et libérée cette fois de manifestations d'un certain pouvoir médiatique, comme autrefois elle fut prisonnière de la lettre et des interdits religieux.

On lui reproche amèrement sa volonté d'avoir raison, encore et encore, cet aspect dogmatique. Les gens d'ici auraient besoin d'entendre parler davantage du mystère de la vie. Du mystère de l'amour. Du mystère de la sexualité. Tout le monde écouterait.

Mais si vous dogmatisez, vous risquez de fermer tout de suite des fenêtres. Ça arrive encore!

L'avenir de l'Église au Québec appartient-il davantage aux laïcs qu'aux prêtres? Les statistiques ont répondu: des laïcs instruits et convaincus jouent déjà un rôle majeur dans toute orientation pastorale d'une nouvelle Église, davantage préoccupée de faire connaître la vertu que le vice, vivant de compassion plutôt que d'interdictions.

L'Église est une patrie spirituelle.

Nous, laïcs croyants, nous avons l'impression que la «patrie», la structure épiscopale, est aujourd'hui aussi fragile que la structure paroissiale traditionnelle.

Je n'ai pas tellement d'inquiétude pour la survie de l'Église catholique, quand je lis l'histoire… Mais je plains les évêques… S'ils n'avaient pas les églises à financer, ils pourraient mieux penser à autre chose. C'est terrible. Ça n'avait pas été prévu. Ce n'est pas dans leurs fonctions de rêver toute la nuit aux finances. Mais ils n'ont pas le choix.

Monde difficile. Très difficile. Nos évêques sont bons. Très bons, mais ils se trouvent souvent dans des situations intenables. Leurs prêtres font parfois des dépressions face à la désertion des églises, face aux scandales, aux misères financières.

D'autre part, le regroupement des fidèles, moins en unités pastorales qu'en groupes et proximité de vie et d'intérêt, promet la naissance des communautés d'avenir.

En milieu rural, la paroisse demeure pour le moment l'unité essentielle. Donc, prévoyons des églises locales, multiformes, toutes reliées autour de l'Église-mère au nom du même Évangile. L'évêque demeure à sa manière essentiel à qui veut dans sa vie communier avec le Christ incarné, le Christ tête du Corps mystique, en lien avec ses apôtres.

Sexualité, mariage

Notre société s'est interrogée sur la question du mariage récemment, à propos des unions entre personnes du même sexe. À une autre époque, dans l'Église, les débats portaient sur les fins du mariage...

La vocation essentielle du mariage, c'est moins l'amour que l'enfant, répètent les anciens. Mais comme il arrive qu'on s'épouse à un âge tardif, ou comme personne stérile, sans promesse biologique d'enfant. Cependant, l'histoire le raconte depuis toujours : la raison d'être de la famille, simple, élargie ou encore recomposée, c'est l'enfant lui-même, il est la première raison d'être du mariage.

Nous avions appris par le dernier concile que la première raison de se marier est l'amour. La famille vient en deuxième lieu, dans cette perspective.

L'amour sera toujours essentiel. Et premier. L'Église veut sans doute rappeler à tous, à toutes, que notre première raison de vivre reste la même, mariage ou pas : l'amour.

Étienne Gilson n'était pas très heureux de ce changement de perspective. Il regrettait que l'Église ait perdu tout à coup la mémoire. Pour lui, le but premier et naturel du mariage homme-femme était l'enfant. Il suivait Aristote.

Benoît XVI parle d'abord de l'amour dans son encyclique. L'un des premiers mots de l'encyclique, c'est Éros. Il fait même l'éloge de la sexualité. C'est la réhabilitation du plaisir d'une certaine façon, plaisir au service de l'amour mutuel, première raison d'être du mariage.

Mais Gilson raisonne en tant qu'historien ! Un historien chrétien peut en arriver à être en désaccord avec son Église au nom de l'histoire... et d'Aristote, tout en observant un grand respect pour l'institution qui l'interroge au nom de sa foi.

Selon vous, qu'est-ce qui est essentiel dans tous les débats concernant la sexualité, l'avortement, le mariage ?

Il est essentiel historiquement que l'on défende coûte que coûte l'institution familiale sans laquelle une société ne peut pas durer. Ainsi, si une conduite, une manière particulière de vivre, s'oppose à la famille, elle ne devrait pas s'imposer comme norme générale.

Est-ce que l'Église doit parler de sexualité ?

Oui, parce que c'est une valeur humaine profonde, qui engage tout l'être. Une réalité. Mais comme dans toute réalité, lorsqu'on entre dans les détails, on risque de voiler cette réalité. Il y a un mystère dans la sexualité. Elle apparaît comme absolue, inévitable ; et en même temps elle est une force qui représente à la fois l'humain dans l'infini de ses désirs. Quel grand mystère que l'appel et les désirs sexuels !

La grandeur de la sexualité humaine, ce qui la différencie de la sexualité animale, c'est qu'elle est axée sur l'amour et par lui assure la survie de l'humanité.

Si les Églises et les pouvoirs civils veulent traiter de ces matières en détail, ils doivent s'appuyer à mon avis sur des résultats scientifiques très précis, avant de porter un jugement moral sur telle ou telle situation particulière nouvelle. Sinon, on risque l'erreur.

Nous avons parlé du Québec et de la notion de péché… est-ce que le concile a beaucoup libéré les consciences ?

Ça me rappelle le mot historique de Georges-Henri Lévesque, à Québec : « L'autorité vient de Dieu, et la liberté aussi. » Or, pas d'autorité valable sans le primat de la liberté de celui qui l'exerce. Pas de liberté humaine sans conscience apprivoisée, c'est-à-dire sans une conscience noblement informée du meilleur des sociétés civilisées.

Je regrette que la majorité des Québécois ignore les textes du concile sur la conscience éclairée, qui à eux seuls auraient pu amortir certains chocs intérieurs provoqués par la Révolution dite tranquille.

Où étiez-vous au temps du concile? Cet événement vous a-t-il influencé?

J'étais à Montréal. Je m'ouvrais à tout ce qui était essentiellement universel et «catholique» au sens positif du mot. Dès lors, le concile sera pour moi un grand soulagement. Tout autant et peut-être davantage que les voyages et discours de Jean-Paul II dans les autres pays non chrétiens.

L'apport le plus important du concile a été, à mon avis d'historien, le texte sur la liberté de conscience. Le deuxième apport est que l'Église se dise officiellement au service de l'humanité, qu'elle se mette sur la place publique et qu'elle accepte d'être critiquée.

Comment avez-vous vécu le débat autour de l'encyclique Humanæ Vitæ?

Très mal. Je l'ai vécu en lisant mal l'encyclique *Humanæ Vitæ* qui venait contredire ce que j'avais pu dire à certains époux et aux épouses en particulier. Je pense à tel cousin de la campagne arrivant en ville et faisant face à des situations concrètes. *Humanæ Vitæ* disait non à la pilule!

C'est ainsi que s'est résumé pour moi en quelques secondes un texte original de plusieurs pages. Ainsi informé, ma première réaction a été celle de tout le monde: je ne comprenais pas que l'on puisse résoudre tant de situations délicates par une opposition aussi radicale. Après la tourmente intérieure, j'ai lu l'encyclique, à la lumière du concile. J'ai compris l'ampleur du drame humain du couple normal, j'ai appris que l'amour était toujours premier et que le respect de l'amour sous toutes ses dimensions était un idéal. Souvent plus un idéal qu'une réalité. Comme il en est pour chacun de nous. Il m'a fallu du temps pour me ressaisir et ne pas accepter de lire ce document à la manière habituelle, c'est-à-dire en y cherchant ce qui est permis et ce qui est défendu. En lisant positivement, doucement, comme une voix autorisée, je me rappelle que le sabbat est pour l'homme et qu'en dernière analyse – le concile l'affirme –, la conscience de chaque personne garde son droit final. Eh oui, l'encyclique offre un large éclairage et bien au-delà de la morale à court terme, à moi de suivre la route qui sera la plus généreuse, pour moi et pour mes proches.

Ne trouvez-vous pas que notre Église paraît quelque peu sur la défensive ?

Oui et non. La même Église reconnaît que la sexualité est un bien divin.

La sexualité est un bien divin à aimer, à protéger selon les situations. De même jusque dans sa composante sexuelle, l'homosexualité serait à respecter… dès qu'elle se veut équilibrée et respectueuse de son propre mystère.

Mais l'Église devrait-elle plutôt éviter de se mêler de sexualité ? Toujours laisser la conscience faire ses choix ?

Oui et non. Une conscience mal informée ou tout simplement délinquante ne mène pas au meilleur de la personne. Je parle plutôt de la conscience qui réfléchit. À celle-ci laissons le maximum d'initiative. Il fut un temps où tout était catalogué à l'avance : péchés mortels, péchés véniels, occasions de péché, et cætera. Cela a pu rendre service. Mais si nous avions donné plus de temps à la formation morale de nos consciences et montré les risques des décisions trop personnelles de la conscience humaine laissée à elle-même sans discernement, il y aurait peut-être moins de rejet de la morale sexuelle au Québec.

Parlant de liberté de conscience, je parle d'une conscience adulte, ouverte, éclairée. Je me souviendrai toujours de cette conférence que j'ai donnée à Québec sur ce thème.

Certains membres de l'Opus Dei y sont présents... et d'autres sérieux observateurs. Tout débute pour moi par six ou sept citations bien choisies de Vatican II et de Jean-Paul II parlant au Maroc, au Japon et ailleurs. La réaction de l'auditoire est positive. L'assemblée est visiblement à l'aise pour accepter que la conscience précède la loi dont le rôle est d'éclairer un jugement personnel.

Si j'avais commencé mon discours à partir de mes opinions personnelles, en citant les pro-vie, les pro-choix, ou même les apôtres de l'avortement, rien n'aurait été possible.

Vous qui n'êtes pas marié, qui n'avez pas d'enfant, êtes-vous sur la défensive comme l'est souvent l'Église devant les évolutions actuelles?

Peut-être que, comme je n'ai pas eu d'enfant, je ne comprends rien... mais il reste qu'il faut promouvoir actuellement la famille et le goût d'avoir des enfants, le plaisir de les avoir et l'amour sexuel du couple qui les invite à naître et qui entretient l'amour réciproque.

La question sexuelle ne m'énerve pas. Je trouve que le principe du salut de la famille est essentiel. Une société sans enfants ne saurait durer. Toute sexualité qui favorise l'unité familiale et celle du couple me paraît normale.

La sexualité, c'est beau, c'est vaste, c'est quelque chose qui est relié à la nature humaine, comme la survie de l'espèce. Il y a de l'infini en elle, de l'incontrôlé, au sens large du mot. Pour moi, la sexualité appelle la présence de Dieu au plus intime de la personne humaine à la recherche de l'absolu amour.

La redécouverte de ce que l'écrivain Bourbon Busset appelait l'amour durable.

Un auteur que j'aimais beaucoup. Il parle du couple, lui, avec tant de discrétion et de générosité.

Il parlait de Laurence.

Il parlait de Laurence avec douceur, alors que Jouhandeau rageait contre son Élise.

Vous avez lu Bourbon Busset.

Beaucoup. Autrefois.

Vous, vous êtes un couple...

Nous avons fêté 35 ans de mariage cette année (2007). La durée, ça veut dire beaucoup de vie entre nous... des êtres qui n'existaient pas au début : notre fils, notre belle-fille, nos petites-filles...
Notre rencontre, nous appelons ça notre big bang.

Ce qui est beau, c'est le moment où un couple arrive à une grande amitié où sont dépassées les dimensions de la possessivité. L'heure de l'absolu don de soi.

À propos du sacerdoce des femmes

L'Église, notre Église, n'a pas bonne mine aux yeux d'un monde sensible à l'égalité hommes-femmes.

À propos du féminisme, plutôt que de désirer un sacerdoce juridiquement établi et imitateur du sacerdoce masculin, pourquoi ne pas espérer pour le moment la création éventuelle de fonctions « baptismales » précises autour des sacrements et une nouvelle réflexion appliquée à des rites eucharistiques féminins possibles, y aller par étapes ?

Oui, mais si on dit ça... L'autre jour, un de nos amis prêtres nous disait : « Il ne faut pas ordonner des femmes, il faut repen-

ser le problème. » *Mais pendant les décennies ou les siècles où on va repenser, on va encore exclure les femmes.*

La théologie du sacerdoce a été souvent reformulée : la lecture continue des événements nous y entraîne forcément. Chaque génération a sa sensibilité et ses manières d'évaluer la réalité. D'autre part, l'opinion publique n'est pas nécessairement ni toujours réfléchie.

J'espère entre-temps que des femmes croyantes, charismatiques vont s'imposer. Ce ne sera peut-être pas sous la forme désirée, mais... qui sait ?

Des femmes cardinales ? Mais pourquoi pas ? Des femmes diacres ? Peut-être ? Des femmes prêtres ? Autrement qu'à la manière masculine et dans la ligne encore méconnue du pouvoir sacerdotal déjà acquis par le baptême.

Mais pour nous, c'est un scandale que les hommes disent : « Attendez, les femmes, on vous dira quand ce sera le bon moment. » C'est toujours l'exclusion.

La multiplicité des femmes théologiennes oblige déjà l'Église à revoir la situation. Elles proposent une théologie plus féministe. Elles ont raison. À partir de leur réflexion à l'échelle mondiale, et pas seulement à l'occidentale, on va pouvoir revoir toute la question des sacrements administrés par les hommes. Moi, je mets ma confiance dans la compétence des théologiennes et des théologiens... en concile ! Il appartient à la foi adulte de savoir critiquer, d'interroger.

Si jamais il arrive à l'Église catholique, pour une urgence apostolique, d'avoir à favoriser le mariage des prêtres, elle le fera, j'en suis certain. Elle seule le fera, à sa manière. C'est une question de compétence, de juridiction et de fidélité au service du peuple de Dieu en pèlerinage.

Répercussions du concile Vatican II

Que dites-vous du concile Vatican II? N'a-t-il pas créé des remous, de la résistance, et même de l'opposition ouverte?

Ici, au Québec, je dirais que la Révolution tranquille déjà à l'œuvre a eu plus d'impact que le concile. Plus tard, le concile servira à appuyer ou à désapprouver certaines conduites. Le concile étant avant tout un événement clérical, l'intérêt des « élites » laïques était ailleurs.

Le concile a été une chose très belle, déjà en soi un événement extraordinaire, divin à bien des égards.

La prière

Vous faites partie d'un ordre religieux qui favorise la prière comme composante de la vie. Aujourd'hui, il est question de méditation dans d'autres milieux...

La religion est moins dans les églises le dimanche que durant la semaine ici et là, voire à la télévision. Discutée, pratiquée, elle prend forme de prière, de plages de silence, de méditation. Surtout de méditation. En un sens, l'émergence de plusieurs pratiques orientales est une grâce, comme autrefois l'étude « chrétienne » des stoïciens par les moines.

Moi, je pense que la méditation prépare à un mieux-être les personnes trop sollicitées par des événements extérieurs, par le travail, les distractions, etc.

Je souhaite que la méditation soit l'étape première pour se centrer, être à l'écoute de ce qui vit à l'intérieur de soi-même, permettre un meilleur contact avec soi-même pour s'accorder la liberté de prêter attention aux manifestations du divin qui s'exprime en soi.

Qu'est-ce que méditer ?

Une action de l'esprit et souvent du corps par des postures réceptives à l'écoute.

La méditation prolonge une lecture, un mot, un rappel de la mémoire.

En Orient, la méditation devient comme une connaissance intuitive du moi, du vide de l'existence.

Dans le régime chrétien, la méditation idéale débute par un mot, un verset, une lecture biblique et peut devenir oraison, prière, contemplation, extase...

Méditer pour se calmer, s'équilibrer émotivement, voire simplement se « re connaître », demeure de plus en plus un acte nécessaire.

J'ai demandé à une amie, animatrice d'un groupe de méditation : « Que fais-tu dans la méditation ? À qui parles-tu ? » Elle a dit : « Il ne faut pas parler, il faut faire le vide, renoncer à sa pensée, laisser venir. » Quel héroïsme !

C'est bien différent de la méditation chrétienne.

Oui et non. La différence est dans la motivation.

Cette amie pratique la méditation comme une sorte de thérapie personnelle qu'elle identifie à sa spiritualité. Sa recherche de paix intérieure est évidente mais je n'entrevois pas encore chez elle le jour où elle méditera en fonction de l'Autre. Il ne s'agit pas pour moi tellement de m'opposer devant une telle bonne volonté et un tel besoin de vivre et de penser correctement. Mais je ne puis pas m'empêcher de penser à la méditation chrétienne qui, elle, vise moins le confort que le goût de vivre en compagnonnage avec le Seigneur ou quelques-unes de ses paroles. Nous croyons que le sens de notre méditation tient moins à la rencontre de notre propre personne qu'à la pensée de l'Autre, Dieu, le Christ, l'Esprit, les Anges, les Saints...

Je note par exemple ma réaction première, comme celle de mes amis croyants, quand survient une épreuve. Tout de suite, on tourne son regard vers Dieu, vers le Christ, on recherche un texte sacré à méditer.

Par exemple ?

« Nul ne vit pour soi-même. » Ou encore : « Qui me suit ne marche pas dans les ténèbres. »

Si je suis seul avec un ami éprouvé, je dis : « Toi qui es croyant, qui as fait ton possible, qui as tellement bonne volonté, qui as tellement fait pour tes enfants, qui as accepté les épreuves de ta vie personnelle, le Christ t'appelle à l'humilité, à la douceur dans ta pensée. » « Je suis doux et humble de cœur… Je serai avec vous tous les jours… »

Avez-vous des exemples vécus où la prière rituelle se ferait tout à coup lecture sacrée, méditation, prière d'imploration ?

Souvent, je la pratique à l'occasion de funérailles, voire dans un cas de suicide où la réflexion en profondeur s'impose. Par une musique lente et bien choisie et quelques chants sentis, l'on introduit à la suite, et comme des mantras, des textes bibliques appropriés, bien dits, et sans commentaires. L'effet est magique. Une fois de plus, je constate l'immense pouvoir de la Parole sacrée.

Mises ensemble, prière, musique, méditation et lectures sacrées peuvent faire des miracles !

Comme une réconciliation, une pacification…

Oui, une pacification dans la pensée partagée.

Donc, il y a des paroles… efficaces ?

Une citation biblique fait toujours son chemin. « Ma parole va descendre comme la pluie, et elle ne remontera pas sans avoir fait son chemin » (Is 55,10-11).

Quand je dis « méditation biblique », je pense aux Moniales dominicaines de Berthierville. Je les nomme parce que je compte tous les jours sur elles pour vivre et survivre intérieurement. Comme je compte sur la prière des Bénédictines, des Carmélites. Sur un échange de saintes énergies. De l'excellent Corps mystique. La prière reliée ainsi à l'ascèse peut transporter des montagnes.

J'ai rencontré l'auteur d'un livre sur les mantras, écrit par un chrétien, un croyant catholique...

Vous parlez de John Main ?

John Main et ses héritiers spirituels selon L. Freeman, o.s.b.

Oui, je note que le christianisme d'ici est en train... non pas de se disloquer... mais de retrouver par divers chemins les éléments plus importants de la prière, de la méditation, de la lecture biblique partagée.

Le cadre obligatoire traditionnel va-t-il éclater ?

Il éclate.

Plusieurs paroisses urbaines disparaissent. Quand la paroisse éclate, il y a ici comme ailleurs une dissolution sociale. Le peuple s'est depuis toujours identifié aux paroisses. Sans identité immédiate, comment survivra-t-il ?

Le christianisme se rebâtit à mon avis, à l'heure actuelle, à partir de l'essentiel. La lecture des textes sacrés, la méditation quotidienne, le retour à la simplicité. Il y a là un mouvement extraordinaire qui signifie l'importance et en même temps la survie du religieux.

Revenons encore à la prière. Il y a une spécificité de la prière chrétienne ?

Qui dit prière aujourd'hui et qui dit méditation, dit mouvement de l'âme, élévation de l'esprit, appels du cœur, qui peuvent tour à tour se faire oraison, dévotion, imploration, instance, supplication, invitation, demande, offrande, remer-ciements, culte, rite, etc.

Ni le jeûne ni la prière ne peuvent se suffire à eux-mêmes. Ni la méditation.

Une prière est chrétienne dans la mesure où elle s'adresse au Christ vivant, en lien avec les autres, et qu'elle mise avant tout sur l'amour des autres, passerelles de l'amour divin.

Comment prier dans un siècle où on a développé une incapacité de croire ? Vous aimez aussi prier ? Autant que méditer ?

Comment et pourquoi toujours distinguer ? Il y a des prières du genre : « Où es-tu Seigneur ? » Ou des prières mono-logues, des prières plus secrètes, plus méditantes, des prières plus vindicatives, plus agressives, plus douloureuses, plus joyeuses. Les psaumes contiennent tous les genres.

L'important pour moi est que je me souvienne tout de suite et sans cesse que la prière est un trésor. Un vrai trésor ! Gandhi confirme : « La prière, c'est le verrou du soir, la clef du matin. » Ingrid Bétancourt en captivité pendant six ans se forge un chapelet et prie. La prière la sauve en un sens.

Mère Teresa : « La prière, c'est l'oxygène de la vie. »

Pour en venir à la prière et à la vie d'un dominicain, vous pra-tiquez ce qu'on appelle l'office divin ?

Je me suis laissé dire qu'au commencement de mon lectorat en théologie, le corps professoral d'Ottawa avait souhaité que je me spécialise en liturgie (à Louvain, disait-on). Mais la guerre nous empêchait alors de nous rendre en Europe, où se trouvaient les meilleures conditions d'étude. Pourquoi me voyait-on en liturgie ? Parce que j'aimais l'office divin.

De toute façon, l'office divin c'est pour moi un acte social, l'action de toutes les communautés juives et chrétiennes. Quelle solidarité ! Nos aînés, les juifs pratiquants encore aujourd'hui récitent les psaumes.

J'estime que ces prières premières et d'autres des temps apostoliques sont des sources vraies, réelles, de la vie consacrée, et même de la vie tout court.

D'un point de vue plus strictement personnel, j'aime ces paroles psalmiques inspirées, parfois déconcertantes, mystérieuses. Toujours en lien avec Dieu, Dieu de l'histoire, Dieu de ma petite vie à moi.

Prier au chœur, en fraternité avec clercs et laïcs, hommes et femmes réunis, demeure pour moi une récompense que le Seigneur m'offre encore en fin de vie.

Prier, c'est s'aimer! Aimer les autres! Aimer Dieu!

La prière, la méditation chrétienne nous met en présence d'un mystère. Ce mystère n'est pas très précis comme réalité.

Qui dit mystère dit doctrine voilée, peu expérimentée par l'intelligence. Tel le mystère de la divinité, de chaque être, de chaque âme.

Comme dit Confucius: « Connaître, c'est discerner ce que l'on comprend et ce que l'on ne comprend pas. »

Voici une autre jolie définition: « Le mystère est fait de ce que tu comprends… et que tu n'as pas fini de comprendre. »

« Qui n'a pas fait l'expérience du mystère est comme l'œil qui n'a pas vu la lumière » (Einstein). Le risque des formules acquises est souvent de voiler le mystère qui, lui, est au-delà de nos mots les plus sophistiqués. Le mystère, tout mystère appelle le silence et non les mots. Je me tais!

Et vous faites souvent, dites-vous, l'expérience d'une parole que vous prenez ailleurs et qui vous fait du bien. Dites-nous certaines de ces paroles que vous préférez.

Ma préférence ira toujours aux références bibliques. Tel ce mot de Jérémie qui me rassure au suprême degré: « Ma parole n'est-elle pas comme un feu, n'est-elle pas comme le marteau qui brise le roc? » (Jr 23,29).

«Que l'univers soit! L'univers fut.» Ça me rassure. Ou encore: «Dieu est amour» (1 Jn 4,8). Quelle merveilleuse perspective!

Vous nourrissez-vous d'autres versets précis de livres bibliques?

En voici qui me viennent tout de suite à l'esprit:

«Il n'y a pas de plus grand amour que de donner sa vie» (Jn 15,13).

«Plus d'amour à donner qu'à recevoir.»

«Nul ne vit pour soi-même. Nul ne meurt pour soi-même.»

Ou encore: «Je suis la lumière: qui me suit ne marche pas dans les ténèbres» (Jn 8,12).

Parmi les plus aimés des textes, à citer avec tant de plaisir:

«L'amour vient de Dieu. Qui aime est né de Dieu. Si nous nous aimons les uns les autres, Dieu demeure en nous» (1 Jn 1,4-12).

Exemple d'une célébration selon Benoît Lacroix

Donnez-nous un exemple où la Parole de Dieu a été vécue concrètement dans un rite.

Récemment, il y a eu une petite fête pour le trentième anniversaire d'une comédienne. À la chapelle ici. Il y avait bien une trentaine de jeunes. De 20 à 35 ans.

Pour un trentième anniversaire de naissance?

Oui. V. voulait remercier ses parents. Leur demander pardon peut-être de ses gamineries.

Ils sont venus, ils m'ont dit: «Benoît, on veut faire ce que tu fais à la messe. Mais tu vas nous expliquer ce que tu fais.»

Ils avaient préparé des chants. Quelques chants américains que je n'ai pas reconnus, parce que je n'ai pas suivi ce courant.

D'autres chants qui chantent plutôt l'amour romantique. Il y avait une guitare, quelqu'un avait apporté son trombone... tout un monde.

Au moment de l'eucharistie, je leur dis: «Voici ce qu'on fait.» Plusieurs (sauf deux incroyants purs) s'en souvenaient légèrement.

Je leur cite une phrase de Félix Leclerc: «Je t'écris et je voudrais que cette lettre ce soit moi.» J'ai dit: «Quelqu'un est venu en disant: "Je vous aime, moi. Je vous aime assez pour tout donner. Je veux que l'amour dure. Je vais prendre du pain, je vais prendre du vin, on va manger ensemble, je vais dire telle parole, c'est moi qui suis là." Dans l'amour, ça se dit: "Je te mangerais." Nous croyons qu'Il est vraiment là. Nous croyons que l'amour est capable de réaliser même l'invisible. Nous, avant de communier, on se purifie. Comme avant de sortir tu prends une bonne douche.»

Je leur ai dit: «Si vous croyez que c'est beau, ces paroles-là, que c'est vrai, que Jésus peut être ici, demandons au Seigneur de nous purifier l'esprit, le corps.»

J'ai dit la prière rituelle du pardon: «Que Dieu Tout-Puissant vous fasse miséricorde...»

Je n'ai pas dit le mot péché. J'étais en aube. Ça a été une fête réussie de la Parole unie à la croyance «individuelle» au Christ. Croyance en peu de mots et beaucoup de gestes. C'est un exemple. Pas nécessairement un modèle à imiter!

Ces rites eucharistiques, ces symboles sont d'une force inouïe.

Surtout ce symbole d'un repas sacré relié à des paroles divines éprouvées par des siècles de prière et d'adoration: symbole extraordinaire d'une réalité quotidienne, pain et vin habités de divinité.

Le charisme de l'amitié

Mais qu'est-ce qui vous permet de circuler ainsi à travers tout le pays et de rencontrer tant de gens sans pour autant «perdre le nord» comme on dit ici poétiquement?

La réponse va de soi: aimer, faire aimer l'amour, être le passeur qui crée des liens et qui accorde à la diversité le privilège d'enrichir l'humanité.

Nous comprenons que vous puissiez avoir beaucoup d'amis, et que l'amitié soit la composante essentielle de votre vie personnelle, communautaire et peut-être ecclésiale tout court.
La vie fraternelle, l'amitié sont des fils conducteurs de votre parcours. L'amitié, c'est un absolu?

Le premier commandement dans l'histoire de toutes les religions: «Ne fais pas aux autres ce que tu ne veux pas qu'on te fasse à toi-même.»

Le thème de l'amour fraternel résume tout ce qu'on a écrit et raconté et visualisé depuis les origines du monde. Amour, amitié, compassion, miséricorde... les plus beaux mots du monde!

Vous avez toujours été en pastorale... de l'amitié?

Oui. Disons, à partir du jour où j'ai quitté officiellement l'université, vers 1990, je pense, je ne me suis pas interrogé longtemps. J'ai dit: «Lacroix, tu ne dois pas chômer.»

Je suis entré dans l'univers de la religion populaire. Avec le monde ordinaire. Et là j'ai rencontré les gens. J'avais déjà fait des enquêtes, avec Luc Lacourcière, Félix-Antoine Savard. Je suis allé voir les gens. Je suis revenu à ce milieu pareil à celui de mon enfance. À l'université j'avais eu certains succès et, en tant que directeur de département, j'ai organisé un congrès international. Je me suis fait beaucoup d'amis mais sans jamais oublier le peuple ni me passer de l'amitié des «petites gens».

Ils sont devenus depuis mes « chers collègues et néanmoins mes chers amis ».

Vous avez un très grand charisme pour l'amitié.

J'ai beaucoup d'amis. Des jeunes, des moins jeunes, toute personne, à moins qu'elle soit absolument détestable, je l'aime spontanément. Que ce soit un adulte, un enfant, un vieux. Tout à l'heure, j'avais avec moi une femme de 94 ans, une poétesse. Je l'aime, je suis à l'aise avec elle. Quand on aime quelqu'un, on ne joue pas un personnage.

Je me sens à l'aise avec tout le monde. Sauf – pour une raison que j'ignore – avec les adolescents et adolescentes. J'en perds mes moyens. Je ne sais pas comment les aimer. Je ne sais pas s'ils m'aiment. Je ne sais pas s'ils sont capables de m'aimer. Comme des chats qui ne sont à vous que si vous les flattez dans le sens du poil !

Aux parents je dis : « Qu'est-ce que vous faites avec vos adolescents qui ne sont pas stables, qui changent d'idée tous les jours, un jour ça va, et le lendemain ça ne va pas ? »

Je connais des gens qui enseignent aux adolescents et adolescentes, qui sont à l'aise. Ils adorent ça.

Ce sont pour moi des héros de la patience humaine. C'est le mystère de l'adolescence en devenir !

Pourquoi aime-t-on ? Amour ou amitié ? Pourquoi ce besoin d'aimer, d'être aimé ?

Platon a raison : pauvreté humaine ! Manque d'être ! L'on aura toujours besoin de l'autre. Quand j'aime, je ne me trompe pas. Moi, j'ai besoin de l'amour de l'autre. J'ai besoin de savoir que l'autre peut communiquer avec moi.

Vers le XVIe siècle, l'Église en certains milieux plus observants a pratiquement laissé tomber un pan de l'histoire de l'amour et de l'amitié. Il y a eu des textes contre l'amitié. Même de mon cher saint François de Sales ! Pourtant saint

Augustin parle de l'amitié. Aristote, Cicéron, Thomas d'Aquin...

Erich Fromm et bien d'autres apologistes de l'amitié ont réhabilité la normalité. Lu, relu dans le livre sacré des Proverbes 17,17 : « L'ami aime en tout temps, et dans l'adversité il devient un frère. »

Dans votre façon d'être et d'aimer, vous entrez facilement en communication avec des personnes non religieuses ou d'autres traditions religieuses. Est-ce qu'un chrétien ou un clerc, quand il va vers les autres, doit être plus écoute que parole ?

Je dirais comme Confucius : « Ne parle que lorsque tu as quelque chose à dire qui est mieux que le silence. » Je suppose que vos questions sont précédées par le silence.

Ici, je garde le silence tous les avant-midis. Aussi, ma parole a été précédée par le silence, par la prière.

J'inclus les prières communautaires (Laudes), majeures pour moi. Elles me relient à l'univers cosmique et à l'univers spirituel de ma « famille religieuse ».

Mais quand vous êtes devant quelqu'un que la religion irrite, et qui ne s'attend pas à ce que vous essayiez de lui passer un message...

Habituellement, j'ai un bon sens de l'adaptation. Je suis capable d'écouter.

Nous vivons dans une époque étrange où la subjectivité l'emporte. Mais moi, à cause de mon cher Aristote, je suis porté à chercher à ne pas perdre de temps à des analyses trop personnelles.

Je dois longtemps écouter une femme. Souvent, le message vient à la fin d'une longue écoute. Un homme va parler tout de suite de ce qui le préoccupe.

Dans nos milieux de travail, les gens aiment parler avec quelqu'un qui n'a pas de convictions trop arrêtées. Ou qui n'a pas

l'air d'un adepte militant d'une confession. Mais dans votre cas,
on sait tout de suite qui vous êtes sur le plan religieux.

Oui, on m'identifie, mais on vient à moi comme si j'étais
un sage : « Dites-moi ce que vous pensez. »

On m'a accepté, je pense, comme un interlocuteur valable
peut-être. Je ne menace personne parce que je ne me sens pas
menacé personnellement par qui que ce soit.

La spiritualité de la maladie

Vous vous intéressez à la spiritualité de la maladie...

Être malade, c'est être seul, même s'il y a 100 infirmiers
autour de soi ! Quelle expérience ! Être programmé par les
autres, infirmières, médecins surchargés, syndiqués qui surveillent la montre ! Quelle expérience, à bien des égards
bénéfique. Pour moi du moins.

La maladie : lieu étonnant de purification à apprivoiser.

Le médecin guérit de la maladie mais non de la mort ; il est
comme le toit qui protège de la pluie, mais non de la foudre.

À deux reprises, JE PASSE plusieurs nuits à l'Hôpital
Notre-Dame (Montréal).

La maladie est un pédagogue rigide qui m'enseigne ce que
je suis. Grâce à la maladie, je deviens plus attentif, plus raison-
nable même, en tous cas plus vertueux. Eh oui, le mal reste le
mal, parfois il nous révèle à nous-mêmes qui nous sommes :
des êtres humains, plus grands que la maladie, plus généreux
que ce cancer. Mais le mal est là qui me harcèle. Étrange
visiteur !

Personnellement, je vois tellement de bienfaits intérieurs à
être passé par les urgences, à avoir été sur la table d'opération
durant deux heures. En sortant de l'hôpital, j'ai relu Pascal. Il
a raison : le plus grand remède à la maladie, comme à la mort,
c'est la contemplation méditante de Jésus en croix. D'ailleurs,

quand un malade à l'hôpital regarde un crucifix ou qu'il prie, le prêtre que je suis sait que son rôle premier est accompli. Le sens de sa nouvelle vocation apparaît en clair. La souffrance sauve le monde en même temps qu'elle le purifie. En tout cas, celle, exemplaire, du Christ en croix.

Vous œuvrez aussi dans le domaine de la maladie d'Alzheimer.

J'ai été du premier conseil d'administration de Baluchon-Alzheimer (Montréal) de Madame Marie Gendron, une animatrice d'un dévouement et d'une compétence hors pair. Elle nous a si bien expliqué que pour aider les victimes d'Alzheimer, il faut beaucoup d'amour. Il faut savoir demeurer soi-même lucide et objectif. La peur peut survenir. Si cela m'arrivait à moi, ce serait une réaction normale.

Souvent les personnes atteintes d'Alzheimer te demandent beaucoup et elles ne donnent rien ; elles déçoivent. Les personnes qui s'en occupent entrent dans l'univers «mystique» de l'amour gratuit, de l'aide bénévole, du pur amour.

D'ailleurs, autour des personnes atteintes d'Alzheimer, comme autour des sidéens, se créent de vastes réseaux de gens qui les aident, qui viennent les voir, les soigner, parfois malgré elles.

La réponse à la maladie d'Alzheimer, pour moi du moins, c'est l'amour pur à vivre au jour le jour selon le rythme de mes visites. Si j'étais parfois un peu découragé, je n'étais jamais écrasé.

C'est comme un emprisonnement. Vous avez connu personnellement des personnes atteintes ?

Oui. Ça va loin. Moi j'ai vu des gens aller voir, pendant des années, leur père malade, et revenir en pleurant parce qu'il ne les reconnaissait plus.

Ils avaient peut-être idéalisé leur père. Ils l'avaient mis sur un grand piédestal. Le piédestal est là, mais le visage n'est plus là.

L'explication ne peut résider que dans la seule maladie d'Alzheimer. Il est inutile d'analyser.

On est en face de la souffrance pure – telle que celle du Christ – gratuite, sans explication.

Les gens qui s'occupent de ces malades disent qu'ils n'ont plus de qualité de vie.

Ils n'ont plus de qualité de vie de notre point de vue. Mais très souvent, je me suis aperçu… J'ai vu le père Mailloux, le fondateur de l'Institut de psychologie, aux prises avec la maladie d'Alzheimer. Et je ne peux pas dire qu'il n'avait pas de qualité de vie. Il était bien soigné, bien entouré. Le père Mailloux aurait beaucoup souffert s'il avait été conscient de son état.

Sur le plan de la foi, que penser des gens qui perdent l'esprit à l'âge où on devrait jouir de la vie?

Je cherche toujours le sens des épreuves humainement inacceptables. Il faut aller au-delà d'une souffrance pour comprendre un peu le sens de la souffrance gratuite dans le monde.

À l'âge où beaucoup de gens vivent de leurs souvenirs, les personnes souffrant de pertes cognitives en arrivent à oublier le nom de leur conjoint ou conjointe.

C'est inimaginable. C'est inimaginable comme épreuve. La seule chose qui me permet d'en parler devant les gens – ce n'est pas une solution –, c'est de regarder comment le Christ a fait : il a souffert, il a été abandonné, il était seul. Et c'est ça qui a créé autour de lui une dynamique de l'amour, qui part de la gratuité absolue. Parce que l'amour c'est la gratuité.

La réponse à la maladie d'Alzheimer, pour moi, c'est d'aider les autres qui sont autour. Pour la personne elle-même, il n'y a pas de réponse que je connaisse.

*Vous avez écrit quelque chose sur la spiritualité autour de la
maladie d'Alzheimer.*

J'ai écrit entre autres propos que les personnes atteintes
d'Alzheimer nous aident à reconnaître ce que nous avons été...
et souvent sommes encore. Comme dirait Gœthe, nous sommes tous les enfants de notre passé. Ces victimes d'Alzheimer
sont un témoignage de l'importance du passé et du retour au
passé à mesure que l'on avance en âge.

Je pense parfois au mystère de la souffrance des enfants.
Ces malades d'ailleurs sont « retombés en enfance », disaient
autrefois nos gens.

*Souvent la personne malade nous fournit un nouveau centre
d'unité.*

Pensez-y. Très souvent, on rencontre vraiment notre père
ou notre mère au moment où ils ne peuvent plus savoir qu'on
les rencontre. Et le sentiment filial qui se développe là est dix
fois plus fort que s'ils étaient en santé.

*Dans un petit ouvrage sur le sujet[3], vous parlez de spiritualité.
Nous pouvons parler de la famille et des proches. Mais du point
de vue de la personne qui se perd elle-même, qui n'est plus
capable de jouir de la présence de son conjoint ou sa conjointe,
de ses enfants et petits-enfants, qui n'est plus capable de lire...*

En visitant Julie X, déjà « étrangère », qui me regarde doucement, tendrement, « retombée en enfance », il m'arrive de
penser au Christ en croix : « Père, pourquoi m'as-tu abandonné ? » Or, Il sauve le monde : « Entre tes mains je remets
mon esprit. »

Je vais vous faire une confidence : il m'arrive parfois d'offrir
au Seigneur la condition de tel ou tel handicapé. Je le fais
en pensant à Marie au calvaire, qui a dû elle aussi partager

---

3. *Alzheimer et spiritualité*, Fides, 2002.

l'offrande de son Fils. «Entre tes mains, je remets SON esprit.»

Pourquoi moi, en santé, n'offrirais-je pas au Seigneur, consciemment, la situation tragique de mon ami atteint d'Alzheimer? Échanges sacrés. Corps mystique. Telle Marie la pure qui, à distance, offre au Père pour le salut de l'humanité les souffrances de son Fils en croix.

Pourquoi je ne compterais pas sur les bienfaits spirituels de mon ami blessé par la maladie d'Alzheimer et devenu malgré lui inconscient? Si la souffrance sauve le monde, la sienne n'est-elle pas réelle et donc objet d'une offrande, énoncée par un intermédiaire?

Ainsi que l'écrit saint Paul : «Portez les fardeaux les uns des autres» (Ga 6,2).

Devant un ami qui a la maladie de Lou Gehrig, nous nous posons la question de la foi et celle de l'euthanasie. Si cet ami décidait de mettre fin à sa vie, nous comprendrions...

Il y a des silences qui sont importants.

Les médecins opèrent souvent à la frontière de la mort et de la vie. Ils doivent soulager.

Soulager au maximum, c'est leur droit et leur devoir. Je n'ai pas, moi profane, à évaluer, à juger médicalement. Le mot euthanasie risque d'être piégé et par les uns et par les autres. Qui sait vraiment? Et cette personne qui demande, que demande-t-elle en fin de compte? Peut-être même un soulagement prolongé?

Ne sommes-nous pas portés, nous les chrétiens, à avoir un peu trop une vision optimiste, quand nous sommes dans la nuit? Est-ce que nous ne sommes pas portés à hâter l'aurore?

Le chrétien, par le don de Dieu (je reprends les formules du chrétien), espère. Il ne veut pas entrer dans l'inconnaissance absolue, à cause de son Dieu qui lui a promis de l'aider jusque dans la nuit. Il va toujours espérer, même si rien ne se passe. Je pense à sainte Thérèse de l'Enfant-Jésus lorsqu'elle dit : « Je chante ce que je veux croire. »

Un sens à l'inutile

Vous visitez une personne qui a la maladie d'Alzheimer et vous dites que vous offrez ses souffrances. Il y a des personnes qui réagiraient en disant que vous n'avez pas le droit de vous approprier la souffrance de l'autre.

J'ai au moins le droit d'ajouter une dimension spirituelle à cette souffrance. Une dimension qui me dépasse. Personne ne vit pour soi-même. Personne ne meurt pour soi-même, écrit saint Paul. On vit les uns pour les autres. Je le répète : nul n'est une île !

Il faut vraiment croire au Corps mystique.

Il faut croire à la Rédemption par la souffrance. La souffrance n'est jamais inutile. Bien au contraire. Dévalorisée par l'opinion publique, elle demeure une valeur de premier ordre. N'a-t-elle pas en Jésus sauvé l'humanité ?

Vous, vous croyez pour celui qui ne croit pas ?

Le Seigneur est capable de gérer les énergies spirituelles et lui seul peut « de ces pierres, susciter des enfants d'Abraham » (Mt 3,9).

Vous priez pour les gens que vous rencontrez ?

Toujours, de mille manières. Mais je ne veux pas qu'ils le sachent. Prier, c'est aimer !

Vous, vous portez ces rencontres. Quand nous voyons une personne malade, nous disons maintenant : « Je vais vous porter dans mes pensées. » Nous n'osons pas dire : « Je vais prier pour vous. »

Moi, j'ai connu beaucoup de personnes incroyantes qui m'ont demandé de prier pour elles.

Nous craignons en même temps la pensée magique, penser qu'en disant une prière nous faisons un grand bien à la personne souffrante.

Dans toutes les religions, il y a un peu de pensée magique. Dans la religion chrétienne aussi. Ce que nous appelons magie renvoie souvent au mystère de la vie spirituelle, à l'échange invisible des forces spirituelles qui habitent l'humanité.

Est-ce qu'il ne faut pas chercher à l'enlever?

On est à la frontière du mystère. Quand on est à la frontière du mystère, on est comme devant le soleil. Il m'éclaire, je ne peux pas lui faire face, mais j'ai besoin de lui.

De ce point de vue, vive Einstein quand il dit que celui qui refuse le mystère est comme un œil qui refuserait la lumière.

Je cherche un sens à l'inutile. Je ne peux pas accepter que cette souffrance soit inutile. Ces patients qui sont à l'Institut de gériatrie, souvent personne ne les connaît. Ils sont là. Personne ne vient les voir.

Pourquoi sont-ils là? Il y a une dimension spirituelle qui est discutable, je l'avoue. Mais il n'est pas possible qu'autant de souffrances «inutiles» se perdent. Un seul regard sur le Christ de la Passion aide à vivre ce mystère. Grandeur divine de l'inutile humain.

L'affaire *Maintenant*

Pouvons-nous parler de l'affaire de la revue Maintenant *?*

Oui et non. Il est gênant de voir ses amis, ses frères, s'y compromettre. Étant l'ami du père Bradet († 1970), puis du père Dallaire († 1966), et ayant été de la première équipe, j'ai vécu de près cet événement important qui à sa manière et dans une tout autre perspective pourrait être analysé en lien avec le *Refus global.*

Vous faisiez partie de l'équipe de rédaction ?

Pas officiellement. À cause de mes engagements à l'université, je me devais de donner tout mon temps à mes étudiants.

La Revue dominicaine *est devenue la revue* Maintenant.

La *Revue dominicaine,* un peu aristocratique, très bien tenue, imprimée sur du beau papier glacé, faisait un peu étrangère à ce milieu où l'on commençait à douter de tout, et dont l'instinct démocratique favorisait la simplicité et le renouveau à tous égards.

À ce moment-là, quelques dominicains se sont rencontrés. Le projet de la revue *Maintenant* est né.

En nommant le père Bradet, personne ne se doutait qu'il entrerait de façon directe, sans arrière-pensée, dans la tourmente et les problèmes du Québec. Il était l'homme populaire, curé à Notre-Dame-de-Grâce, extrêmement gentil, obtenant beaucoup d'argent à ses quêtes dominicales, il avait la réputation d'un sage qui n'aurait jamais tenu tête à un de ses paroissiens.

Pas un intellectuel…

Pas tellement. Mais surtout un homme d'équipe.

Son équipe serait déterminée à dialoguer avec le monde.

En allant chercher des collaborateurs partout, qu'ils soient croyants ou non-croyants, ouverts à toute réflexion, la revue prendra beaucoup d'importance et fera son chemin dans diverses couches de la société dite canadienne-française.

Il y a eu *Cité libre* (1950), *Liberté* (1959), *Maintenant* (1962), *Parti pris* (1963). *Maintenant* s'attaquait à des questions extrêmement «actuelles» et délicates. Par exemple, les manuels scolaires qui étaient encore dirigés par des clercs, des amis.

Maintenant donnait l'exemple d'une grande ouverture d'esprit. Prophétique en un sens d'une nouvelle forme de vie religieuse au Québec.

N'oubliez pas que le livre *Les insolences du Frère Untel* paraît plus tôt, en 1960.

Pourquoi la revue attaquait-elle les manuels scolaires ?

Parce que, dans les manuels, les exemples donnés étaient tous des exemples dits catholiques : ils étaient là pour valoriser la religion sous sa forme québécoise moralisante et obsessive par rapport au péché. Péché partout, péché en tout.

L'intention de la revue *Maintenant* au début n'est pas de créer la bagarre, mais de purifier l'atmosphère. En courant des risques.

Sans l'avoir voulu, la revue est devenue une revue de gauche. Je parle le langage d'aujourd'hui. À côté des savants propos des Dominicains d'Ottawa, qui publiaient des textes très sérieux, et des Dominicains de l'Institut d'études médiévales, *Maintenant* avait d'autres intérêts, davantage liés à l'actualité.

Il y avait des colloques autour de la revue ?

Rencontres, repas, colloques bien organisés. Des gens dynamiques, éclairés, diversifiés.

Fernand Dumont a été un des premiers initiateurs de *Maintenant*, avec Hélène Pelletier-Baillargeon. Ces gens nous aimaient, ils prenaient tout à cœur, sans être pour autant des anticléricaux professionnels. La première équipe voulait répondre aux attentes des gens éclairés, quels qu'ils soient. La réflexion va de soi. Autant que le questionnement.

Le père Bradet a été le premier directeur ?

Oui, et il causait des remous.

Frondeur, il usait de raccourcis parfois trop faciles.

Il écrivait des éditoriaux tout à fait charmants. Par exemple, à cette époque-là, le pape était toujours à Rome. Le père Bradet avait fait un éditorial qui avait surpris tout le monde. Il avait écrit : « Sortez, Saint-Père. »

Or, Paul VI est sorti. Il est allé à New York, à Jérusalem. Pour Jean-Paul II, donc, un propos de *Maintenant* assez prophétique !

Par rapport à Rome, c'était un peu…

Il y avait les gens d'ici qui n'étaient pas très heureux et qui dénonçaient à leur manière les propos du père Bradet.

La revue *Maintenant* était citée partout, avait beaucoup d'influence.

Elle reflétait une transition, telle que plusieurs dominicains la souhaitaient. Une transition qui soit sérieuse, et en même temps vraie. Que l'on puisse prendre ses distances face à des situations « catholiques » douteuses, cela paraissait aller de soi.

Maintenant serait une revue de passage, pas une revue radicale. Mais elle s'est retrouvée engagée à gauche, comme malgré elle.

Ensuite, est venue la question politique. La politique ! Plusieurs des amis de la revue étaient des amis de René Lévesque qui habitait tout près, rue Woodbury.

Ce serait instructif de voir le désarroi d'un certain nombre de gens à l'époque.

Et de voir aussi quels étaient les collaborateurs. Je me souviens, il y avait Pierre Vadeboncœur, Guy Rocher, Pierre Dansereau, d'autres. *La ligne du risque* de Vadeboncœur paraît en 1963.

Tous pouvaient écrire. Ils écrivaient parce qu'ils retrouvaient un certain humanisme dans la revue. La liberté surtout. Une espèce de changement souhaité.

Vous donniez la parole aux intellectuels.

Oui, beaucoup.

Qu'est-il arrivé au père Bradet?

L'équipe de la revue y allait un peu fort parfois à propos de certains aspects extérieurs de l'Église traditionnelle. C'était probablement nécessaire. Quand *Maintenant* a commencé à s'engager politiquement, plusieurs Dominicains ont hésité. Par respect pour la communauté entière, Bradet s'efforçait de respecter la diversité de nos options, mais ses talentueux amis, je pense à Fernand Dumont, à Hélène Pelletier-Baillargeon, elle-même très présente à la revue, généreuse, optaient ouvertement pour l'indépendance du Québec.

La revue a été dénoncée à Rome. Probablement par quelques dominicains d'ici.

À Rome, on oublie la perspective, on est sensible à une certaine opinion cléricale, on oblige le père Bradet à quitter la revue.

Qui a dénoncé Maintenant*?*

Certains diront le père Régis et le père André Guillemette, plutôt fédéralistes. Je ne crois pas. Le père Régis aime trop discuter pour souhaiter une fin de débat. Qui? Je préfère pour une fois ne pas savoir, ni surtout accuser sans preuve.

Le jour où la revue s'est déclarée ouvertement pour l'indépendance du Québec, les Dominicains ne pouvaient plus opter pour une revue qui ne représentait plus la moyenne de ses lecteurs et des membres de sa communauté d'appartenance.

Donc, ils ont demandé au père Bradet de quitter son poste. Ça n'a pas été la fin de la revue?

Il a été remplacé par Vincent Harvey. Un homme d'un tout autre style. Beaucoup plus paisible, plus calme. Mais intérieurement peut-être plus radical dans ses engagements, dans ses amitiés.

Vincent Harvey était-il indépendantiste lui aussi?

Indépendantiste? À la manière d'un intellectuel, d'un historien des idées.

Si bon. Si gentil. Avec lui la revue commence à prendre un tournant qui n'a pas été prévu lors de sa fondation.

Il y avait eu des actes de violence associés à certains courants.

La population reste anti-violente. Beaucoup d'intellectuels, d'artistes, étaient pour une sorte d'indépendance. Le Québec bouge, s'agite.

On insiste de plus en plus sur le qualificatif «québécois».

En devenant «québécoise» plutôt que canadienne-française, la revue *Maintenant* laissait de côté, sans le vouloir, ses amis de l'Acadie, de l'Ontario (nous avons un couvent à Ottawa). Cette option créait des malaises à l'intérieur de la filiale communautaire.

Donc les Dominicains vont progressivement se retirer de la revue.

En fait, le jour où la direction de la revue suggère à ses lecteurs de voter pour le Parti Québécois, son sort est pratiquement décidé.

Mais est-ce que René Lévesque n'est pas venu ici, dans cette maison, pour fonder la souveraineté-association?

Je ne crois pas. C'est peut-être arrivé tout bonnement. Sans plan précis au début. Qui sait? Qui saura?

René Lévesque habitait tout près d'ici. Il faisait partie du paysage. Un homme assez timide. Toujours intéressant à rencontrer. Chaleureux, intelligent, soucieux d'agir, préoccupé d'idées politiques.

Nous avions avec lui des rapports admiratifs de bons voisins.

Certains dominicains étaient indépendantistes, naturellement. Et pourquoi pas? Il est plus que possible qu'il y ait eu échanges et participation.

Il y a un pluralisme sur ce plan, chez les Dominicains comme dans les familles.

Un pluralisme qui ne nous énerve pas du tout. Qui dit plus dit mieux que moins !

Il y a eu un livre écrit par Denyse Boucher sur le père Bradet, que vous avez préfacé. Après Maintenant, *qu'a fait le père Bradet ?*

Il est allé à Québec, puis à Rome, puis à Paris. Il était blessé. Sa santé était défaillante. Il y avait en lui une sorte de découragement, d'isolement intérieur.

Henri Bradet avait besoin de monde autour de lui, et en quittant la revue, il perdait ce réseau. Il ne pouvait plus retourner en paroisse.

Il devient triste. Il fait de longues marches pour chasser les mauvaises images de son esprit, comme il dit. Être humain attachant et complexe à la fois, la communauté lui a offert d'aller à Québec, à la maison Montmorency, puis à Paris. Mais à mesure qu'il avance en âge, il est un peu plus amer. Je crois qu'il faut surtout tenir compte de la maladie qui le ronge. Bradet avait un si grand cœur !

Mais vous qui étiez lié à l'équipe avant et après, comment vous sentiez-vous dans tout ça ? Vous dites que vous n'êtes pas de sensibilité indépendantiste.

Je suis historien. À l'époque, je désire un Québec le plus fort possible, mais à mon avis il ne peut pas l'être s'il n'a pas avec lui les autres Canadiens français. J'éprouve beaucoup de mal à ne pas militer avec les Acadiens, les autres francophones. Tout ce qui divise m'énerve et tout ce qui m'identifie m'enrichit !

Mon ambiguïté est-elle aussi celle de Bradet ? C'est beau de se replier, de dire on est là et on est fort, mais si on est fort en oubliant les autres minorités qui ont besoin de nous ? Je n'aime pas trop la politique partisane. Je suis mal à l'aise de parler de politique partisane.

Vous avez continué à faire partie de l'équipe de la revue.
N'étiez-vous pas mal à l'aise?

Je n'ai jamais eu le sentiment d'être jugé. C'était une revue inclusive. J'étais l'ami d'Hélène Pelletier-Baillargeon, l'ami de Fernand Dumont. Ce sont eux qui dirigeaient la revue *Maintenant* à un certain moment. Et c'est par eux que s'est fait le passage d'une revue culturelle engagée vers une revue favorable à un parti politique aux idées fermes mais en même temps ouvert à plus que le seul Canada français.

Deux militants. Je les trouvais à leur manière et sans la capacité de les imiter, vrais et exemplaires.

Le tournant des années 1960

Si on pouvait parler un peu des années 1960. Casanova
(Martin) dit que quand le concile a commencé à modifier une
partie des symboles religieux, les Québécois se sont rendu compte
qu'ils n'avaient peut-être pas besoin des autres symboles reli-
gieux pour leur identité. Ils n'ont pas juste abandonné le jeûne
le vendredi ou tel autre élément, mais ils ont tout abandonné.
Dans Les invasions barbares, *Denys Arcand fait dire à un*
prêtre qu'en 1966, en l'espace de quelques mois, les gens sont
partis des églises.

Moi je dis que notre « Moyen Âge » s'est terminé en 1960. Le jour où le service social échappe au clergé et aux sœurs, le jour où l'éducation (le ministère de l'Éducation a été créé en 1965-1966) échappe à l'Église, à ce moment-là, le cléricalisme québécois perd ses moyens.

C'est même avant le concile?

Oui, c'est avant le concile. Le concile nous a aidés en nous disant qu'on avait bien fait, qu'on avait jugé à partir de notre conscience ce qu'il fallait faire. Le concile a en quelque sorte confirmé et rassuré les gens qui réfléchissaient beaucoup sur

notre religion dite ancestrale, cette religion hautement moralisante qui se devait d'être davantage reliée à la personne du
Christ.

C'est très délicat à faire une transition. Je l'ai faite, cette
transition, non sans bavure, je suppose. J'étais à l'écoute, sans
vouloir juger.

Pour vous ça a été quoi, cette période?

Ça a été une époque de compréhension mutuelle. Je lisais
les textes officiels de mon Église et j'écoutais tout autant la
critique qui s'ensuivait. Respecter l'essentiel et aimer la normalité m'invitaient à la prudence, tout en admirant la ténacité de
cette vieille institution de 2000 ans qui dit ce qu'elle croit être
fondamental: sauver la famille coûte que coûte. Moi, entre-
temps, j'apprends à ne pas servir des solutions toutes faites
pour chaque divorcé, chaque gai. Le domaine du particulier
est mobile, celui de la sexualité appelle le mystère. Tout est
morbide pour qui est morbide, comme tout est pur pour les
purs. Il faut surtout se souvenir que le sabbat est pour
l'homme…

Des confrères quittaient la prêtrise. Des jésuites en quan-
tité, que j'aimais beaucoup. Des confrères d'université. Ça a
été terrible. Eux, ils ont été formés pour l'éducation, l'éducation des jeunes. Tout tombait. Je comprenais qu'ils partent. Ils
avaient promis de donner leur vie à l'éducation des jeunes.
Quand on leur enlevait ça, on leur enlevait leur cadre et ils
partaient. Le reste, c'était plus épisodique. Je parle en tant que
clerc. J'ai vécu tant d'expériences humaines déchirantes, pires
que de quitter l'Église.

Ça vous faisait vous interroger sur vos propres engagements?

C'est-à-dire qu'étant tellement préoccupé par le départ des
autres – ça va paraître très prétentieux –, je n'avais pas le temps
de penser au mien. C'est un peu étrange à dire: ce sont les

autres qui m'ont sauvé. Parce que je me sentais vraiment à ma place en les aidant. En les accompagnant.

J'avais une équipe de couples dont je m'occupais depuis vingt ans. Un certain soir, on apprend que Jean est parti, que François est parti. C'était des gens très proches de nous. Et à la fin de la soirée, je me souviens, Ginette ou Élisabeth dit : « Et toi, Benoît, quand pars-tu, toi ? » Je n'ai pas bougé. Pierre a demandé : « Pourquoi tu ne pars pas ? » J'ai dit : « À cause de vous autres. »

Un grand silence s'en est suivi. Une grande émotion. Jamais plus il n'aura été question de mon départ dans les réunions qui ont suivi. L'amitié m'a-t-elle humainement sauvé ? Je le crois, autant que je crois à la grande miséricorde de Dieu à mon égard. Eh oui, je constate que les amitiés jouent un rôle majeur dans nos vies. Même si, dans mon propre cheminement, je ne dirais pas que c'était toujours parfait, que je n'ai pas été parfois égoïste, inconscient, il reste que la ligne de fond fut toujours les autres, les autres, avant moi. Les autres ? TOUS les autres. Souvent je pense aux amitiés de Jésus. Il a bien fallu qu'un jour il choisisse, qu'il laisse même sa mère et qu'il donne sa vie à qui voulait bien l'aimer, l'écouter. « QUI est mon père, ma mère, mes frères... sinon ceux qui font la volonté de Dieu ? » (Mt 12,48-50).

Pluralisme, œcuménisme

Sans vouloir me flatter, je crois avoir un esprit naturellement œcuménique. Ai-je reçu ce cadeau de mon père qui pourtant était un simple habitant d'un bout de rang en Bellechasse ? Je le crois fermement. Ma mère, obsédée par les fins dernières, espérait de tout son cœur que tout le monde devienne un jour catholique et ce serait le signe de la fin des temps. Papa obéissait davantage à une vision personnaliste de l'histoire. Un jour, lors d'une exposition agricole, il avait rencontré des « gens qui ne parlaient pas français », donc protestants en principe. Et il les avait aimés.

Son œcuménisme était sans doute relié à sa partisanerie politique ?

Oui, probablement. Grâce à une victoire libérale, mon père est nommé pour un temps inspecteur des grains. Ce qui le conduit dans les Cantons de l'Est où il fait la connaissance d'Anglais protestants. Impressionné, il nous enseigne sans le vouloir le goût d'en savoir davantage sur les autres religions. Il n'y a donc pas dans l'univers que les catholiques de Bellechasse. Plus tard, quand surviendra l'œcuménisme, je me sentirai bien à l'aise.

Le père Geffré, dominicain, dit que la pluralité est déjà une parole de Dieu.

Moi aussi je le pense. Il ne faut pas hésiter à aller chercher chez les autres ce qu'il y a de meilleur dans la Parole première. Il faut casser la noix pour avoir l'amande.

Du père Chenu et plus tard du père Geffré, dominicains et frères, j'apprendrai davantage la générosité de ne pas s'opposer, de ne pas condamner, d'aller chercher ailleurs ce qu'il y a de beau, de vrai, de louable. On est ensemble. À chacun sa religion, pourvu que l'on sache que l'on a la sienne et qu'on la connaisse. Chenu dirait : « Connais ta religion, ensuite tu n'auras peur de personne. »

Mais on a un problème de dialogue quand on dit que le Christ est LE médiateur, on a du non-négociable.

Oui lorsqu'on durcit les mots… le Christ peut être médiateur à travers la recherche de vérité. Il a été médiateur avec la Samaritaine, avec le larron, avec la femme qu'il a guérie. Médiateur en autant que tu es toi-même. Tu n'es pas là pour amener les gens chez toi. Toi, tu es limité, tu le sais, mais tu veux apprendre à aimer, à comprendre l'autre.

Sois bon. Quand tu as la bonté, tu peux vivre toutes les situations et ne pas être heurté. De ce point de vue, le Christ est assez extraordinaire. C'est à cause de Lui que je suis à l'aise avec X qui est hindouiste, et Y qui est musulmane. Quant aux Juifs, je considère, comme croyant, qu'ils sont mes ancêtres et souvent mes modèles dans la croyance. Jésus, sa mère, ses douze apôtres étaient juifs! Je vénère les Juifs comme des grands-parents.

Mais c'est très nouveau, le pluralisme signifiait qu'on n'avait pas fait notre travail missionnaire.

Je ne dirais pas cela. Déjà la théologie enseigne que chaque personne de bonne volonté qui suit sa bonne conscience est reçue favorablement par le Seigneur. Dieu et Dieu seul nous sauve par le Christ. L'Église, elle, souhaitée et commencée par le Christ, nous rend le Christ plus visible. Elle est comme une lumière qui éclaire et manifeste le message de Jésus. Encore faut-il me souvenir que cette Église historique, visible, n'est pas toute l'Église. Chez elle, l'invisible est plus riche que le visible. Mon Église n'est pas que temporelle et québécoise, elle est universelle. Je peux m'y identifier mais jamais la représenter dans toutes ses dimensions spirituelles et temporelles.

Que pensez-vous de l'Église du Québec qui, pendant longtemps, s'est dite, avec la langue, lieu de survie de la nation?

Oui, j'ai cru pendant longtemps que l'Église avait permis au Canada français de s'affirmer et de survivre. Foi et langue! Les deux paraissaient inséparables. Moins maintenant. D'ailleurs, la langue seule ne saurait garantir notre survie. Il faut en plus une âme et des institutions fortes. La survie est-elle mieux assurée par l'économie et la langue?

Or, nous savons bien que l'économie est fragile. Que va-t-il se produire? Je ne suis pas prophète et ne désire surtout pas l'être. Pour l'instant, nous existons. Le Québec est historiquement une nation et on ne se libère pas plus de son histoire que de son enfance. Nous sommes une nation chrétienne comme la France est chrétienne. Comme l'Algérie est musulmane. Grâce à un dialogue interreligieux ouvert, le catholicisme au Québec a la chance de se juger et de se renouveler. L'histoire m'impose une conclusion: sans une mystique particulière, une nation ne survit pas. Surtout dans le contexte dans lequel évolue la nation dite québécoise.

Nous sommes dans une société à risque. Le danger actuel au Québec est que telle ou telle formation politique encourage un laïcisme négatif, voire un neutralisme qui, en pratique, favorise l'athéisme, refuse tout rituel traditionnel, renie la religion. Dans ce cas, l'histoire nous invite à prévoir que cette formation politique n'a pas tellement d'avenir à long terme. Notre population – et cela inclut beaucoup d'immigrants – reste sensible à la dimension religieuse. On ne déracine pas un arbre à coups de mots. Peut-être que dans cinquante ans il en sera autrement, quand nous aurons fait l'essai de l'identité pratiquée dans la diversité des cultes.

Les gens veulent que leurs enfants aient une orientation dans la vie. Ils ne veulent pas qu'ils soient juifs ou musulmans. Ils seraient prêts tout au plus à ce que les enfants soient bouddhistes. Parce que c'est doux... et sans clergé! Étranges Québécois, si souvent à la recherche d'un ailleurs spirituel!

Les sacrements dans une société non pratiquante

Plusieurs parents qui ont des enfants actuellement viennent les faire baptiser. Ils me disent: «Nous autres, on n'est pas croyants, mais tu nous interroges drôlement.»

Ça les interroge, les signes. Signe de croix, signes de l'eau et du feu. La parole de Dieu bien insérée consacre la vérité des gestes ! C'est si beau un baptême vécu en assemblée de chercheurs du Christ.

On exige une préparation parfois longue pour la confirmation des adultes qui demandent ce sacrement parce qu'ils veulent se marier, ou être parrains ou marraines.

La confirmation appartient de soi au baptême, avec la communion.

Je baptise. J'estime dans les circonstances que tout est dans la cérémonie. Sur place. La beauté, la lenteur, le décorum. L'action de baptiser appelle le récit, la signification des rites, la participation, une première attention aux textes de Jésus et, si possible, un mot de la part des parents de l'enfant. Une catéchèse en action est toujours préférable à des rencontres hors contexte. En effet, quand la famille, les parrain et marraine, les invités sont présents, ce sont des lieux et temps remarquables pour une catéchèse adaptée… et missionnaire.

Personnellement, et sans prétention, j'espère, je crois que l'Esprit saint déjà promis à la cérémonie du baptême agit directement à travers ces paroles et rites pratiqués autour de l'enfant. De toute façon, la grâce n'est pas liée à nos mérites.

Donc vous n'êtes pas d'accord que l'Église soumette à toute une démarche les gens qui demandent un baptême et qui ne sont pas pratiquants ou ne donnent pas grand signe de croyance ?

Non. Moi je leur dis : « Dites-moi pourquoi vous le faites baptiser, puis promettez-moi de le dire au début de la cérémonie. » Il se dit alors des choses extraordinaires, gauches, spontanées, mais peut-être plus authentiques que ce que le langage rituel suggère. Il m'arrive de penser sans le dire que l'Esprit saint est davantage présent à telle ou telle cérémonie en assemblée que dans ces séances dites préparatoires faites en lieu clos.

L'important est le lien qui se fait avec le Christ. Lien que le rite suggère. Et quand le rite est clair, pur de toute fantaisie, le reste suit. Je n'oublie pas la parole de Jésus, à savoir que son royaume est davantage intérieur.

Que faites-vous de l'appartenance?

Chaque baptême est individuel. Le danger des lois générales, nécessaires, est qu'elles peuvent devenir tellement arbitraires. Il m'est arrivé de refuser un baptême qui s'avérait être seulement un événement social. D'autre part, je considère que le baptême est un droit qui en tout premier lieu dépend du choix de Dieu et non des ministres du baptême.

Historiquement, le baptême appelle la confirmation. À ce sujet, on pourrait se demander si l'Église latine occidentale accuse un certain retard. La discussion est ouverte. Ah! le danger bureaucratique dans l'administration des sacrements, on va jusqu'à exiger des rencontres, des certificats, il y a des attentes démesurées entre la demande et la réception de tel sacrement.

À l'âge d'Internet et des courriels, bien des adaptations sont possibles. Entre-temps, la laïcité suit ses lois, et elle aussi a ses caprices.

Certains voudraient une société 100 % laïcisée.

On ne laïcise jamais le sacré. Ni l'Église chrétienne ni le mystère. Ni la vie ni la mort.

Je suis très à l'aise avec la laïcisation de la société. Le Christ ne s'est-il pas présenté comme laïc? Mais en même temps, l'historien Lacroix s'interroge gravement à cause des manipulations idéologiques autour des mots « laïc » et « religieux ».

Il y a donc une dimension qui ne sera jamais laïcisée.

Toynbee a observé que sur les 21 civilisations qui ont fait l'humanité, la seule qui ait voulu bouder le sacré c'était la civilisation marxiste. Mais elle s'est effondrée en 1989. Toynbee († 1975) n'a pas vu à quel point il avait raison.

L'anticléricalisme n'est pas dangereux en soi. C'est une révolte normale contre un pouvoir clérical devenu excessif.

Le danger de l'anticlérical est qu'il devienne antireligieux, ou pire : ignorant de ce qu'il rejette. « Pas de religion, pas de pays ! » dixit Toynbee… En tant qu'historien, je suis d'accord.

La paroisse

Parlant de baptême et de confirmation comme rites d'identité religieuse au Québec, il faut parler des paroisses.

Vous qui n'avez pas fait tellement de ministère dans une paroisse, diriez-vous que, sans paroisse, sans hiérarchie, sans clercs, pas de salut ?

Pour moi, l'Église est une institution merveilleuse sur le plan historique. Par sa hiérarchie (comme la nature est hiérarchisée), avec une continuité étonnante. La paroisse y est pour quelque chose, ici au pays, dans presque tous ses succès.

La paroisse a été un repère très important.

Le repère géographique est inévitable et indestructible. Nous serons toujours d'un quartier, d'un arrondissement, d'un comté, d'un lieu, d'une paroisse, sinon comme entité plus restreinte, d'un rang. Mon Troisième Rang !

Je reprends. La paroisse, oui. Pour nous des rangs, à l'époque, ce sont l'église, le presbytère, la sacristie, la chapelle de Lourdes, mais surtout monsieur le curé et son jeune vicaire, les marguilliers et le « personnel du presbytère ». Ces personnes signifient pour nous, comme la terre que nous foulons chaque jour, les vrais pouvoirs. Pouvoirs divins en un sens ! Les prêtres étaient nommés par l'évêque, qui était nommé par le pape. Ça nous suffisait pour nous agenouiller.

La paroisse? C'est une des plus antiques institutions en Occident. Elle est inévitable pour un temps encore au Québec.

Pour un Québec possible: ma paroisse! Saint-Michel-de-Bellechasse! Célèbre pour son «antiquité», elle date de 1678, et pour son site providentiel au bord du fleuve, juste en face de l'île d'Orléans et des Laurentides.

Il allait de soi que les premiers colons venus de France par mer s'installent au bord du fleuve. Ou encore sur les petites îles telle l'île d'Orléans, la plus célèbre des environs. Pour les gens de Saint-Michel, plus superstitieux, sur l'île habiteraient encore quelques sorciers. Passons!

D'un côté du village, la chapelle dédiée à Notre-Dame de Lourdes (1874), de l'autre, à l'ouest, une autre chapelle dédiée au couple Joachim et Anne (1905-1906).

C'est à l'église paroissiale que j'ai été baptisé, confirmé, que j'ai fait ma première communion, que j'ai dit ma première messe et célébré tant de mariages et de funérailles de la parenté Lacroix-Gagnon.

Ma paroisse est hospitalière, comme une famille élargie.

Tout visiteur, voire tout citoyen d'une paroisse voisine, y est accueilli comme un émigrant qui se doit de respecter les us et les coutumes des usagers.

L'idéal fut longtemps d'épouser, si possible, quelqu'un de la paroisse.

Lorsque la paroisse, faute de personnel ecclésiastique, se disloque, il faut nous fabriquer d'autres pièces d'identité, créer de nouveaux réseaux. Lesquels? Les villes se transforment en arrondissements, en quartiers dits résidentiels, avec supermarchés, grandes surfaces, nos nouveaux temples.

L'industrialisation favorise davantage chaque ferme que le rang lui-même. La plus grande ferme devient la référence.

Rien pourtant ne saurait mieux nous identifier que la création de liens «paroissiaux». Les liens familiaux demeurent, mais il nous faut d'autres liens sociaux si nous voulons durer.

L'argent n'unit pas, il divise. Qu'est-ce qui unit? Les amours interfamiliaux et certains réseaux, plus humbles : les paroisses.

Le remède qui s'impose aux paroisses disloquées : les regroupements par familles spirituelles demeurent une hypothèse.

Vérité et conviction

On a parfois l'impression, à la messe, que tous les participants sont des mauvais comédiens, qu'ils jouent une pièce sans conviction.

Mes amis comédiens me disent: «Vous dites que la Bible est ce qu'il y a de plus important, que l'Évangile est ce qu'il y a de plus extraordinaire. Or vous bousculez la lecture de l'Évangile. Vous n'êtes pas là!»

Je ne peux pas demander à chaque lecteur de la Parole à l'église d'avoir fait l'École nationale de théâtre. D'autre part, à la campagne ou à la ville, en paroisse ou en assemblée réduite, il est toujours possible de manifester un grand respect face à la Parole et donc à la vérité des lectures bibliques. Pour ma part, et sans me citer en exemple, je constate qu'une lecture des paroles du Christ à la manière des mantras, précédée et suivie de courtes pauses, inspire le respect et peut souvent sacraliser toute une cérémonie.

La vérité d'un texte, d'une cérémonie tient d'abord à la réalité qui la sous-tend. En l'occurrence, c'est le Christ qui parle. J'écoute, mon intelligence intervient, ma volonté appuie.

Oh! je sais bien qu'à une époque pas très lointaine le catholique québécois préférait s'en remettre aux cérémonies, aux rites et aux lois. Tous les sacrements ont été ainsi administrés fidèlement, objectivement. Décidés à l'avance, comme la nature de nos péchés.

En tout cela, la critique méchante ne mène à rien. Non, je ne voudrais jamais accuser le clergé. Je l'ai vu et connu sur place. Il a eu des misères, oui, comme chacun de nous. Mais tant de générosité et de dévouement aussi. Qu'il les a aimés, malgré toutes leurs gamineries, « nos chers paroissiens » ! D'autre part, nos gens ont évolué. Ils se sont instruits. Mais plusieurs sont convaincus qu'ils ont été floués. Un habitant dira dans son langage brutal : « Ben des curés nous ont fourrés ! »

Nous nous devons aujourd'hui de les comprendre. Parfois trompés, sinon déçus, il sera difficile de retrouver la confiance de nos gens. De plus en plus, ils distinguent entre les prêtres et tel et tel prêtre. Jugés à la pièce. Non plus au prestige ou même au caractère sacré de la fonction ministérielle.

Parfois, ils demeurent profondément croyants, sinon chrétiens, prêts à donner leur vie à leur famille, à plus grand que leur petite personne. Leur vie est centrée sur l'amour. Le Christ n'est pas loin. Ni au moment des funérailles ni à celui du baptême d'un petit à qui on souhaite les vertus de ses grands-parents.

Drôle de société. Si riche de cœur et souvent d'argent. C'est son âme qui m'inquiète. Elle a besoin de témoins plus que de sermons ou de lois. Elle en a mais réussit mal à les identifier.

Mais il y a tout un éclairage apporté par les sciences humaines, la psychologie, la sociologie…

Ce qui est arrivé est à la fois un défi et une grâce. Défi pour tous nos gens habitués par exemple à classer leurs péchés en mortels, véniels, douteux, sans oublier la catégorie des innombrables mauvaises pensées et des désirs.

Les sciences humaines obligent chacun à des nuances. Le péché mortel bat en retraite car il faut en savoir tellement pour le signifier qu'il vaut mieux capituler. La loi est claire, la conscience hésite.

Mais il y a des gens qui en sont restés en 1950. Ils vous demandent : « Est-ce que ça compte la messe aujourd'hui. On est samedi midi. Est-ce que ça compte pour demain ? Y a-t-il encore des péchés ? »

Ça ne vous impatiente pas, ces réactions-là ?

Je trouve ça plutôt triste pour les personnes qui les posent. Elles ont du chemin à faire.

Mais le problème de la vérité objective et de la vérité subjective me préoccupe. S'il n'y a pas de vérité objective, c'est difficile de parler de subjectivité.

Voilà pourquoi je me sens en accord premier avec l'objectivité à la manière d'Aristote.

La vérité, elle me précède. Je la reçois. Je ne la crée pas. Elle ne commence pas par moi. « Tu n'es pas tout seul au monde. » Dire vrai, c'est accorder son esprit au réel.

C'est ce que dit le philosophe Bernard Williams aussi : « L'exigence de véracité ne peut pas exister s'il n'y a pas une recherche de la vérité comme telle. »

Exactement.

Les gens qui ont été habitués au petit catéchisme appris par cœur, avec les péchés appris par cœur, ont de la difficulté à entrer dans l'univers de la pensée vécue, de la décision personnelle intégrée.

Il y a une dimension de la vérité qui tient à votre métier, la vérité historique. Au Québec, on a certains problèmes. Nous avons déjà parlé du mythe de la Grande Noirceur, qui manifeste un manque, sinon d'honnêteté, du moins d'objectivité, la

vérité semble malmenée en ce qui concerne la place de l'Église,
la Révolution tranquille.

La vérité voisinera toujours l'ignorance. Elle est trop
grande. C'est comme le soleil. On ne peut jamais la regarder
en face. On est toujours aux prises avec ses dérivés. L'ignorance
agit avec un bandeau sur les yeux, ne voit rien, ne sait rien.

Ah, la vérité objective! L'historien constate des faits. Il
appelle ça la vérité objective. Mais quand il raconte ce qu'il a
vu, déjà il entre dans une lecture partielle des faits. Qui le lit
ou l'écoute s'éloigne lui aussi de la première vérité. La subjectivité devient inévitable. Elle implique une perception de la
vérité partagée.

Ne vivons-nous pas tous dans le subjectif? D'où vient chez vous
cette préoccupation pour l'objectivité au moment où vous concé-
dez ses limites?

Quand vous me parlez d'histoire, ça me fascine. Moi, j'ai
vécu le métier d'historien à deux dimensions. J'y ai été formé
par la méthode qu'on appelle Langlois-Seignobos, à Toronto:
la méthode objective, l'analyse des textes, la fidélité au texte,
l'établissement des textes.

J'enseignais la paléographie, j'enseignais l'édition critique.
Le texte, le texte, le texte. Les mots, les virgules, tout. Bon.

Au cours de ma carrière, j'ai rencontré Marrou, avec qui je
suis devenu ami. J'ai découvert qu'il manquait quelque chose
à ma formation classique. Il faut en revenir à mettre le sujet à
l'intérieur. Il n'est pas possible d'être toujours objectif. Nous
sommes toujours subjectifs. L'idée de l'histoire, c'était ça.

J'ai lu tous les livres de Marrou sur l'idée de l'histoire. Vous
vous rendez compte? Et j'ai été obligé au fur et à mesure de
purifier mon esprit et de dire, c'est vrai. L'historien raconte
quelque chose, et il y met de lui-même. Et le lecteur y met de
lui-même. Encore une fois, la vérité se trouve partagée!

La formation classique que j'ai reçue était peut-être trop axée sur l'objet. La formation que les jeunes ont aujourd'hui est peut-être trop axée sur le seul moi. Entre l'objet, le sujet, l'historien et l'herméneutique, vous voyez qu'il y a des liens à faire.

La vérité est dans l'esprit, même pour saint Thomas.

C'est l'esprit qui va à la rencontre du réel.

B. Williams dit que lorsqu'on interprète une période, on est porté à prendre l'hypothèse la moins noble. Ici, par exemple, par rapport au rôle du clergé...

C'est exact. On devient très subjectiviste dans notre manière de lire les faits.

Vous n'avez jamais eu envie de réécrire une histoire du Québec pour rectifier certaines choses?

Non, mais j'avais une amie, bien formée, discrète, une laïque aussi, une femme mariée, qui a écrit l'histoire religieuse du Québec à la demande de Boréal. Lucia Ferretti n'entre pas dans les polémiques. Mais elle donne les faits tels qu'ils sont. Je trouve qu'elle donne beaucoup plus de chances au lecteur de rétablir intérieurement les faits, sans avoir à lui dire : ça ce n'est pas vrai, ça ce n'est pas vrai. Un idéal d'objectivité ouverte à la subjectivité !

J'aime beaucoup sa méthode : vérité objective sans méchanceté subjective !

B. Williams distingue vérité et véracité. Il dit qu'aujourd'hui, nous cherchons la véracité, mais que nous avons renoncé à la vérité. Il s'attaque aux philosophes postmodernes. En ce qui concerne l'Église, on pourrait dire, pour caricaturer, que les prêtres, les prédicateurs, ce sont des donneurs de leçons...

Ce sont trop souvent des moralistes. Je crains la facilité du prédicateur, la facilité du politicien.

Dans les manuels d'art oratoire d'autrefois, convaincre était le but premier du discours.

Quand tu prononces ton discours, ce n'est pas le temps d'analyser ce que tu dis, l'important c'est l'effet que tu vas avoir. C'est ça la communication : le lien avec l'autre.

Nous avons été formés à la Bossuet, nous autres. Mais nous n'étions pas intelligents comme Bossuet. Donc...

Il y avait des sermons où on parlait fort, où on criait. Il y avait des mises en scène. C'était tout un univers, ça!

Pareil à celui du politicien. C'est le même univers.

Les prédicateurs et les politiciens sont des gens qui verbalisent beaucoup.

Il le faut!

Mais le public a changé. Il se laisse moins dire...

Actuellement, le clergé a davantage d'autorité par sa conduite que par sa parole.

Celui qui sera mieux accepté, ce ne sera pas celui qui parle bien, mais celui qui est capable d'accueillir, de représenter l'amour, la charité, la justice sociale. Quelqu'un de très pastoral, si vous voulez. C'est différent, ça.

Son discours est beaucoup moins important que l'empathie qu'il provoque.

Quand on a dit que l'Église ne tient plus à telle chose, sur laquelle elle insistait (le jeûne le vendredi, par exemple, dans les années 1960), les gens se mettent à dire que dans le fond, peut-être que tout le reste est douteux.

Voilà. On ne les avait pas habitués à relativiser et à distinguer entre l'absolu et le contingent. Le danger des idéologues et parfois des hommes d'Église est de s'en tenir si obstinément aux principes, pourtant essentiels, jusqu'à oublier les différences, les caractéristiques individuelles, voire l'exceptionnel.

Bien sûr, il est défendu de tuer son voisin ; d'autre part, toutes nos grandes armées ont des aumôniers qui bénissent ceux qui partent au combat.

En certains milieux, les Églises auraient-elles pu oublier le mystère ? À trop parler de morale, ne risque-t-on pas de transformer le dogme en préceptes ? Sans blâmer forcément les responsables, il me faut bien constater une fois de plus que, dans mon pays et quand j'étais petit, il était surtout question de péchés contre la chair comme on les appelait, sans oublier nécessairement nos « sacres » et nos « beuveries ». Jésus étant mort, et mort à cause de nos péchés, nous avions du mal à penser au Ressuscité.

Les catalogues des péchés étaient si importants. À propos de la sexualité encore, il fallait bien concéder, selon certains, que les péchés de la chair étaient tolérés dans le mariage seulement. Il arrivait parfois à nos chers habitants de s'en tirer en accusant à la fois et les péchés permis et les péchés défendus.

D'autre part, quel honneur ce fut longtemps pour les gens de la paroisse de constater que malgré tous les diplômes et les voyages à l'étranger, j'avais la délicatesse de revenir périodiquement les voir.

Voilà qui me fait penser tout à coup à ce besoin qu'ont les gens de se connaître et d'être reconnus. Déjà au temps de Jésus, on se demandait : « N'est-il pas de Nazareth ? » Pour moi, ces retours au passé paroissial tout au long de l'existence sont essentiels.

Les rapports entre les paroisses rurales et la laïcité sont-ils ou seront-ils différents de la laïcité élaborée en milieux urbains ?

Il m'est difficile de répondre à cette question. Essayons de voir tout de même. Je sens les gens de la campagne souvent plus « objectifs » dans leurs pratiques, moins « énervés » face à l'Église, à ses rites, à ses prêtres, que les « intellectuels » des villes.

Et si l'anticléricalisme était avant tout un phénomène urbain!

Pierre Claverie

Parlant de témoins, vous avez des souvenirs...

Personnellement, à Montréal, j'ai vu mère Teresa. J'ai bien connu Jean Vanier. Je pense à l'abbé Pierre et surtout à Pierre Claverie, dominicain. Ce dernier, assassiné en Algérie en 1996, m'a beaucoup impressionné.

Vous l'avez connu personnellement?

Il est venu ici quelques fois. Tellement gentil, tellement vrai...

Aujourd'hui, on est en train de récupérer ses écrits. Il est évident que c'est un homme qui, au point de vue œcuménique, au point de vue interreligieux, était à la pointe du risque.

Il nous disait: «J'ai besoin des musulmans pour croire.»

C'est tragique. Il est mort assassiné ainsi que son chauffeur particulier, qui était musulman.

Il me fascinait et en même temps il m'émouvait.

C'était un intellectuel très engagé dans le dialogue entre le christianisme et l'islam, qui a payé de sa vie.

L'abbé Pierre

Vous nous avez souvent parlé de l'abbé Pierre. Vous l'avez connu aussi?

L'abbé Pierre est venu ici. Il était dans cette salle. Il a habité ici deux ou trois jours. C'est moi qui le pilotais. J'avais invité Françoise Faucher à venir le rencontrer. Quand il est décédé, Françoise, sa fille Sophie et le comédien Casabonne n'ont pas cessé de me remercier. D'autres aussi.

L'abbé Pierre c'était un phénomène social, il faut le dire.

C'est étonnant que, dans une France de la laïcité, le personnage numéro un ait été si longtemps un «curé».

L'abbé Pierre († 2007) a eu des funérailles à l'église Notre-Dame, en présence de membres du gouvernement.

C'est la façon dont il a interpellé la France?

L'Église aussi. Il serait, pour le besoin de l'institution, pour le mariage des prêtres, le sacerdoce des femmes. Crédible, il dérange, interpelle et, comme d'autres, à cause de son franc-parler, il réussira à éviter la canonisation!

Roland Leclerc

Vous avez bien connu l'abbé Leclerc?

Et comment! J'ai même fait, je pense, une vingtaine d'entrevues avec lui. Des entrevues de style «cosmique», avec une attention marquée pour la religion populaire.

Le soir où il est décédé, je l'attendais pour préparer le premier dimanche de l'Avent.

C'est un homme qui au début était tellement conscient, avec la candeur de celui qui arrive à la télévision. Tellement soigné. D'autre part, extrêmement bon et humble, il a appris son métier et est devenu professionnel.

Il venait souvent me voir. En principe, d'après sa biographe, Louise Lacoursière, j'étais son directeur spirituel. Pourtant, je ne lui donnais pas de conseils. J'ai eu, selon elle, une grande influence sur lui.

Je lui ai appris à se laisser aller: «Tâche de te tromper une fois ou deux, ça va faire du bien.»

À la fin, il était si correct! Son rapport avec les gens de toutes catégories était extraordinaire. Il était accepté par tout le monde en tant que prêtre.

Il y avait juste certaines gens de la droite qui lui envoyaient des messages, par exemple, parce qu'il ne portait pas de croix au veston. Je lui ai dit : «Non seulement ne mettez pas de croix, mais mettez une belle cravate moderne. Pour que les gens chialent. N'allez pas chercher à identifier ces gens-là : ils sont dangereux.» Loin des yeux, loin du cœur. Des fondamentalistes, il y en aura toujours !

On sentait chez l'abbé Leclerc une passion pour l'Église.

Un ecclésiastique parfait, à mon avis. Beaucoup plus ecclésial que moi. Il en faisait son premier devoir d'être un homme d'Église loyal et fervent.

Et vous, n'êtes-vous pas aussi un clerc, reconnu comme tel à la télévision ?

Mon Église, c'est la même que la sienne. La même ailleurs. Autrement. Comme Jésus parfois avec ses apôtres. Parfois seul sur la montagne. Parfois discutant avec les autres, Samaritains, publicains, scribes…

J'ai beaucoup admiré Roland Leclerc. Si généreux en plus.

Si nous parlions de vos autres défunts, de vos chers défunts.

Pour en parler convenablement, je n'ai qu'une référence : Jésus, défunt ressuscité. Cette résurrection, racontée et proclamée par les apôtres jusqu'à mourir, est l'événement le plus déconcertant mais en même temps le plus positif de toute l'histoire humaine. Jésus annonce la vie… qu'il nous la promette sur d'autres terres et sous d'autres cieux, voilà qui me comble. On y tient tellement à la vie ! Le corps ne veut pas mourir !

Je parlerai des défunts dans la perspective de Jésus premier-né d'entre les morts. À cause du Christ et par le Christ ressuscité, il existe un lien précis entre moi sur la terre et l'autre parti, mais dans la Vie, sa vie continuée autrement. Il y a une communion entre les vivants de la terre et les vivants du ciel, pour parler à la manière de nos ancêtres. Une prière, l'offrande d'une messe à l'intention d'un être cher décédé deviennent des gestes d'affection. Comme une manière positive de vivre une absence dans le mystère d'une communion avec le Christ sauveur de toute personne de bonne volonté.

Le christianisme est relié à une immense espérance.

Exactement. Sans lui, comment survivre personnellement ?

III

L'UNIVERSITÉ, L'ÉCRITURE,
LES GRANDES AMITIÉS

1945-

Une vocation intellectuelle

Vous découvrez votre vocation intellectuelle pendant vos études chez les Dominicains, à Ottawa, notamment au contact du père Régis.

Le grand tournant de ces années-là, pour vous, c'est l'aventure des études médiévales, Toronto et les maîtres qui vous ont marqué.

Au Pontifical Institute of Mediaeval Studies of Toronto, je dois ma première initiation, ma première admiration… inconditionnelle du Moyen Âge. Là j'ai rencontré, comme à La Pocatière, des « maîtres » qui vivaient sur place avec leurs étudiants, côte à côte, en un sens. À la manière des premières universités médiévales. C'est à ce point qu'aujourd'hui, réfléchissant sur l'université tricéphale avec ses administrateurs, ses professeurs, ses étudiants, je me demande si l'abandon du pensionnat en éducation à tous les niveaux est un progrès de société.

L'université-campus de l'an 2000 n'est-elle pas souvent pareille à un orphelinat? Où est la convivialité universitaire au sens originel du mot? Passons! J'exagère?

Le médiéviste que je suis devenu, par choix du père Régis, alors responsable des études à notre Collège d'Ottawa, aura eu beaucoup de chance et de privilèges. Me voilà aux études spécialisées en histoire de la philosophie médiévale avec le plus grand maître de l'époque : Étienne Gilson.

Il avait créé l'Institut d'études médiévales ?

Celui de Toronto (1929), nommé Pontifical Institute of Mediaeval Studies. Celui d'Ottawa (1930) a été fondé par le père Chenu, avec la « bénédiction » du même Gilson. Ou vice versa !

J'y ai étudié avec acharnement. Très replié sur moi-même. Avec mes livres. Je vis dans les bibliothèques. Les riches bibliothèques de Toronto.

Je lis presque tous les classiques de l'Antiquité grecque et latine. Tout ce que vous voulez ! En philosophie, rien ne m'arrête.

Le rural veut rattraper le temps perdu.

Saint Thomas demeurait mon favori depuis Ottawa. Je n'en suis pas revenu.

Pourquoi encore saint Thomas d'Aquin ?

À cause de l'admiration que lui portaient mes maîtres, à cause de sa clarté et de son esprit de synthèse. Ceci est visible surtout dans sa *Summa Theologiæ*.

D'autres mentors viendront en quelque sorte confirmer mes nouvelles options ; ce furent des laïcs européens consacrés totalement à l'activité intellectuelle, Étienne Gilson en particulier et, à sa manière, Jacques Maritain.

Étienne Gilson

Vous avez bien connu Gilson ?

J'ai connu, fréquenté au quotidien Gilson et Maritain durant plusieurs mois. Nous habitions ensemble, sur le même palier du Brennan Hall, du Saint Michael College, chez les

Pères Basiliens, à Toronto. Quelle chance d'avoir si bien connu ces gens!

Il en sera de même plus tard à Paris et à Montréal avec H.-I. Marrou, un autre grand ami, celui qui m'emmènera à sa maison en France, à Chatenay-Malabry, aux abords de Paris.

Non, je ne remercierai jamais assez la communauté des Frères Prêcheurs de m'avoir permis de rencontrer ces grands intellectuels européens que furent, tour à tour, Gilson, Maritain, Marrou, Klibansky, Anawati, Mme d'Alverny, Massignon. Et plus tard Delumeau, Michel Meslin.

Gilson en particulier vous a marqué...

Ah! Gilson (1884-1978)!... Un des meilleurs historiens à l'époque et, je le répète, de la pensée et des textes latins de saint Thomas.

Humain, mordant, joyeux, bon vivant, attaché à sa famille, à ses filles. Et excellent joueur de bridge. Physiquement? Il avait l'air, l'allure d'un bon fermier bien nourri.

Il parlait bien l'anglais?

Oui. Il connaissait très bien son anglais. Un anglais correct avec un certain accent. D'une grammaire irréprochable.

Gilson! C'était non seulement un guide, mais en plus un exemple de travail... et d'écriture.

Il nous aime. Il considère les Canadiens français capables de survivance, il les trouve habiles à la manière normande, pour dire oui et non à leurs compatriotes Canadiens anglais. Ambivalents, entêtés, nous serions nés pour durer et contourner les pires obstacles. La prophétie de Toynbee, c'est un peu la sienne.

Il me fait aimer, aimer jusqu'à le préférer, le poète Saint-Denys Garneau. Gilson s'est s'intéressé à nous, comme un grand frère.

Gilson est un être extraordinaire. Pas toujours facile pour ceux qui ne partageaient pas ses points de vue, mais si généreux en même temps.

Un jour qu'il était venu à Montréal, je lui avais donné *Le p'tit train*. Il m'avait dit : « Vous êtes meilleur avec *Le p'tit train* qu'avec votre thèse. » J'étais insulté !

Mais j'avais alors compris que je ne ferais jamais une carrière scientifique à la manière de mon maître et directeur bien-aimé Gilson.

De lui, cependant, j'apprenais à écrire tous mes exposés. Ce qui m'a sauvé sûrement d'une certaine facilité à parler pour parler ! Écrire ce dont on doit parler, c'est déjà s'obliger à plus de réflexion.

Je lui dois, en outre, un surplus de raisons (est-ce que j'en avais besoin vraiment ?) d'aimer la France… et de l'aimer en premier lieu à cause de sa culture qui, à l'époque, signifiait, en Amérique du Nord du moins, le goût, la finesse verbale et… les bons repas.

Gilson était un croyant, un grand croyant, comme Maritain. Les avoir vus tous les deux prier à Saint Michael's Church, à Toronto, m'impressionne encore.

Jacques Maritain

Maritain, vous l'avez connu personnellement aussi ?

Extérieurement. Et contrairement à Gilson, Jacques Maritain apparaît fragile, frileux. Cache-col et voix feutrée. Mais quelle douceur dans les yeux ! Quelle subtile bonté dans les gestes !

Je le revois à Toronto, à Saint Michael's Church, à genoux, recueilli, il occupe le premier rang. (Gilson préfère l'arrière de l'église, en lien à sa manière d'être avec l'assemblée.) Maritain donne l'image d'un penseur à temps complet. Jour et nuit !

Vous suivez des cours, des conférences de Maritain à Toronto?

Je suivais parfois les cours de Maritain, donnés d'un ton monotone et dans un anglais plus que douteux. Quand il n'était pas certain de sa prononciation, il me regardait: « C'est bien ça? » Je disais oui, mais je n'étais pas versé moi-même en anglais autant que j'aurais dû l'être.

J'étais pour lui le francophone de service, le « confrère » qui rassure!

Maritain était-il plus mystique qu'Étienne Gilson?

Maritain (qui a vécu à la même époque que Gilson, soit de 1882 à 1973) était d'un tout autre univers: philosophe oui, idéologue multidisciplinaire, vivant avec et près de Raïssa, elle-même mystique à la fois passionnée et soumise à ses voix intérieures.

Si vous aviez à les comparer...

Maritain, c'est plutôt Jean de Saint-Thomas et Gilson, c'est saint Thomas. Cette distinction m'a mis en harmonie et avec Gilson et avec Maritain.

Gilson est plus précis, Maritain, plus évocateur de l'histoire qu'historien.

Face à Maritain, une admiration évidente pour l'homme, face à Gilson, de la vénération.

Par ailleurs, j'ai entendu une conférence de Gilson sur Maritain, à Toronto même. Gilson, les mains dans les poches, pendant deux heures, parle de Maritain. Mordant, drôle, vrai, tout ce que vous voulez, concluant que Maritain était un chef-d'œuvre en humanité, ajoutant que si Maritain était vraiment un grand thomiste, il lisait saint Thomas en pensant à autre chose. En effet, Maritain, génial à sa façon, aimait paraphraser, réfléchir sur les idées. Un vrai penseur.

Henri-Irénée Marrou

Vous évoquez Marrou…

Oui, j'aimerais me souvenir à haute voix et parler longuement de H.-I. Marrou (1904-1977). Si Gilson, en 1940, m'enseigne, si Maritain m'inspire, H.-I. Marrou, en 1960, me guide jusque dans le plus immédiat de ma vie littéraire et universitaire.

Le fait qu'il vive pendant plusieurs semaines en ma compagnie à Montréal, au 831 de l'avenue Rockland et au 2715 du chemin de la Côte-Sainte-Catherine, avec mes collègues et confrères d'université, rend le personnage encore plus attachant.

Marrou, mon idéal! Mon deuxième père intellectuel, après Régis! Marrou, c'est Caïus Lacroix instruit. Chauves tous les deux!

Ses études sur saint Augustin, sur l'éducation dans l'Antiquité, sur l'histoire m'appellent à écrire. Je me lance.

Pourtant, je n'ai ni sa culture ni son talent. Je n'ai que le goût de l'imiter et d'être fidèle à son idéal humaniste.

Il me fait confiance, il m'invite à corriger les épreuves de *L'ambivalence du temps de l'histoire chez saint Augustin* (1950) et de *La connaissance historique* (1954).

Quand j'ai voulu publier un livre sur Orose, cet inconnu, disciple de saint Augustin, monsieur Marrou me dit: «Continuez à travailler encore.» J'ai senti que je ne serais jamais un savant de même style que Gilson ni un humaniste à la Marrou, mes pères dans la pensée.

Généreux autant que discret, Marrou sait m'encourager jusqu'à risquer d'écrire une préface à *L'Histoire dans l'Antiquité*. Un malheur d'édition à tous égards!

C'est-à-dire?

Ce livre-anthologie de textes latins et grecs, avec une traduction française autorisée, a été imprimé gauchement, à la hâte. Livre renié et à renier... 250 pages manquées! Hors commerce!

Vous avez découvert un goût pour le Moyen Âge.

Ce qui m'a fasciné, en étudiant le Canada français et en écrivant *Pourquoi aimer le Moyen Âge?*, ç'a été de pouvoir communiquer, sinon communier, avec un certain passé qui me paraissait encore présent.

Là, vous ne serez peut-être pas d'accord avec votre ami Jacques Brault, qui dit: «Aimer le passé, c'est se réjouir qu'il soit en effet le passé.» Vous avez dit longtemps que le Moyen Âge, ce n'était pas que le passé, que c'était notre présent.

Le passé dont s'occupe Jacques Brault est davantage personnalisé. Son passé domestique fut plutôt un passé urbain, marqué dans son enfance par la crise du chômage, la privation. Il est normal qu'il soit plus heureux de vivre aujourd'hui. Pourtant, les mots qu'il utilise sont en majorité nés au Moyen Âge latin.

Toronto

À Toronto, vous «sortiez» un peu?

Oui, pour visiter des amis venus du Québec, et aussi pour le hockey.

À Toronto, j'étais ami avec un des cousins de M. Selke, qui était, je crois, relié au club des Maple Leafs.

Vous alliez aux parties des Maple Leafs?

Absolument.

Vous avez vu Maurice Richard à ses débuts?

Oui. À Toronto! Électrisant!

Vous êtes allé à des concerts?

Chaque année, j'allais au moins à deux grands concerts. Des amis me donnaient des billets. La musique pour moi devenait essentielle.

Les débuts à l'Université de Montréal

Qu'est-ce qui est arrivé après vos études à Toronto?

J'ai obtenu le titre de docteur en sciences médiévales à Toronto, le 30 mai 1951. Entre-temps, en 1945, j'ai été nommé à l'Université de Montréal. Très jeune. À l'époque, fait assez inusité. J'ai eu de la chance d'obtenir de Toronto un des premiers doctorats en sciences médiévales et de pouvoir profiter d'une occasion à Montréal.

L'amour courtois

Vous disiez que vous aviez découvert, à Toronto, les troubadours, et, avec Marrou, l'amour courtois...

Un peu, à Toronto. Et davantage après mes études, à Paris et à Montréal. Me voilà jeune prêtre qui étudie le Moyen Âge, qui ensuite enseigne ce même Moyen Âge. Parmi tant de richesses, je m'intéresse aux phénomènes de l'amitié, de l'amour courtois. Ce dernier m'instruit, me bouleverse. Aimer quand? Comment? Pourquoi?

Vous parleriez d'ambiguïté?

L'ambiguïté. Je crois que, quelquefois, j'ai été ambigu parce que j'aime beaucoup les gens. Souvent je leur dis que je les aime. On m'avertit: «Fais attention, une femme, quand elle entend ça une fois, elle ne l'oublie jamais, toi tu oublies même de l'avoir dit… C'est délicat!»

Sainte Thérèse de l'Enfant-Jésus était plutôt réticente à propos des amitiés particulières. Je sais bien, dans un cloître, ce n'est guère possible.

Mais moi, je suis à l'université. Aimé! Aimable! Tout est si concret. Telle étudiante en quête d'absolu. Telle autre qui «doit» se faire avorter. Telle autre encore qui a des plans suicidaires. Je les aime toutes. Trop? Peut-être. «Qu'il est difficile d'aimer», chantera plus tard le troubadour Vigneault. Pourtant, il le faut! Même si c'est gauchement vécu, ou mal compris. La vérité de l'amour est dans ton cœur. Toi seul sais.

Et quand tu aimes vraiment les autres, c'est facile de les désirer au mieux d'eux-mêmes. En même temps, il faut que tu reprennes, disons, ta maîtrise. Les aimer toutes? *Safety in number!* Avec des préférences… naturelles? Oui.

Des problèmes concrets. Je pense souvent à l'amour courtois.

Surviennent parfois en moi les mots de l'amour courtois – mon ami Marrou dans les années 1960 venait d'écrire son livre sur les troubadours et l'amour courtois. J'avais lu ses textes qui m'avaient une fois de plus enthousiasmé. L'amour pour une femme pouvait, disait-il, devenir une source de perfection intérieure.

Cette confiance que Marrou mettait en vous, c'était vraiment de l'amitié.

Oui. Je suis très heureux d'avoir vécu ces moments et d'avoir appris à aimer en profondeur avec un maître qui n'épargnait rien pour aider ses étudiants et les aimer.

Il ne s'agit donc plus seulement d'un thème littéraire.

Mais non!

Mes études, j'ai toujours voulu les relier à ma vie personnelle. Quand j'ai étudié Aristote, je retrouvais l'être et le devenir... du fleuve Saint-Laurent.

Plus tard, quand j'arrive à l'université et qu'on m'associe à une partie de l'aumônerie, et que, sans que je l'aie prévu du tout, me voilà tout à coup populaire auprès des femmes... que j'aime beaucoup, je me retrouve en devenir encore, et amoureux au sens large du mot... toujours prêt à écouter... et à aimer. C'était très beau. C'était très bon.

En même temps, je lis, relis *Éthique à Nicomaque* d'Aristote, que je dois enseigner en lien avec l'histoire de la philosophie. Et je retrouve l'amour courtois du Moyen Âge, que je dois enseigner aussi dans mon cours de littérature. J'enseigne, je vis, je veux vivre mon enseignement.

Enseignement... ma joie! Mes étudiants sentaient la conviction. J'en parle encore aujourd'hui avec le même enthousiasme.

Aimer? Ne pas aimer? C'est concret, ça. Moi, je ne suis pas pour le seul enseignement froid et théorique. L'amour, ça se vit. Ça peut se vivre « courtoisement ».

Aristote, dans *Éthique à Nicomaque*, fait l'éloge de l'amitié. On peut vivre l'amitié entre hommes, entre femmes, entre jeunes et vieux, entre parents et enfants ; toutes les amitiés sont possibles pourvu que, à chaque fois, on vise moins son bien que le bien de l'autre. Je ne perds pas de vue le bien, source et but de toute vraie amitié.

Aristote donnait de l'amitié des aperçus dont j'avais besoin comme prêtre. Tu aimes l'autre... il faut que tu l'aimes, il ne faut pas que tu te dérobes devant le bien qu'il représente. Et c'est en aimant le bien chez l'autre que tu vas toi-même enrichir ton propre amour.

La leçon que vous en retenez ?

Que c'est normal d'aimer l'autre qui nous aime. Autant que ce serait anormal de préférer un étudiant au point de négliger les autres.

C'est normal d'aimer l'autre, si tu aimes tous les autres. Mais que dites-vous de plus ou de moins en parlant de l'amour courtois ?

L'amour courtois, c'est pour moi comme l'amour mystique. Tu aimes la princesse de Tripoli, que tu n'as jamais vue. Tu l'aimes, parce que tu as entendu parler en bien d'elle. Tu aimes tellement le bien chez elle que tu as hâte de la voir. Tu t'en vas à Tripoli. Tu la vois, elle en meurt et tu meurs. Le véritable amour exige la mort. L'amour mystique, de même, exige que tu meures au mieux de l'amour humain en le poursuivant toujours jusqu'au jour où tu préfères l'amour divin à l'amour humain. Merci, Thérèse de Lisieux !

C'est très beau tout ça...

Dans l'amour, tu commences par aimer quelqu'un et si tu es capable de développer cet amour, un jour tu vas développer une sorte d'amour qui est au-delà des premières raisons d'aimer cette personne. Ça devient plus spirituel et ça devient plus certain. Tu n'as pas besoin de mots en surcharge pour dire à l'autre que tu l'aimes. Tu n'as même plus besoin de le lui dire. Comme cela arrive chez les gens âgés !

À vous écouter parler d'amour courtois, on a envie de vous demander si le choix d'une vie avec le vœu de chasteté vous pesait.

Non. Il ne me pesait pas. Le danger freudien de trop aimer « ma mère » était réel, comme de faire accroire à une femme qu'elle est unique. L'amour courtois est plus pur. Tu aimes sans comparer.

Si « elle » compare, tu n'es pas obligé de la suivre. Le vrai amour invente à mesure. À vivre trop dans le passé en amour, tu risques de manquer le train de l'avenir.

Saint-Denys Garneau

Un événement important de votre vie universitaire concerne vos rapports d'amour courtois avec Saint-Denys Garneau. Vous vous êtes intéressé assez tôt à lui.

L'histoire de Saint-Denys Garneau, je l'ai racontée tellement souvent ! Je vais la résumer.

Vous vous souvenez qu'à Toronto mon directeur de thèse était Étienne Gilson, en lien avec les Basiliens et le père Flahiff. À Toronto, en 1945, j'avais en premier rencontré une anglophone qui étudiait les jeunes Canadiens français tels que Robert Charbonneau, Robert Élie, Saint-Denys Garneau.

Voici que Monsieur Gilson me dit un jour, dans les années 1950 : « Votre grand poète, c'est Saint-Denys Garneau. » Ce que Madame M.-B. Ellis m'avait dit déjà lors d'une rencontre amicale avec sa mère, chez elle, rue Spadina.

Gilson le connaissait ?

Oui, il le connaissait. Il avait lu *Regards et jeux dans l'espace*. Il avait même écrit à Madame Garneau pour lui dire à quel point il avait apprécié le livre de son fils.

Alors là, j'ai commencé à m'intéresser à Saint-Denys Garneau († 1943) qui, lui, en 1930, avait entendu la merveilleuse conférence de Monsieur Gilson à Montréal.

J'ai voulu m'intéresser aux personnes qui le connaissaient. Robert Élie en particulier, Jean Le Moyne, Robert Charbonneau. Des gens de mon temps. Eux me préparaient une rencontre avec les parents de Saint-Denys Garneau, qui vivaient rue Olivier, à Westmount.

Je les rencontre. À partir de ce moment-là, Madame Garneau, une personne très sensible, très religieuse, religieuse à la façon de ces grandes dames d'autrefois, dans le respect de tous les rites, de toutes les conventions j'oscrais dire, met toute sa confiance en moi. Un jour, elle me dit : « À Sainte-Catherine de Portneuf, on a des écrits, on a des textes, on a tout son journal. » Des parties du journal ont été publiées entre-temps par Robert Élie. « Je ne veux pas montrer toutes ces pages parce que dans ces pages mon Saint-Denys est découragé, il parle de sexualité. » Ce mot-là est tabou pour Madame Garneau, comme pour le milieu de l'époque d'ailleurs. Elle me fait confiance et me donne tout, tout ce qu'elle a en sa possession des manuscrits de son fils.

Moi, qui fais une thèse de maîtrise sur l'édition d'un texte du XIe siècle, je me retrouve au XXe siècle avec des manuscrits de Saint-Denys Garneau. Enfin ! Je vais pouvoir travailler sur des originaux, sur d'autres manuscrits, je vais pouvoir travailler d'une façon scientifique. Je suis littéralement comblé. Des manuscrits au Québec ! Peu importe la date !

Étiez-vous le premier à entrer en contact avec ces textes-là ?

Les amis – Charbonneau, Élie, Le Moyne – savaient depuis longtemps que Saint-Denys Garneau était un grand poète. Ils voulaient le protéger à tous les points de vue. Ils ne voulaient pas que l'on connaisse trop ses textes ni ses lettres de jeunesse. De peur de dévaloriser les textes plus récents.

Moi, j'avais découvert où étaient certaines autres lettres d'amour. Eux, ne le savaient pas. Jean Le Moyne m'en a voulu aussi, et jusqu'à sa mort, d'avoir édité les textes de l'enfance de Saint-Denys Garneau, oubliant que toute La Pléiade procède ainsi... depuis longtemps. Ce que l'amitié peut être aveugle quelquefois !

Avec les manuscrits que Madame Garneau m'avait remis, je me suis mis au travail avec Madame Giselle Huot et des étudiantes des collèges Basile-Moreau et Marguerite-Bourgeois. J'ai intéressé Jacques Brault et son épouse. L'édition est mise en route. Dix ans de travail et d'émerveillement partagé grâce à tous ces jeunes bénévoles, et surtout à Giselle Huot à la mémoire phénoménale. Sans elle, la plus douée, l'édition n'aurait pas été possible.

Vous connaissiez Jacques Brault à l'époque ?

Ah oui, Jacques Brault, un « vieil ami », que j'ai recruté plus tard à l'Institut d'études médiévales. Je connaissais bien sa future épouse, une femme attentive, discrète, précise. Comme Giselle Huot, elle aussi éditrice de talent, de cœur et d'une immense générosité.

Ensemble nous avons préparé l'édition, la première édition des œuvres de Saint-Denys Garneau. J'avais aussi découvert des peintures. Madame Garneau avait caché toutes les œuvres, celles des débuts de Saint-Denys Garneau. Il faisait de la peinture et du dessin sur modèle, et des nus. Elle ne voulait pas troubler les amis avec les aventures artistiques de son cher fils qui, soit dit en passant, avait, selon Mme Garneau, tous les talents et tous les dons. Ah les mères !

Et vous avez rendu ça public ?

J'ai tout rendu public parce que je trouvais qu'il n'était pas honnête de garder ce trésor pour moi. Un jour, j'ai remis une partie des manuscrits à la famille Garneau, qui… les a vendus à Ottawa ! L'autre partie, je l'ai remise à Madame Huot, qui doit les remettre au Centre d'études Saint-Denys-Garneau de l'Université Laval à Québec, quand elle aura terminé ses travaux d'édition des Œuvres complètes.

Quelle belle aventure !

Il y a eu à un moment donné un certain nombre de gens qui ont lu Saint-Denys Garneau comme s'il était une victime du catholicisme.

Oui. C'est un peu la position « théorique » de Jean Le Moyne, un homme de grande culture, patriarche à sa manière et ami personnel de Pierre-Elliott Trudeau qui un jour l'a fait sénateur ! Qu'en aurait pensé Saint-Denys Garneau ?

Frédérique Bernier[4] parle d'icône de la modernité à l'intérieur même. Elle parle d'une expérience semblable à celle du désert dans l'Évangile et elle cite un poème.

Saint-Denys Garneau était catholique, mais en même temps marqué par sa mère. Un catholique inquiet, souffrant peut-être d'une certaine agoraphobie. Il ne pouvait plus aller dans une église, il y avait trop de monde. Il était moins catholique pratiquant que catholique d'inspiration. Son grand ami Robert Élie était croyant. Son ami André Laurendeau, qui était torturé, avait des doutes majeurs sur sa foi à tel point qu'il n'était plus croyant à la fin. Quel monde riche de culture que celui de la pré-révolution tranquille !

Saint-Denys Garneau est actuellement très étudié. Comment expliquez-vous cela ?

Actuellement oui, mais moins dans les années 1970-1980. Saint-Denys Garneau était, disait-on, trop chrétien, pas assez séparatiste, et trop bilingue ! Tout l'éloignera d'une certaine élite « nationaliste ». Il a fallu du temps pour que l'on comprenne que Saint-Denys Garneau n'était pas culturellement politisé et qu'il pouvait être un grand poète sans être un séparatiste à la manière de Bourgault, ni un fédéraliste à la Trudeau.

4. « Figures d'une absence. Poétique de l'icône chez Saint-Denys Garneau », dans le recueil *Constructions de la modernité au Québec*, sous la direction de Ginette Michaud et Élisabeth Nardout-Lafarge, Montréal, Lanctôt 2004.

Jacques Brault m'avait dit: «Attendez, dans vingt ans, ça va s'arranger.» C'est arrivé. Maintenant on parle rondement de Saint-Denys Garneau. Des films lui sont consacrés. Les éditions savantes sont déjà en route. Madame Huot en est la première responsable et la grande maîtresse d'œuvre.

1945 : changement à l'horizon

Vous entreprenez votre carrière universitaire en 1945. Et bientôt le monde va changer...

Passer des études «religieuses» dominicaines à l'université, où il y a un mélange de jeunes, d'anciens, dans un milieu laïque, suppose une certaine adaptation. Surtout que mes nouveaux supérieurs sont des «étrangers» à qui je n'ai pas publiquement promis obéissance jusqu'à la mort...

Voilà qui ne va pas de soi. Par ailleurs, l'esprit communautaire, joyeux et libéral, me va. La variation des idées et des programmes ne me gêne pas. Je n'aurai qu'à être moi-même, fidèle à l'essentiel : donner ma vie aux personnes qui se présentent à moi.

Comment alliez-vous agir ou réagir face à vos étudiants qui à l'époque se devaient d'être «révolutionnaires», sans oublier leur âge?

Certains étudiants étaient plutôt agressifs, anticléricaux. Ils me respectaient, non parce que j'étais curé, mais parce que je préparais mes cours. Ils me le disaient: «C'est pas parce que tu es un maudit curé. C'est parce que tu connais bien ta matière. Tu nous respectes, toi.»

Je me vante un peu trop. J'ai vécu la crise avec eux. Même directeur de département, je me disais: «Si quelqu'un étudie bien, qu'il soit marxiste, qu'il soit athée, qu'il soit accoté, désaccoté, pas d'importance. À mon avis, c'est lui qui a raison académiquement.»

J'ai compris que dans la crise actuelle ce qui comptait, c'était moins le statut social de prêtre ou de laïc que la compétence. Le secret d'un succès professoral tient davantage au travail, aux heures que tu donnes à tes cours. La charité est là : beaucoup étudier pour donner davantage.

J'ai toujours enseigné en préparant mes cours à fond, comme Gilson, comme Marrou. J'écrivais tout ou presque. Les étudiants étaient très sensibles à ces exigences.

L'attrait du Moyen Âge

Est-ce qu'on peut reparler du Moyen Âge ? Vous parlez de saint Bonaventure, de saint Thomas, mais il y a d'autres grandes figures. Est-ce que saint Augustin a été important pour vous, ou saint Bernard, ou d'autres ?

Saint Bernard, je n'ai pas pu l'aimer, Chenu ne l'aimait pas, Gilson l'aimait moins. Mes confrères ne l'aimaient pas. Donc, il devenait plus difficile d'aimer saint Bernard.

Je suis un affectif. Alors...

Les autres ne l'aimaient pas ?

Non à cause de sa sainteté, mais à cause de sa pensée de réformateur, et de ses compromis avec la deuxième croisade et de son opposition à certains intellectuels de son époque.

Vous vous dites affectif. Vous aimez saint Thomas qui ne l'est pas trop. Que pensez-vous de saint Augustin ?

Saint Augustin m'attire toujours. Quel pasteur ! Quel écrivain !

J'ai beaucoup aimé saint Augustin, comme j'ai beaucoup aimé les Cisterciens du Moyen Âge. Saint Dominique les aimait beaucoup. J'ai commencé à les lire. Aelred de Rievaulx écrivait au XIIe siècle sur l'amitié. Il m'impressionne encore. Leur « affectivité » est si mesurée.

Vous avez beaucoup aimé le Moyen Âge ?

Oui. Le Moyen Âge européen et surtout le Moyen Âge français. J'ai d'ailleurs dès 1950 expliqué mon attachement dans *Pourquoi aimer le Moyen Âge ?* (Montréal, Œuvre des tracts). Le Moyen Âge, ce sont nos commencements, nos origines, le temps des fondateurs. Le Canada français, le Québec en particulier, n'en finit pas encore aujourd'hui, par sa toponymie, ses vieux mots, de nous raconter nos « enfances françaises ».

La Renaissance européenne, nous l'avons court-circuitée. Catholiques avant tout ! Le protestantisme anglophone ainsi que la Révolution française « qui tue les prêtres et les rois » n'ont pas tellement de prise sur ce « pays » tout neuf, survivant à la conquête anglaise de peine et de misère.

Vous avez aussi dit, dans Pourquoi aimer le Moyen Âge ? : « *Il y a déjà plusieurs années que j'étudie le Moyen Âge et j'ai rarement eu l'impression qu'en étudiant l'histoire du Moyen Âge, celle du Moyen Âge français surtout, j'étudiais une autre histoire que celle de mon pays.* »

Je venais d'un milieu rural, n'ayant pas connu l'anglais. Les gens parlaient une langue pure, ancestrale.

Revenant à des signes du Moyen Âge, je me souviens, à l'université, d'un univers parfois antique : recteurs, clercs, suprématie de la faculté de théologie dans les défilés, messe du Saint-Esprit au début de chaque année universitaire, parfois une prière avant le cours...

En étudiant le Moyen Âge occidental, je me surprends encore maintenant à m'enthousiasmer : toutes ces richesses artistiques, pensons aux cathédrales, encore en Europe.

Le Moyen Âge a donné naissance à la famille de saint Dominique. En cours de route, je me surprends, à cause de mes origines françaises, à cause de ma religion, de plusieurs institutions dont je vis encore, je n'en finis pas de rêver au Moyen Âge des cathédrales!

Je pense au langage de mon père avec ses mots des XIIᵉ et XIIIᵉ siècles, par exemple accoutumance, attisonner, attrayance, donaison, entailler, estriver, garnement, safre, riser.

Non seulement ma langue, ma famille, mon pays, mon université, mon Église, étaient héritiers du Moyen Âge, mes études en profitaient. Ma spiritualité tout autant.

Chez les Frères Prêcheurs, je retrouve aussi mon Moyen Âge européen, saint Dominique en tête!

C'est surtout par le biais de la spiritualité que je retrouve mon Moyen Âge avec son culte, ses processions, ses reliques, ses dogmes, ses manies. Ce fut une période assez exceptionnelle : un livre, qui est le mien au quotidien, le même, l'inspiré : la Bible. Elle est partout : dans les œuvres de Thomas d'Aquin, comme dans la règle de saint François ; elle est sur les chapiteaux, visualisée dans les rosaces... Paris, les portails de Chartres.

Je ne connais pas de livres sacrés qui aient été traduits, commentés de multiples façons avec autant d'éloquence et d'assiduité. Et ce, contrairement au Coran!

Vous avez approfondi votre connaissance de cette civilisation médiévale dans des études personnelles.

Épris des racines, déjà docteur en sciences médiévales (Toronto), et déjà inspiré par la présence de Gilson et, à Montréal, de Marrou, je me dois d'écrire un livre sérieux, savant, pointu.

Il faut que je « fasse sérieux ».

Dès lors, je publierai chez Vrin *Orose et ses idées* (1965). Orose est un disciple de saint Augustin. Augustin est le grand penseur cher à M. Marrou.

Le livre, quelque peu maltraité par un historien français, J. Fontaine, n'a pas de chance.

Plus heureuse est la parution de *L'historien au Moyen Âge* (1971), aujourd'hui épuisé.

Rien ne réussit cependant à me détacher du Moyen Âge européen. Encore aujourd'hui, je suis de près les publications consacrées à cette période.

Les savants se succèdent. Les points de vue aussi. Je perçois de nouveaux intérêts pour le Moyen Âge, des sentiments masculins et féminins. L'histoire objective des idées n'est pas oubliée, mais d'autres intérêts les supplantent. C'est normal.

L'Institut d'études médiévales

Parmi toutes les institutions que vous avez connues, ce n'est pas téméraire de notre part de nommer l'Institut d'études médiévales. Presque votre bébé!

Ne me demandez pas pourquoi j'ai toujours été attaché aux institutions: la synagogue, mon Église, le gouvernement, et beaucoup l'université, surtout mon Université de Montréal, avec ce joyau que fut l'Institut d'études médiévales.

J'aime les institutions. L'avenir des universités me préoccupe. Le rapport entre la recherche et les universités. Et l'indépendance d'esprit des universités, dès leur fondation, qui se trouve menacée, parce que les nouvelles universités devront être financées par des compagnies, par des millionnaires. Et la liberté académique?

Moi je suis né comme dominicain dans un monde (XIIIe siècle) où il y avait l'université des étudiants et des professeurs. Parfois, on tient tête au gouvernement, on en appelle à Rome. C'est afin de se soustraire aux exigences du pouvoir civil.

Aujourd'hui, je me retrouve avec une université tricéphale: l'université des étudiants, avec ses associations qui peuvent faire la grève; l'université des professeurs, qui elle aussi peut faire la grève; et l'université de l'administration, qui, elle, domine tout, qui a des sous, les budgets, et qui est reliée au gouvernement.

Il ne faut pas rêver en couleurs, c'est le monde capitaliste instruit. L'université ne peut pas faire autre chose, ni autrement, que de risquer – à chaque budget – sa vie et parfois sa réputation.

Elle a les mains liées.

Sans le savoir. Je ne crois pas qu'elle puisse faire autrement. Ce n'est pas une attaque à la liberté. C'est une société qui joue à la liberté et qui en même temps pour réussir est prête à sacrifier une certaine partie de sa liberté. Il faut bien survivre! L'argent vient d'ailleurs.

C'est une société qui parle beaucoup de liberté d'esprit, mais qui le vit difficilement.

L'universitaire, il faut qu'il travaille beaucoup, il faut qu'il enseigne beaucoup, et il faut qu'il publie en même temps… et il faut qu'il se trouve des octrois de recherche… C'est un monde!

Vous êtes préoccupé parce qu'il y aura toujours un problème de financement?

L'argent s'en mêlant, on oublie la réalité: celle des chercheurs, des laboratoires, des équipes scientifiques.

Mais parlez-nous plutôt de votre célèbre « Institut d'études médiévales » (1945-1990).

Une université à l'intérieur de l'université. Un peu à la manière médiévale: solidarité à toute épreuve entre les professeurs, les étudiants et le personnel auxiliaire. Des livres, une bibliothèque pour consolider le programme. Un programme unique en son genre, qui peut réunir des « moines », un rabbin, des laïcs, hommes et femmes (nous avons été les premiers à engager une femme en philosophie). On y enseigne au même endroit les matières les plus diverses : des neumes à la plus haute théologie, sans oublier l'islam et la pensée juive.

Donc vous donnez aux étudiants des cours de philosophie juive et de théologie luthérienne ?

Oui. J'ai engagé un rabbin. Le rabbin Denburg, qui a enseigné la philosophie juive ici à l'Université de Montréal. Il enseignait Maïmonide, son préféré.

Ensuite, il y avait le père Anawati qui enseignait l'islam. C'est par lui que j'ai mieux connu Averroès, Avicenne, des génies de la pensée oubliés.

Marie-Alain Couturier et le *Refus global*

Vous avez commencé à enseigner à l'Université de Montréal en 1945. Vous parliez du climat très clérical. Est-ce que le Refus global *vous a marqué ?*

Pas du tout.

J'étais au courant, puisque j'ai écrit pour approuver Robert Élie, dans un compte rendu qui a paru dans la *Revue dominicaine.*

Je pense que c'était en 1949. Robert Élie avait dit : « Attention ! le *Refus global,* il y a quelque chose de positif dans ça, malgré le refus… absolu. » Et moi, j'avais adopté le point de vue de Robert Élie. Ce qui avait beaucoup choqué Edmond Robillard († 2007) qui, lui, étant de l'autre aile, considérait le *Refus global* comme un acte d'athéisme.

Le père Régis connaissait Borduas. Borduas venait voir le père Régis. Je me disais que dans le *Refus global,* c'est l'anticléricalisme, c'était en quelque sorte l'écœurement verbal face à une situation où la morale catholique faisait oublier les grands mystères de la vie, de l'amour, voire de l'art.

Plus tard, j'ai perçu que le *Refus global* était prophétique. Je peux dire que, eux, quand ils l'ont écrit, ce n'était pas tellement prophétique. C'était simplement un acte de guerre contre cette forme de religion qui ne pouvait pas durer.

Pour moi, il y a deux aspects dans le *Refus global*. Il y a le *Refus global* de personnes blessées, dont je ne peux nier la sincérité et ensuite, plus tard, le *Refus global* de celles qui se sont approprié cet acte-là pour se valoriser elles-mêmes.

Moi, j'ai un grand respect pour les gens qui ont signé, moins de respect pour ceux qui… refont rétrospectivement l'histoire ignorée du *Refus global*.

À l'époque du Refus global, *il y a un personnage qui est apparu dans votre vie, le père Couturier.*

Le père Couturier appartient à un univers dont je soupçonne dès le début qu'il est important. Lui, frère dominicain tout simple, sans trop de paroles, bien que français, il vit avec nous durant les années de guerre. Il est ici pour observer, constater, conseiller.

Physiquement assez maigre, il a un visage ascétique, il est très doux dans ses paroles autant que volontaire et ferme dans ses écrits.

Sa force première est son humilité. L'intérêt positif qu'il porte à l'art, à la peinture, au sacré nous le rend attachant et utile, pour ne pas dire nécessaire.

Je l'aime parce qu'il écoute. Et pourtant, il sait si bien discourir. C'est un priant, donc un vrai frère en saint Dominique. Quelqu'un qui croit aux artistes, peintre à l'occasion, assez critique.

Le père Couturier a appuyé Borduas.

Absolument! Le père Couturier était de l'avant-garde, mais, en même temps si impressionnant, si discret.

Le père Couturier, c'était un pur. Comme Borduas. Moins militant peut-être, intérieurement plus éloquent. Un artiste du sacré, large et généreux.

Le père Couturier, il est devenu pour nous très important. On publie des livres sur lui. J'avoue aujourd'hui qu'il est plus utile et plus facile de rencontrer de telles personnes au moment où elles sont moins connues. On les voit mieux, avec des yeux moins distraits.

Ça nous ramène au temps du père Régis?

Régis et Couturier se connaissaient. Tous deux sont des religieux instruits, libres. Ils n'ont pas besoin des autres pour se valoriser, ni d'un André Breton pour penser et dire leur point de vue.

Vous avez rencontré Borduas?

Personnellement, je n'ai pas fréquenté Borduas. Mais mon «idole de professeur», le père Régis, connaissait Borduas, le rencontrait. Pourquoi? Où? Comment? Je l'ignore.

Par le père Régis, j'apprendrai que Borduas, devenu anti-clérical, était un artiste vrai, un artiste à comprendre, à aimer. L'art a besoin d'air frais et de liberté : Borduas était un «ascète» de l'air pur et frais.

À l'origine, le *Refus global* (1948) était un acte libre. Peu à peu, il deviendra l'affaire d'un clan convaincu, à sa manière, dont certains disciples jugeront parfois de haut certains autres grands, tels Pellan, même Riopelle, jusqu'à oublier le grand Muhlstock.

Quant à moi, mon amitié respectueuse pour Robert Élie (1915-1973), le plus grand, le meilleur ami de Saint-Denys Garneau, m'invitait à nuancer des propos parfois gratuits face au *Refus global*.

Régis se tait, Couturier évite les mots piégés, mais ils comptent tous les deux, et sans se concerter, parmi les rares membres du clergé au Québec à prendre au sérieux et sans les condamner les invectives du *Refus global*.

Cela, deux ans à peu près avant *Cité libre*!

Quelle est votre conclusion sur les descendants du Refus global *en 2008?*

Puis-je conclure que j'ai toujours pensé depuis mes études en art médiéval et la rencontre de quelques artistes, dont le père Couturier, Robert Élie à sa façon, que les artistes du beau sauveraient le monde.

La vérité trop souvent divise. Le beau unifie.

Mais j'aimerais mieux reparler de mon Moyen Âge que du *Refus global*!

Pourquoi hésitez-vous tout à coup?

J'ai toujours peur d'être injuste envers Borduas et surtout envers certains de ses héritiers en leur imposant des intentions d'un autre ordre. D'ailleurs, je devrais me taire. Je ne suis ni peintre ni artiste engagé.

Disons que mon univers culturel – suis-je prétentieux? – m'invite à regarder plus loin ou même ailleurs que le seul *Refus global*. L'année 1948, c'est avant tout celle de la Déclaration universelle des droits de l'homme, votée le 10 mars par l'Assemblée des Nations unies. J'entends dire par des voix autorisées que mon mentor, Étienne Gilson, est mêlé étroitement à la rédaction de cette charte si importante aujourd'hui. L'année 1948 est aussi celle du fleurdelisé qui n'est pas sans importance dans l'affirmation du fait québécois. L'année 1948 est celle de la création d'Israël, de la partition de Berlin et de l'assassinat de Gandhi. Comprenez pourquoi j'ai hésité et j'hésite encore à donner aux héritiers du *Refus global* toute l'attention qu'on leur accorde en 2008. D'ailleurs, je l'avoue : le dogmatisme de certains propos me rappelle trop celui dont a abusé la communauté croyante. Vous connaissez le célèbre mot de La Bruyère : «C'est la profonde ignorance qui inspire le ton dogmatique.» Félix Leclerc aurait traduit par «l'ignorance a le mépris facile».

Mais j'avais pourtant pris la résolution de ne plus épiloguer sur le sujet, ah! que la chair est faible!

La découverte de l'Europe

En 1952, vous êtes allé en Europe?

Oui. Je suis allé me perfectionner aux Hautes Études à Paris et faire un peu plus de paléographie. Le cours de paléographie, je l'avais suivi à Toronto. J'avais besoin des maîtres français pour me situer culturellement. Benoît Lacroix, professeur de paléographie? J'en suis encore étonné. Pourtant, et pendant plusieurs années, à l'Université de Montréal, il en a été ainsi. Disons que cette science m'obligeait à beaucoup de discipline. Les mots sont là. Il n'y a rien à changer, tout à lire plutôt. J'y apprends une certaine rigueur à respecter les mots et à modérer les instincts de mon imagination.

Qu'est-ce que ça a été pour vous, le contact de l'Europe?

Émouvant. Je n'oublierai jamais. À Cherbourg, quand je suis arrivé en Normandie, la première fois, incomparable moment! j'en étais ému jusqu'aux larmes. Toutes les «vieilles chansons» de France que j'aimais tellement, elles venaient de ce pays dont je foulais le sol.

Ces souvenirs sont encore présents à ma mémoire. Si présents! Comme si c'était hier.

C'est merveilleux!

Je m'émerveille trop facilement? Peu importe! C'est merveilleux, objectivement merveilleux, que j'aie pu rencontrer tous ces savants! Et les voir et les visiter. La France que mon père aimait tellement sans l'avoir vue et qu'il me faisait aimer «dans la foi», je la voyais de mes yeux et j'entendais ses mots de vive voix. Ses mots si beaux, si bien dits. Entendre parler les enfants de France me rendait euphorique.

Vous avez gardé des contacts par la suite?

Souvent... et jusqu'en 2005, j'ai eu l'occasion de retourner en Europe, surtout à Paris et en Normandie.

Je m'y retrouve chaque fois chez moi : à Caen, à Courseulles, à Paris, au couvent Saint-Jacques, chez Vrin, Place de la Sorbonne. Je ne m'en fatiguerai jamais.

Vous êtes allé en Europe en bateau?

Pas le *Titanic*, l'*Homeric*! Taille moyenne, prix abordables. Sept jours en mer! Une expérience inoubliable du temps, de l'espace et des caprices de l'océan.

C'est impressionnant, après avoir lu sur l'Europe toute notre vie, d'y mettre les pieds.

C'est toujours émouvant pour moi de me retrouver sur la terre de mes ancêtres, en Normandie, en Poitou.

Moi, instruit à la maison par l'*Almanach du Peuple*, j'étais maintenant noyé de livres français et de manuscrits du XIIIᵉ siècle.

À Toronto, j'ai étudié le Moyen Âge théorique. J'ai étudié l'Europe théorique. J'ai lu Dawson, *The Making of Europe*. J'ai lu des livres qui m'expliquaient la naissance des pays européens. Et, plus tard, je suis arrivé sur la terre des ancêtres. Mes lectures devenaient des réalités.

Vous aviez soif de visiter...

J'allais souvent à Chartres, j'allais visiter les autres cathédrales. J'ai beaucoup, beaucoup visité.

Je me suis retrouvé tout à coup assistant des aumôniers des étudiants au Centre Richelieu à la Sorbonne. J'étais jeune, canadien, francophone, à Paris, très en demande! Avec des centaines d'étudiants et étudiantes.

Nous partons en voyage, en pèlerinage (le mot officiel!) en Terre sainte, à Jérusalem, à Assise, à Rome. J'y ai vécu des heures magiques d'amitié et de vérité. Je les aimais beaucoup, ces jeunes. Ils m'aimaient tout autant. Jamais je ne me suis senti, moi, canadien-français, autant français de cœur et d'esprit qu'avec ces étudiants et étudiantes d'Europe, d'Afrique, d'Asie.

Quelle émotion ressentiez-vous quand vous êtes entré pour la première fois à Chartres par exemple?

Une admiration sans borne pour les clercs du Moyen Âge, et les artisans qui ont pu, avec les moyens du bord, j'oserais dire aujourd'hui, créer un tel chef-d'œuvre.

Encore aujourd'hui, je ne peux pas imaginer quelque chose de plus beau que Chartres, que Notre-Dame de Paris. Quand j'y pense! Ça se passe au XIIᵉ siècle! Leur technique? Nos stades olympiques n'arriveront jamais à cette grandeur. Je suis encore ébahi. J'ai vu aussi le Parthénon. Le génie grec! Peut-être à la source du génie des chefs-d'œuvre du Moyen Âge!

Je me sens bien petit devant tant de grandeur!

Une fois le doctorat acquis à Toronto, me voilà à Paris, en novembre 1952, à un moment où les Canadiens ont la meilleure cote. Les portes de la Bibliothèque nationale (rue Richelieu) s'ouvrent pour moi. Je peux voir, toucher, consulter des manuscrits de l'époque, les regarder à mon aise.

Ah! les enluminures! Autour d'une seule lettre, ou des premiers mots (incipit), que de chefs-d'œuvre!

Paris devient peu à peu pour moi la ville d'art et de savoir par excellence. Je me disais que les chanteurs, les peintres, les poètes, qui s'inspiraient de Paris disaient la vérité. Je me surprenais à désirer qu'un jour ma ville de Québec devienne elle aussi une cité de l'intelligence en Amérique française! J'en ai rêvé.

Vous étiez bien accueilli à Paris, donc...

J'arrivais là-bas, j'étais canadien et j'avais du front (à ce moment-là, les Canadiens, on était les sauveurs – il y a des milliers de Canadiens qui sont morts pour la France).

On était reçus partout. On était portés aux nues.

Vous aviez des privilèges?

J'avais une lettre de Gilson et, plus tard, une lettre de Marrou. J'étais canadien. J'étais professeur à l'Université de Montréal. J'étais de l'Institut d'études médiévales, qui publiait à Paris, chez Vrin. Bref, j'étais un chercheur privilégié.

À la Bibliothèque nationale, on m'apportait les manuscrits les plus célèbres des VIIIe et IXe siècles. Je les ai feuilletés, en extase devant les enluminures. L'Europe devenait comme une deuxième patrie, et Paris ma capitale!

Vous avez fait d'autres séjours en Europe?

Oui, à l'École des chartes. Et je suis allé souvent à Paris. Paris, pour moi c'est très important. J'adorais Paris. La beauté de Paris... L'architecture de Paris. Le régionalisme dans Paris. La diversité des origines. Ils sont tous français.

Ici, nous avons beaucoup de difficulté à intégrer un Européen. Eux, ils ont de la difficulté à intégrer les Arabes!

C'est la terre des origines. Mon père chantait une chanson: «Jadis la France sur nos bords». Les paroles sont de Louis Fréchette.

(Il chante):

> Jadis la France sur nos bords
> Jeta sa semence immortelle
> Et nous, secondant ses efforts
> Avons fait la France nouvelle
> Ô Canadiens, rallions-nous
> Et près du vieux drapeau

Symbole d'espérance
Ensemble crions à genoux (bis)
Vive la France !

Plus tard un pouvoir étranger
Courba nos fronts un jour d'orage
Mais même au moment du danger
Dût compter sur notre courage
Ô Canadiens rallions-nous
Et près du vieux drapeau
Symbole d'espérance
Ensemble crions à genoux
Vive la France !

C'est quelque chose, hein ? Cet hymne à la France éternelle, je le sais encore par cœur !

La famille Vrin

Vous avez connu en particulier la famille Vrin.

Là, j'ai rencontré des chercheurs qualifiés. Avec qui j'ai parlé. Je suis allé souvent chez Vrin. J'ai connu le père Vrin, le fondateur des célèbres éditions de la « Place de la Sorbonne », j'ai connu Madame Vrin, qui m'aimait beaucoup. Des personnages attachants, agents d'affaires autant que de culture. Ce que je ne voyais pas souvent à l'époque en Amérique française. Donc, à Paris, je rencontre les premiers éditeurs Vrin, le père, la mère, les autres, les Paulhac, les collaborateurs Vignaux, Madame d'Alverny, paléographe exceptionnelle, Maurice de Candillac, etc.

Madame d'Alverny était spécialiste des textes latins relatifs au Moyen Âge musulman. Quelle richesse d'esprit !

Des gens d'un immense savoir.

C'est merveilleux.

Oui. Je m'émerveille encore. C'est merveilleux tel quel, objectivement merveilleux que j'aie pu rencontrer ces gens-là à Paris.

Vous avez gardé des contacts par la suite ?

J'ai 93 ans, les gens partent, et moi je dure… toujours avec la même mémoire que si Québec était Paris !

Pendant ce temps, en Bellechasse...

Pendant tout ce temps où vous deveniez un universitaire, un professeur «populaire» connu, qu'en est-il en Bellechasse de votre famille ?

Mon frère Alexandre († 1983) était prêtre séculier, longtemps curé d'une paroisse de défricheurs et de cultivateurs. Savoir son frère savant, universitaire, l'impressionne, l'honore. Jaloux ? Je ne pense pas.

Mais pour être bien certain que mes diplômes ne dérangeraient pas la famille au point de faire de moi un «héros» du savoir, il utilisera l'ironie, la moquerie fraternelle. Je me souviendrai toujours de ce midi, à la grand-messe en l'église Sainte-Sabine-de-Bellechasse, quand le prêtre et curé Alexandre, mon frère, fit un long sermon et commentaire autour du texte paulinien : « La science enfle, la charité édifie. » Heureusement que plusieurs de ses paroissiens luttaient difficilement entre l'écoute et le sommeil.

Moi, j'ai dû écouter cette homélie qui était plutôt un avertissement donné à son frère doctoré qu'à ses paroissiens bûcherons humbles et inoffensifs.

Mon père, pour sa part, savait à sa façon me protéger de toute fausse gloriole. Sagesse de paysan ! Pas de félicitations officielles ! Surtout pas.

Ce qui plaisait le plus à mon père vraisemblablement, c'est que j'étais l'enfant le plus instruit de la paroisse et que le dimanche parfois je «chantais» la messe là devant tout le monde à l'autel en haut des marches.

Mon père disait devant moi que mon diplôme de doctorat se résumait à du papier. Mais une fois, mon frère l'avait surpris à déclarer: «Vous savez, là, vous autres, j'ai un gars, il est intelligent, c'est pas possible, il est dans une université, là, puis il parle partout, tout le monde comprend, c'est beau.»

C'était quelque chose pour votre père?

Pour lui, c'était presque inimaginable. «Sortir» du Troisième Rang... et maintenant me voir à l'université. Encore aujourd'hui, en 2008, ma paroisse en Bellechasse organise un festival choral, et me voilà à l'honneur! La bibliothèque du village a été nommée Bibliothèque Benoît-Lacroix. Ça me touche de voir ces bonnes gens apprécier le travail intellectuel sans toujours y participer directement.

Vous êtes une référence.

Une référence, imaginez! Heureusement que mon père ne vit plus. Il aurait encore de ces sourires moqueurs... et approbateurs.

Raymond Klibansky

Après la guerre, arrivent des gens, entre autres Klibansky, que vous avez bien connu, qui est arrivé d'Europe mais à McGill.

Autant Gilson me renvoie à saint Thomas d'Aquin dans le texte, et par Thomas à Aristote, autant le flamboyant et inimitable humaniste Klibansky († 2005) cible Platon.

Deux géants qui se surveillent. Gilson est d'avis que Klibansky est cachotier, qu'il possède des textes du Moyen Âge qu'il ne partage pas. Klibansky, davantage international et indépendant, ne dit mot. Un silence que Gilson aimerait moins parfait.

Cette rivalité sourde entre deux «maîtres» incomparables était pour moi comme une leçon d'humanité. Si grand soit-il, l'être humain demeure limité, subtil, ambitieux à l'occasion.

Pour revenir à Raymond Klibansky, je ne puis que partager l'estime que les étudiants lui vouaient. D'ailleurs sa douce petite voix fruitée quand il enseignait, son arrivée à la salle de cours, légèrement en retard, sa «valise» pleine de livres quand il entrait et sa façon d'enseigner Platon et son histoire médiévale, avaient de quoi subjuguer. C'était là un magicien à la Régis. Moins philosophe, mais plus instruit.

Klibansky improvisait... en apparence, citait de mémoire *Timée*, *Le Banquet*, revenait à *Lysis*, et ainsi de suite, cité en grec, s'il vous plaît ; il vous regardait comme s'il vous préférait.

Ce professeur n'était pas là pour nous convaincre mais pour nous faire aimer les philosophes grecs. Inoubliable.

J'ai été très près de Klibansky, jusqu'à la fin de sa vie. Nous étions au plus une dizaine de privilégiés à venir chez lui, invités, rue Sherbrooke, à causer assis devant sa bibliothèque «savante».

Klibansky était pour moi l'humaniste européen et le médiéviste éclatant. En même temps, un ami de la Renaissance. Trop grand peut-être pour être un modèle, mais quel privilège d'avoir côtoyé de près un tel homme, ouvert à tant de perspectives.

Klibansky avait travaillé sur Nicolas de Cuse ?

Oui, et ensuite avec les Bénédictins de Belgique, de l'abbaye du Mont César.

Votre nom a été associé au sien.

À sa mort, j'ai été choisi pour prononcer l'éloge, avec Georges Leroux, philosophe et professeur à l'UQAM. Celui-ci était plus près de Klibansky que moi.

Georges Chehata Anawati

Vous avez nommé le père Anawati.

Je le nomme pour deux raisons. Comme frère en saint Dominique et comme collègue à l'université.

Chaque fois qu'il séjournait dans nos maisons et enseignait à l'Université de Montréal (Institut d'études médiévales), l'Égyptien copte Georges Anawati († 1994), converti au christianisme grâce à la lecture de Maritain, nous initiait à l'islam et à la fréquentation de quelques penseurs arabes du Moyen Âge que saint Thomas lui-même « fréquentait ».

Le père Anawati avait l'avantage d'être unique en son genre… et en son territoire : il était charmant, charmeur, il apparaissait aux étudiants comme « un ange descendu du ciel » pour leur enseigner du neuf.

À l'époque, la pensée de l'islam n'était guère connue. L'Institut d'études médiévales innovait en ce domaine, comme en histoire des idées.

Anawati n'était pas un chercheur à la manière de Gilson ni un humaniste à la manière de Klibansky. C'était plutôt un « envoyé du ciel » qui venait nous informer. Généreux, espiègle jusque dans ses gestes, fraternel, explosif mais sans s'imposer.

Il nous apprend par sa seule présence que l'Occident n'est pas seul ni unique au monde.

Le père Anawati m'a ouvert les yeux à l'Orient islamique d'une manière positive. Il m'a appris sans le vouloir que la Bible est le livre d'une autre culture vivante, actuelle, riche jusqu'à l'infini. Le goût de lire le Coran me prenait, mais je n'avais pas le temps d'y mettre toute mon attention. Dommage.

Orose et ses idées

Donc, vous êtes à l'Université de Montréal, et vous avez fait votre thèse sur Orose, Paul Orose.

C'est-à-dire qu'après avoir fait ma thèse sur les historiens anciens, j'ai publié sur un auteur plutôt inconnu qui faisait partie de ma recherche à l'époque.

Orose est un des collaborateurs de saint Augustin.

Oui, c'était un collaborateur de saint Augustin. Il n'était pas très connu à l'époque. Aujourd'hui, il est beaucoup plus souvent édité. Moi, je me suis lancé dans ça.

Son œuvre était un dérivé de la Cité de Dieu*?*

Oui, c'est-à-dire que le problème est le suivant. Quand les Barbares, pour les appeler par leur nom, sont entrés dans Rome en 410, saint Augustin a déprimé, comme on dit. Comme les Français quand Hitler est arrivé à l'Arc de triomphe. Et il s'est demandé quel était le sens de l'histoire. Deux cités qui se partagent l'univers, la cité du bien et la cité du mal. À un certain moment, on a l'impression que le mal va l'emporter, mais tout à coup revient le bien. Et ce n'est qu'à la fin des temps que l'on aura une distinction définitive où la cité du bien sera la cité dite éternelle.

Mais mon Orose, lui, voulait prouver que l'Empire romain allait durer quand même. Les gens au Moyen Âge ont pensé à ça. Il va ressusciter. Étant donné que la cité du bien va ressusciter, après la guerre, Orose a pensé que l'Empire romain allait ressusciter.

Orose ne pouvait pas, ne voulait pas oublier que, sous cet Empire romain, le Christ était né. Donc c'était le meilleur empire, puisqu'il avait donné naissance au plus grand citoyen du monde, le Christ Jésus.

Pourquoi l'empire tel quel ne serait pas « divin » ? Je pense au sacre de Napoléon, au rêve de Mussolini...

Mais c'est important, un mythe qui a survécu à travers les âges.

La France éternelle, un peu ça !

Hitler a rêvé la même chose.

Bien oui. L'Empire germanique était déjà en vogue au XIIe siècle, au temps des Frédéric Ier et II.

Vous avez publié votre livre chez Vrin ?

Oui, chez Vrin.

Vous avez publié autre chose aussi chez Vrin ?

J'ai publié *L'historien au Moyen Âge.* C'était une conférence que j'avais donnée, mais élargie pour la publication : un succès. Le livre sert de base à une recherche en Sorbonne.

Quant à *Orose et ses idées*, il a presque été enterré de son vivant. Aujourd'hui, il est réédité. D'autres textes ont paru. Si mon livre est oublié, l'auteur, lui, ne l'est plus. Que demander d'autre ?

Paul Zumthor

Revenons à l'Université de Montréal, à l'Institut d'études médiévales. Vous avez connu Paul Zumthor ?

Très bien. Je l'ai même intronisé par une allocution à la Société royale du Canada en 1982. J'ai été son « patron » à l'Institut, en tant que directeur de l'institution.

Fervent européen, homme de lettres, cultivé, écrivain, historien, même romancier, merveilleux pédagogue. Quelle culture !

Voici une anecdote. Nous avions décidé, Zumthor et moi, pour ne pas avoir à corriger trop d'examens, d'enseigner à tour de rôle le vendredi après-midi. Des cours de trois heures. En hiver, les étudiants venaient, même en vêtements de ski.

Les amphithéâtres étaient pleins. Cent vingt, cent trente étudiants.

C'était couru, ces cours!

Oui, parce que Zumthor et moi nous enseignions à la manière de la tradition orale. On racontait que tel roi, telle bergère… Tout dans l'exactitude, mais sur le ton du récit: «Il était une fois.» Ajoutez les gestes, les attitudes, les citations mimées, choisies. Zumthor avait en plus le sens du théâtre.

Lui et moi, nous enseignions en marchant. Quitte à nous arrêter pour lire un texte essentiel, donner une date, rappeler un fait. Enseigner, c'est nourrir, énergiser l'intelligence.

De précieux collaborateurs

Que de noms encore reliés à mon statut de professeur et directeur de l'Institut d'études médiévales: l'abbé Philippe Delhaye, prêtre belge, grand historien de la morale et… de la pilule contraceptive.

Bruno Roy, un compatriote, chercheur ingénieux, raffiné, spécialiste en courtoisie médiévale sexuelle[1]

Je pense aussi aux dévoués R.-M. Giguère († 1986), directeur-fondateur de la bibliothèque, A.-M. Landry († 1988), travailleur, discret, efficace. Deux confrères et collègues indispensables.

Sans ces deux derniers, l'Institut n'aurait jamais été ce qu'il a été. Le père Landry, un éditeur extraordinaire et Raymond-M. Giguère, l'unique bibliothécaire-fondateur. Deux vrais maîtres d'œuvre pour l'Institut.

Louis-Bertrand Geiger

Le père Geiger a enseigné ici?

Il a enseigné ici pendant quinze ans, à l'Institut d'études médiévales.

Monsieur Gilson disait que c'était un des meilleurs philosophes français de l'heure. Un homme silencieux, un peu nostalgique, attentif. Il parlait peu mais réfléchissait beaucoup. Il avait le flair des étudiants.

Je vais vous raconter une autre anecdote. Il est arrivé à un moment où les étudiants refusaient tout. Il y avait seulement Sartre qui passait la rampe. Geiger propose un cours sur Thomas d'Aquin. Évidemment, « on ne veut pas avoir Thomas d'Aquin ». Geiger se présente au deuxième cours, avec trois ou quatre textes de Sartre et, sans jamais le nommer, il enseigne Thomas d'Aquin toute l'année. Au dernier cours, il relit son texte sur Sartre et les étudiants ont dit qu'il était extraordinaire.

Geiger, c'était sa joie, sa vengeance contre ces petits Québécois dont certains se prenaient très au sérieux.

Il devait enseigner quelque chose comme L'essence et l'existence ?

Oui, *L'essence et l'existence,* la métaphysique.

Il avait fait sa thèse sur la participation chez Platon. Un livre réimprimé.

Il analysait mieux que son collègue Pohier les rapports entre la culpabilité, l'existence et la vérité.

Donc, ce n'était pas simplement un commentateur scolastique ?

Non, non. C'était un penseur.

Il avait intégré un peu la pensée moderne ?

Oui, oui. En ayant bien étudié les Grecs, ce n'était pas difficile pour lui d'intégrer tout à coup les modernes. Les catégories des modernes sont nées de la *Métaphysique* d'Aristote. Être, devenir, action, passion, lieu, identité, qualité, c'est la même chose.

Quelqu'un qui a une base métaphysique peut comprendre aisément la pensée de Sartre.

Geiger me disait : « Avec Aristote et Thomas d'Aquin, il y a un pan de l'existence qui nous manque, c'est le pan de la subjectivité. On s'en méfie trop. On attache à la subjectivité un sens négatif.»

Geiger insistait: «La subjectivité a ses droits. Il faut les connaître.» Nous avons tellement été formés par Langlois-Seignobos, l'introduction de l'histoire savante... dite objective.

Mais moi, je connaissais maintenant Marrou qui, lui, s'en allait vers l'histoire subjective, ce n'était pas encore l'herméneutique. Mais Marrou précède Ricœur.

En tout, il y a un texte, et il y a celui qui l'a écrit. Nous, on ne s'occupait pas de celui qui l'a écrit.

Certains auteurs modernes montrent que l'opposition entre Aristote et Platon n'est pas aussi nette que ce qu'on a dit.

Je crois qu'on a durci cette opposition-là.

On aurait intérêt à marier les deux.

Absolument.

Je suis un lecteur assidu de la *Métaphysique*. Ce qui énerve Aristote à propos de Platon, c'est que tout à coup il s'éloigne de la réalité et il commence à prendre ses idées comme un en-soi. Il ne se moque pas des idées telles quelles, mais de l'usage que Platon fait de ses idées.

Il s'éloigne trop du terrestre.

C'est ça. Au lieu de rester sur le terrain.

Revoir nos appartenances

Vous êtes à l'université à une époque de grands changements. Les générations se succèdent. Nous sommes tous obligés de faire de nouvelles appropriations, de revoir nos appartenances. Qu'en est-il de vos appartenances à vous? À l'époque? Aujourd'hui?

Je suis né de la Nouvelle-France. Mon pays naturel, c'est le Canada français. Mon pays «politique» est pour l'instant le

Québec… de 1867. J'aspire à un pays premier, élargi, naturel. Les frontières dites provinciales sont d'une autre époque. Je me rappelle Gatien Lapointe !

J'aime le drapeau fleurdelisé qui incarne mon pays de 2008, la suite de la Nouvelle-France.

Mon pays de 2008, c'est aussi le Québec de tous ceux qui, sachant qu'il est pratiquement bilingue, voire trilingue, et que le français en est la langue première et obligatoire, ont choisi d'y vivre.

Mon pays est la synthèse du fleuve et du continent encadré des Laurentides et des Appalaches. La synthèse entre la Nouvelle-France et le Canada français *at large*. Je crains que la politique divise et compromette les plus nobles causes.

Si quelqu'un étudiait vraiment l'histoire du catholicisme ici, ses cent dernières années, ça donnerait des éclairages pour comprendre l'histoire du mouvement nationaliste, par exemple.

Le mouvement nationaliste a été à ses débuts directement lié au catholicisme. Aujourd'hui, sous sa forme québécoise radicale, la religion catholique n'est pas la bienvenue. Loin de là !

Est-ce qu'il n'y a pas la même recherche d'une mystique collective ? Est-ce qu'inconsciemment un certain nombre de Québécois ne cherchent pas une ferveur qu'ils ont perdue ailleurs ?

La question est bonne, j'ai de la difficulté à y répondre.

Ça voudrait dire que le nationalisme c'est la religion laïcisée ?

Je crois que oui chez plusieurs indépendantistes. Moins chez les souverainistes. Les indépendantistes, c'est le noyau dur, les 30 %. Mais les souverainistes ? Ils recherchent une formule plus politique. Pas au nom d'une mystique religieuse. Une mystique laïque, insuffisante à long terme, mais urgente à court terme.

Qu'est-ce qui vous préoccupe, vous l'historien, de nos origines canadiennes-françaises?

Ce qui m'intéresse, c'est la vie des Canadiens français en Amérique. Ce qu'on peut appeler génériquement l'Amérique française. À la manière de Gatien Lapointe:

> Ma langue est d'Amérique /
> Je suis né de ce paysage.

Pour que survive le peuple canadien-français, il faudra une forte nation «française» en Amérique.

C'est pour l'instant le Québec. D'autres formes de regroupement sont encore possibles. L'histoire continue. Plus le Québec s'affirme comme lieu précis de culture française, mieux se disent les Canadiens français en Amérique. Je trouve pour l'instant le nationalisme québécois authentique et prometteur. Sans lui, que serait le Canada tout court?

Aujourd'hui, vous croyez que le nationalisme québécois serait plus efficace à long terme s'il proclamait l'indépendance?

Pour survivre en milieu global, je dirais mondialisant, la minorité doit elle-même afficher un certain radicalisme. Du moins pour attirer l'attention des majorités et se protéger contre les abus des autres intéressés à la seule survie politique du moment. Les politiciens se doivent, par droit et par devoir, d'être assez opportunistes.

Le nationalisme québécois a pris diverses formes à travers notre courte histoire depuis que nous avons été laissés à nous-mêmes en 1760.

Je suis en admiration continue devant la ténacité de ce petit peuple (j'aime ces mots). Ténacité, entêtement, on ne peut dire mieux.

Peut-être que cette forme politique proposée par René Lévesque d'un pays autonome mais associé mériterait d'être révisée, associée davantage à une vision plus large et plus culturelle du fait français en Amérique. Peut-être !

Pour grandir et nous imposer mondialement, nous avons besoin de tous les « autres » Français canadiens. Parce que de plus en plus fragiles et faute de natalité appropriée et pour avoir mis de côté notre composante spirituelle, il nous sera difficile, à moins de pratiquer la violence, de trouver en fait la forme d'autonomie dont nous rêvons depuis 1970.

Vous avez dit quelque part que René Lévesque, le Gaspésien, représente la réalité du Québec, et que Trudeau représente un projet.

Trudeau avait un rêve extraordinaire, sinon démesuré en Amérique du Nord, rendre le Canada bilingue, au moins sur le plan du fonctionnement de l'État. Avait-il prévu que le chinois pourrait devenir la troisième langue ? et l'espagnol ? d'ici l'an 3000 ?

Il espérait… Un rêve ! Un beau rêve ! Mais la réalité…

Qui sait si les anglophones et les francophones *from coast to coast* ne devront pas se donner la main pour garder au Canada sa nature première de pays bilingue ? Qui sait ?

La Suisse a quatre langues et elle n'en meurt pas.

Une seule langue commune du commerce, comme le latin le fut culturellement dans l'Église jusqu'au milieu du XXe siècle, ce n'est pas si anormal. L'essentiel, c'est la culture qui se donne, qui inclut une langue correcte et des valeurs spirituelles affirmées.

Vous avez écrit aussi un jour que le Québec est un pays réel, le Canada un pays en devenir. Le diriez-vous encore ?

Bien sûr. J'ajoute que pour être un meilleur pays, le Québec devrait chercher aussi à élargir les lieux de sa pensée… et de ses rêves, et s'asseoir avec les autres francophones d'Amérique pour recréer une nouvelle unité politique, mais sans partisanerie exagérée. Est-ce possible?

Vous avez employé le mot Canadiens, qui désignait les francophones, à une époque, par rapport aux autres...

C'est une autre contradiction de l'histoire. Quand je vois aujourd'hui les Anglais se dire *canadians*, je traduis. Pour moi, ce sont encore des Anglais. Chez nous, on disait avec fierté: «Je suis canadien.» Les Anglais étaient les autres, ceux de la majorité, qui n'avaient jamais été coupés de Londres, contrairement à nous, les «abandonnés» de la France!

Il y a donc quelque chose d'ironique au rejet par les nationalistes du mot Canadien, qui fait partie des racines francophones.

C'est la réaction des gens de mon âge. Qu'est-ce qui vous prend de renier le mot *Canadien*, quand c'est le mot qui a servi à notre survivance? Je pense au refus par certains de l'hymne «Ô Canada». Étrange.

Nous nous sommes battus pour ces mots que vous reniez aujourd'hui. Que dire? Une autre contradiction, c'est que vous, du Québec, vous boudez votre religion au moment où ce sont les anglophones qui la respectent. Que penser? Pourtant l'histoire raconte que, dans la plupart des situations de crise, les religions sont une force à ne jamais négliger.

René Lévesque, né en 1922, était presque votre contemporain, il était votre cadet de sept ans. Au fait, il nous forçait tous à réviser nos catégories acquises: religion, patrie, foi personnelle.

Je pense d'abord au René Lévesque des origines et à celui de la rue Woodbury. Il avait une passion pour le peuple. Une passion pour les Canadiens français. On ne s'appelait pas Québécois à l'époque.

Le mot *québécois* a-t-il piégé quelque part notre nationalisme? Il lui a donné un sens géographique plus restreint. Le nationalisme que j'aime, c'est celui que je peux retrouver aussi dans l'Ouest, en Ontario, partout, surtout en Acadie.

Le nationalisme canadien-français d'un océan à l'autre n'est pas celui de la politique partisane. C'est dans le sang. Il est à récupérer. Mais comment? Par ailleurs, le nouveau nationalisme québécois est doublé d'un éveil culturel assez unique en soi. Magnifique! Pour cela, il faut remercier les Québécois.

Pourquoi ne pas penser une nouvelle unité?

Une nouvelle culture même? Louis XIV serait-il d'accord? Je le crois. René Lévesque? Sûrement!

Que ce nouveau pays soit laïc, d'une laïcité ouverte et respectueuse ne me gêne pas du tout. Au contraire.

Ce sont plutôt les petits esprits qui sont toujours à craindre. Que notre histoire récente nous en préserve! La colère et l'ignorance surtout des religions isolent souvent de l'essentiel.

Ce nouveau Canada français demeure pour moi, citoyen de la grande Amérique, un miracle. Un miracle démographique pendant longtemps. Un miracle politique d'avoir eu depuis 1760 des gouvernements éveillés à l'importance de la nation.

Bien sûr, je souhaite que ce pays «renaisse», ou mieux reprenne conscience de son admirable passé mystique et religieux.

«Il n'est point de terre plus douce que la patrie», dit Homère.

On y est si bien.

«Pain de ma patrie meilleur que biscuits d'ailleurs.»

Êtes-vous nationaliste, séparatiste, fédéraliste, indépendantiste?

Qui dit nationalisme dit attachement passionné à un territoire défini ou à définir.

Or, à ce mot qui donne lieu à tant d'exclusivisme, je préfère patriotisme, mot plus générique, plus pacifiant, qui se rapporte davantage aux personnes, au « père » au sens premier, à la nature d'une filiation plus profonde.

Ce qui m'intéresse toujours, comme historien, c'est la vie du Canada français en Amérique. Ce qu'on peut appeler génériquement l'Amérique française. D'autre part, je digère encore mal que l'on définisse le Québec géographique à la manière des « Pères » de 1867, une formule qui divise plutôt que d'unir !

Votre René Lévesque n'avait rien du catholique pratiquant. Pourtant, nous étions tous – même une majorité de fédéralistes – ses admirateurs. Pourquoi ? Parce que la sincérité de ses propos patriotiques nous fascinait.

J'ai noté que René Lévesque, parce que nationaliste jusqu'aux tripes et à cause de la modération de ses propos souverainistes, récoltait des votes dans toutes les classes de la société. La majorité des évêques du Québec lui portait un grand respect. Certains ont même voté pour lui. Ses funérailles eurent lieu à la basilique de Québec et furent plus « vraies » en un sens que celles de Pierre Bourgault qui, par plaisir plutôt que par conviction, aimait s'opposer, mystifier, scandaliser au besoin (mais quel orateur !). René Lévesque, non religieux, provoquait le respect.

Ce lien entre foi et patrie semble important dans votre esprit.

Autrefois, oui. Aujourd'hui, on dit simplement que pour que survive le peuple canadien-français, il faut une forte « nation » française en Amérique. C'est le Québec. Plus le Québec s'affirmera comme lieu précis de culture française, mieux survivront les Canadiens français en Amérique et à travers le monde.

Peut-être que le mouvement nationaliste qui perd un peu de sa ferveur première la retrouvera un jour. Il le faut. Il faut, en attendant, que nous revenions à une vision plus mystique du pays… un pays que je souhaite, je me répète, géographiquement plus élargi. Changeons de sujet. Je me sens si gauche, pour ne pas dire mal à l'aise de discuter de ces questions. Je vis au Moyen Âge, comment ai-je le droit de me mêler du monde moderne ?

Lionel Groulx

Nous avons évoqué déjà la figure de Lionel Groulx.

Groulx était le plus grand penseur de son temps. Et quel écrivain !

Il savait, il croyait qu'il avait une mission personnelle auprès de son « petit peuple ». Il agissait et écrivait en conséquence.

Pour l'époque, dans le contexte de l'époque, c'était un géant. Un géant encore discuté. Tant mieux !

Dans les journaux, récemment, on a reparlé de « l'antisémitisme » de Groulx. Étant donné que les Québécois appuyaient plus les Libanais que le reste du Canada, durant les événements de l'été 2006, le National Post…

C'est l'interprétation tordue de certains idéologues qui veulent à tout prix attaquer le nationalisme des francophones.

Ceux qui ont étudié ses textes, ses lettres en particulier, savent qu'il n'y a rien de vraiment sérieux dans cette hypothèse. Moi, j'ai connu Groulx personnellement. Nous avons souvent parlé ensemble de ces questions, en discutant plutôt des personnes en cause.

Groulx ne m'a jamais parlé sérieusement contre les juifs. Certains étaient ses voisins, rue Bloomfield. Jamais l'once d'une remarque désobligeante. Eux étaient tout aussi polis.

C'était un antisémitisme à composante économique, surtout pas culturel, ni raciste, ni de nature spirituelle. Groulx disait que le Canada devrait être spirituellement le peuple juif en Amérique du Nord. Ce qui n'est pas nécessairement antisémite.

On a interrogé Pierre Falardeau, qui a dit quelque chose d'intéressant : cette accusation du National Post *est fondée sur un écrit de deux pages.*

Une jeune étudiante à l'université, dont la thèse est dirigée par un professeur ouvertement antinationaliste, a produit un texte encombré de faussetés. Je n'accuse pas. Je pense plutôt à ses inspirateurs immédiats. Des universitaires pourtant. Avec du talent.

Peu à peu, cette étudiante doctorée a perdu sa crédibilité. Victime plus que bourreau. Quelle incroyable aventure universitaire ! Elle n'est pas la première à blâmer.

Gérard Bouchard a écrit quelque chose sur les deux chanoines.

Oui, lui, il est quelque peu anti-Groulx, mais pas pour les mêmes raisons. Bouchard éprouve de la difficulté à voisiner le cléricalisme. Il n'est pas plus méchant pour autant.

Je suis pour la liberté. Si c'est vrai que Groulx est « double » dans ses pensées, qu'on le dise. Qu'on le prouve, mais sans oublier de lire toute sa correspondance qui, une fois éditée et étudiée, changera plusieurs de nos jugements hâtifs sur l'homme et son œuvre.

Elle est encore revenue, l'accusation d'antisémitisme.

Ça revient toujours.

Voilà qui fait partie de l'univers d'un certain journalisme, davantage porté à conclure qu'à étudier. Si l'histoire n'est pas d'abord un récit vécu de faits arrivés, que devient-elle sinon un lieu d'hypothèses souvent gratuites.

Comment s'est développée votre relation avec l'abbé Groulx ?

Dans le respect. C'était un grand penseur, un nationaliste hors pair. Il avait des idées claires. Il était poli, bienveillant.

Il a été un ami pour vous.

Oui. Un ami. Il était prêtre, je le suis. Il aimait son pays, moi aussi je l'aime. Nous n'avions pas toujours les mêmes idées, ni les mêmes fréquentations. Nous le savions. Nous nous respections.

Nous avons eu d'abord un rapport d'historien à historien. J'avais écrit en 1949 des articles dans la *Revue dominicaine*, parlant du Moyen Âge et de la façon dont le Québec avait hérité de cette période. Groulx s'y est intéressé. Il m'a envoyé un mot. Il m'a demandé de le rencontrer.

Dès lors, et peu à peu, nous avons développé comme historiens une sympathie, moins sur le plan des idéologies nationalistes que des idéaux culturels.

Je le voyais agir, fidèle à ses options, travailleur. C'était un prêtre très « pieux », fervent dans son sacerdoce. Tous les jours, il allait marcher, s'arrêtait dans une église, disait son office.

Moi, ça me fascinait aussi de voir que ce grand intellectuel était un si bon écrivain. Il connaissait sa langue, il savait l'aimer, l'illustrer, surtout la défendre. Il priait, il discourait. De quoi attirer le jeune historien et médiéviste que j'étais.

Je me dis qu'il a pris tous les risques politiques possibles. Ses amis, c'étaient Maxime Raymond, René Chalout, Paul Gouin. Il disait toujours qu'il ne faisait pas de politique, mais ses amis étaient des gens plutôt politisés et surtout nationalistes. Groulx aimait tellement les idées, plus que Georges-Henri Lévesque, le gestionnaire et initiateur de tant d'institutions universitaires.

Groulx demeure à mon avis un homme extraordinaire. L'homme le plus cultivé de son époque.

Parlant d'idéologie, il n'aimait pas du tout, par exemple, que je participe à la revue *Maintenant*. Celle-ci n'en finissait pas de soulever les problèmes de mentalités au Québec. Parfois légèrement, le plus souvent sérieusement.

Le nationalisme de Groulx était assez revendicateur, mais pas du tout raciste. Moi je craignais et je crains toujours un nationalisme trop fermé sur lui-même.

Quand Groulx parlait de race, il pensait davantage à la culture. Une culture française à caractère universel, qu'il faut faire connaître et propager en Amérique. Cette culture obligerait les Canadiens français à être eux-mêmes.

J'aimais ce discours de Groulx. Il avait en outre une vision théologique de l'histoire: minoritaires, ne sommes-nous pas, comme les Juifs, chargés d'une mission religieuse? L'Amérique sans religion ne serait qu'une entreprise matérielle! De même les Canadiens français, pensait-il.

Le petit reste...

Oui, au sens messianique! Je n'ai jamais compris pourquoi certains Juifs l'ont attaqué sur ce fait.

Georges-Henri Lévesque

Vous avez été proche aussi de Georges-Henri Lévesque.

Il a été un frère, un collègue universitaire, un voisin aussi et, bien sûr, un ami.

Le père Lévesque, je l'ai connu par cœur. Lui, avec tout ce qu'il était, sa capacité de rassembleur, ses dépendances affectives, son besoin de rayonner à tout prix! Quel merveilleux frère au quotidien!

Il était plus âgé que vous?

Oui, il avait une douzaine d'années de plus que moi.

Je l'ai connu comme professeur à Ottawa. C'était le Georges-Henri Lévesque tel qu'il était à 95 ans. L'homme de la foule, l'orateur.

Qu'est-ce qu'il enseignait?

Il enseignait la philosophie politique.

C'était un homme raffiné, bien éduqué, qui inspirait le respect.

Il avait une habileté inimaginable pour rencontrer les gens. Et pour leur parler. Et pour se faire aimer.

Il vous a marqué comme professeur?

Il m'a marqué par son enthousiasme. Et par sa manière d'intégrer les mauvais coups qu'on lui faisait. Sa manière de rebondir.

C'était un homme politique au sens noble du mot. Il connaissait ce qu'était la chose publique.

Il a quitté Ottawa pour aller à l'Université Laval?

Il a aussi enseigné à l'Université de Montréal.

Après Laval, il est revenu à Montréal. C'était mon troisième voisin de chambre. On était de grands amis.

Vous avez été complices au Rwanda.

Il avait même prévu à un moment donné que je le remplace. Mais je me suis aperçu qu'il l'avait prévu pour d'autres aussi.

Au Rwanda, il était le fondateur de l'université. Il s'était entouré de personnes très bien.

Pendant les années où il a été en marge de la politique, avec Duplessis au pouvoir, mais un peu irritant pour Duplessis, du moins c'est ce qu'on dit, il exerçait une certaine influence sur la société depuis la faculté des sciences sociales à Laval.

Avant tout, un homme de terrain à qui il suffit de quelques intuitions «sociales» pour mener à terme d'ambitieux projets qui, sans lui, sans son dynamisme personnel et ses alliances, n'auraient pas réussi. De fait, un «politicien», mais si perspicace!

Pour moi, Georges-Henri Lévesque, c'était avant tout un professeur heureux, un collègue d'université au Rwanda et, plus tard, un proche, un frère dominicain de grande délicatesse dans les sentiments et l'agir immédiat.

À comparer Lionel Groulx et Georges-Henri Lévesque, vous diriez…

Groulx et lui : deux baobabs ! Ils s'estimaient autant qu'ils se craignaient. Jalousie ? Qui sait ! Rivalité politique et différence de méthode et de ton dans l'action sociale ? Oui, sûrement. Je m'explique.

Leur opposition tenait surtout à leurs manières – Groulx était plus passéiste, traditionaliste, et Lévesque plus futuriste – de penser l'avenir de la société canadienne-française, dite plus tard société québécoise.

C'est très difficile de parler de Groulx aujourd'hui, parce que son œuvre a été malmenée par des adversaires peu bienveillants. Il est plus facile de louer G.-H. Lévesque. À mon avis, L. Groulx comme penseur, écrivain et orateur est supérieur à G.-H. Lévesque qui, lui, l'emporterait comme homme d'action et éveilleur politique.

Déjà, G.-H. Lévesque a sa « statue » près de l'université. Lionel Groulx attend encore. C'est une grave injustice sociale ! Un oubli que G.-H. Lévesque serait le premier à regretter ? J'aime à le croire.

Nommez-nous d'autres universitaires qui vous ont marqué profondément ?

Tout de suite, je nommerai P. E. Trudeau, d'abord professeur agrégé à l'Université de Montréal et auteur de textes sur la vie politique, le fédéralisme et sur l'économie canadienne. Cette dimension à mon avis, si elle est oubliée, rend difficile l'acceptation du « personnage » aujourd'hui controversé.

Pour moi, Trudeau est un des grands intellectuels montréalais bilingues que j'aie connus. Il aimait la logique, le raisonnement serré : un père Régis laïque !

Aujourd'hui, je le comparerais à Charles Taylor, au philosophe Jean Grondin, sans leurs livres.

Suis-je jaloux ? Trudeau était si cultivé, il parlait si bien anglais et moi je souhaiterais améliorer le choix de mes mots !

Moi, le petit paysan, parvenu, je crois que j'étais jaloux de lui, l'urbain sur-instruit.

Trudeau connaissait bien le père Régis.

C'était un grand ami du père Régis. Leur amitié était profonde.

Je suis à peu près certain que la peur instinctive du nationalisme ethnique de Trudeau lui a été inspirée par l'enseignement philosophique de Régis, pour qui le nationalisme risque d'être plutôt un retour en arrière.

Est-ce que Pierre Trudeau a suivi des cours du père Régis ?

Je l'ignore. Il était si souvent avec lui qu'il a dû en être marqué « spirituellement » autant qu'intellectuellement.

Trudeau aurait eu – sans permission priorale ! – la clef du couvent des Dominicains d'Ottawa où habitait le professeur Régis. Il entrait au couvent et se rendait directement à la chambre du père Régis, sans doute pour y discuter philosophie et sujets sociaux. Trudeau avait une grande admiration pour certains Dominicains français également, confrères et amis du père Régis, tels Chenu, Congar.

D'ailleurs, le père Régis avait une grande influence sur Trudeau. Il lui avait suggéré de rencontrer Chenu. Quand Trudeau venait à Paris, il souhaitait rencontrer le père Chenu ou le faisait inviter à ses réceptions plus intimes. Je tiens cela du père Chenu qui, cependant, n'éprouvait aucun goût pour les réceptions, mais adorait les dimensions humanistes de la politique active.

Trudeau faisait partie de ce qu'on appelait entre nous le Club Régis, un groupe de réflexion et de prière.

D'autres aussi en ont fait partie à l'occasion, tels Pierre Juneau, Gérard Pelletier, Claude Melançon, peut-être Charles Taylor. Régis faisait école. Philosophe, aimé, simple, d'une grande douceur. Un brillant esprit.

Vous trouvez que les gens sont injustes envers Pierre Trudeau?

Il nous arrive quelquefois de porter des jugements sans nuances sur nos hommes politiques. J'avoue que M. Trudeau aimait la provocation idéologique. Il a été exaucé. Ses ennemis politiques, dont le nombre diminue quelque peu, sont nombreux et tenaces. Disons que je n'ai pas eu les mêmes idées que Trudeau, tout en cherchant toujours à observer une neutralité vertueuse à son égard. Moi aussi je suis patriote, mais dans un autre sens que le sien. Mon pays, que je ne cesse de raconter, c'est Bellechasse ainsi que quelques comtés avoisinants qui lui sont nécessaires pour s'identifier et subsister.

Vous connaissiez Pierre Trudeau à l'université, mais de là à l'accompagner dans ses deuils, dans sa maladie...

Trudeau savait qu'il était gravement atteint. Il avait besoin d'une grande discrétion.

Celui qui connaissait le mieux son histoire, c'était Régis. Le père Régis aurait été le prêtre idéal pour accompagner le pratiquant P. E. Trudeau.

Le père Régis est décédé en 1988. Lui parti, mon nom est venu à la surface.

Un grave événement était arrivé auparavant: la mort tragique de Michel Trudeau. La famille s'était demandé qui célébrerait les funérailles, à l'église Saint-Viateur d'Outremont.

Trudeau réfléchit avec Jacques Hébert († 2008). On m'a dit qu'ils auraient dit : « C'est le père Lacroix, fils intellectuel du père Régis, qu'il nous faut, pour dire les mots vrais, prier avec dignité, garder le même ton qui s'impose à l'occasion de la mort d'un enfant. »

Oui, j'ai présidé les funérailles de Michel Trudeau, à l'église Saint-Viateur.

Aussi, quand P. E. Trudeau devient gravement malade, il était entendu que ce serait moi qui deviendrais l'élu de la famille pour l'accompagner dans ses moments plus intimes.

Les derniers jours de Pierre Elliott Trudeau

Vous avez été appelé à accompagner Pierre Elliott Trudeau. Vous le connaissiez déjà, depuis longtemps…

Bien oui, comme je l'ai dit, à l'Université de Montréal. Je le connaissais depuis 1950. Je le trouvais un peu insupportable. Je n'avais pas trop de sympathie naturelle pour ces petits jeunes riches qui arrivaient à l'université en voiture décapotable.

Je me reproche de l'avoir jugé superficiellement. Je crains que l'on veuille décapiter trop souvent ceux dont la tête, disons l'intelligence, nous dépasse.

Quelle intelligence ! Flamboyant, téméraire, fascinant, il mérite davantage que nos raccourcis.

Trudeau face à la mort.

Me voilà à la maison des Trudeau à deux ou trois reprises. Son fils Justin m'y conduit et m'y accompagne. Avec grande noblesse. Il « adore » son père. Ça se sent. C'est beau. C'est vrai.

Me voici devant Trudeau. Je rencontre un homme qui arrive à la fin de sa vie. Et moi, je suis le substitut de Régis. Ce n'est pas le temps de dramatiser. Ni pour lui ni pour moi.

Tu rencontres un homme très malade, tu pries avec lui. Tu fais les signes importants, tels le signe de croix, l'onction des malades. Le plus émouvant est la récitation du « Notre Père » à trois, monsieur Trudeau, Justin et moi. La dernière prière de Trudeau.

Trudeau qui avait beaucoup de difficulté à récupérer sa respiration dit le « Notre Père », Justin est assis à côté de lui, Trudeau dans sa grande chaise, presque un lit, à bout de souffle : « Notre Père qui es aux cieux. »

Après, il dit : « Merci ».

Fin ! Rien de plus, rien d'indiscret. Tout est là.

Inoubliable.

Qu'un grand homme d'État finisse ainsi sa vie, dans la simplicité, presque dans la tendresse des mots de son enfance, voilà qui m'émeut encore. La vérité de la foi de Trudeau est qu'il ait perçu, lui l'habile politique, qu'en matière de croyance, la fidélité aux premiers gestes était essentielle. La religion de Trudeau était vraisemblablement demeurée à l'image et à l'état de la religion de sa mère, suivie à la lettre : prières du matin et du soir, messe à l'église le dimanche, si possible.

À propos de Trudeau encore, je n'ai pas de répulsion absolue pour son nationalisme « canadien ». Je crois qu'il mériterait d'être mieux étudié un jour… sans arrière-pensée. Savamment. Avec les nuances que lui imposent les circonstances d'une vie quotidienne aux mille facettes.

Luc Lacourcière

Vous nous avez un jour parlé avec grande affection de Luc Lacourcière. Mais pourquoi donc ?

Je nomme le regretté Luc Lacourcière (1910-1989) pour des raisons peut-être d'abord académiques.

Luc Lacourcière et sa première équipe avec qui j'ai eu tellement de rapports amicaux et «folkloriques». Luc Lacourcière étudie la tradition orale.

Lacroix s'intéresse à la religion «traditionnelle» au Moyen Âge. Des liens culturels se forgent entre nous. Lacourcière et Conrad Laforte en particulier m'indiquent qu'en matière de chansons et de contes il existe une filiation directe entre le Moyen Âge français et la «civilisation» dite canadienne-française en Amérique. Les parents de Jacques Cartier ne sont-ils pas du Moyen Âge français?

M. Lacourcière avait lu lui aussi mon article sur le Moyen Âge paru dans la *Revue dominicaine* (1949). Lui et moi, nous étions, «contemporains», tous les deux dédiés à la recherche de nos racines.

Finalement, Lacourcière et moi devenons de joyeux copains et «troubadours» de la première présence française en Amérique du Nord.

Luc Lacourcière, confrère par ses études et ses archives, me stimule dans l'étude des sources médiévales de la première «Nouvelle France».

Luc est un savant méticuleux, pointilleux même, assez possessif de ses trésors et références.

Moi, plus «panoramique», je lui donne tout pour nourrir ses «archives» publiques et secrètes.

C'est à Luc Lacourcière que je demanderai le discours de présentation à la Société royale du Canada.

Autres figures évoquées

Il y a beaucoup d'autres «personnages» que vous avez bien connus? Est-ce indiscret de vous demander de nous les nommer?

Je ne veux pas être prétentieux, mais la liste est longue. Je pense tout à coup à Daniel Johnson père: quel gentleman!

Le cardinal Léger m'écrit un jour, à la suite d'un billet que j'avais rédigé sur lui dans un journal local, que je l'avais vraiment compris. Flatteur autant que mystificateur!

Puis le maire Jean Drapeau aurait bien voulu que l'hymne consacré au 350ᵉ anniversaire de Montréal, que j'avais composé, devienne un jour l'hymne national de sa ville bien-aimée.

Léon Dion, mon collègue et «frère» à la bibliothèque Widener à Harvard: quel intellectuel! Racé, informé, idéologiquement généreux jusque dans ses interrogations. C'est un privilège d'avoir voisiné durant trois étés un tel personnage.

Non, je n'oublierai jamais le grand Muhlstock, peintre des oubliés de la fraternité urbaine.

Les plus récents: Fernand Dumont († 1997), Maurice Lebel († 2004). Deux héros de l'humanisme francophone québécois. Deux pionniers à leur manière. Paul Zumthor († 1995), dont j'ai déjà parlé. Ah! Les discriminations d'une mémoire de 90 ans!

On parle aussi d'un type de la Sorbonne, Michel Meslin, qui était venu ici vous voir.

Oui, il a été patron de section à la Sorbonne pendant longtemps. Il est venu ici très souvent. On est devenus amis.

Avec lui, j'ai beaucoup travaillé sur les religions populaires.

On s'estimait beaucoup. À chaque fois que l'occasion se présentait, on se saluait encore par intermédiaires. Il a écrit plusieurs livres.

Est-ce qu'ils ont créé en France quelque chose de parallèle?

Non, mais ça l'intéressait beaucoup. Il venait à nos colloques aussi.

Il était mêlé à ça par Delumeau aussi.

Vous connaissiez personnellement Delumeau?

Ah oui, et comment! Il m'a souvent donné de ses livres. Il a intitulé un de ses livres *La religion de ma mère*, en se souvenant de moi qui avais écrit *La religion de mon père*.

C'était un «bonhomme» très sympathique.

Vous l'aviez rencontré à l'université?

Il venait nous donner des cours ou des conférences. Et il demeurait ici, dans la maison. Quand il venait avec sa femme, on leur trouvait un endroit.

Delumeau, Meslin, c'étaient des liens très précieux.

J'ai eu des liens personnels avec ces gens-là. Je n'aime pas les liens purement académiques, ça ne m'intéresse pas.

J'aime mieux des liens personnels ou ne pas en avoir du tout. Parce qu'on travaille mieux et que c'est plus vrai, moins artificiel.

Sauf... le cas Teilhard de Chardin!

Comme disait Gide: «Si tu veux étudier un sujet, il faut que tu commences par y croire.»

Lui, il a cru en la matière. Il est allé loin. Il n'a pas cru en autre chose.

Moi, j'aime mieux Teilhard qui croit aux idées, qui croit à l'évolution de la terre, qui croit qu'il y a de l'énergie dans le feu. Qui chante le feu et la matière comme les jeunes poètes d'aujourd'hui. On s'en va vers ça.

Je trouve ça plus noble et plus vrai en un sens. Si Dieu a fait la matière.

Teilhard de Chardin a été important pour vous?

Oui. J'ai donné des conférences sur Teilhard de Chardin pendant plusieurs années. Ça reste important parce que c'est un poète de la science. C'est rare qu'un savant devienne poète.

Teilhard, c'est ce devenir spirituel qu'il exprime.

Il y a quelque chose chez les jeunes.

Je vois ça dans les baptêmes. J'ai préparé un baptême hier et j'ai fait l'éloge de l'eau. Puis celui de la lumière. C'est très facile ensuite d'entrer dans l'univers spirituel, parce qu'ils acceptent qu'il y ait quelque chose de plus que la matière.

Teilhard de Chardin († 1955) était un ami secret. Je m'y intéressais depuis que mon mentor H.-I. Marrou, un soir, dans un débat à l'Université de Montréal, avait pris sa défense contre mon confrère dominicain le père Salman († 1993). Ce savant psychologue accusait Teilhard de Chardin d'être plus poète que savant et ainsi d'égarer le public. J'ai voulu me rendre compte. Évidemment, le poète m'a séduit jusqu'à me désintéresser du savant. Salman avait-il raison ? Je ne cherche pas tellement à trancher ce débat. Dans les années 1970 et les suivantes, j'ai été invité avec mon ami le regretté Paul Tremblay à préparer une émission radiophonique : *Messe sur le monde*. L'émission, adaptée, est encore en ondes.

Grâce à cette première expérience, je me suis de plus en plus intéressé à cet auteur, jusqu'à donner des conférences dans divers centres montréalais Teilhard de Chardin. Bien sûr, ce jésuite génial n'a pas fini de m'impressionner... et de m'instruire. Son amour de l'univers est « divin ». Plusieurs de ses intuitions sont si près de l'Évangile. Ce mystique m'a souvent obligé à relire la Genèse, à aimer de plus en plus la récitation des psaumes cosmiques. Et cela continue. Merci, mon ami Teilhard !

D'autre part, je dois beaucoup à... Non, je ne pourrai jamais les nommer tous, tels Tagore, Gibran, Saint-Exupéry, certains des premiers poèmes de Nietzsche...

Mais par-dessus tout, avant tout, dois-je le redire, les mots de Jésus, tels qu'ils sont rapportés par les premières traditions chrétiennes, occupent la première place.

Professeur au Japon

Pouvons-nous parler du Japon ? Votre séjour là-bas a été impor-
tant. Pouvez-vous nous dire dans quelles circonstances vous êtes
allé vivre là ?

Je suis allé au Japon parce qu'il y avait déjà là un dominicain, le père Vincent Pouliot, qui avait fondé l'Institut Saint-Thomas à Kyoto. Le but de cet institut était de traduire des textes de saint Thomas d'Aquin en japonais et de permettre ainsi aux universitaires japonais de le connaître.

Cet institut était son œuvre. En lien avec sa personnalité et aussi avec sa façon d'aller chercher de l'argent. De sorte que le jour où il est disparu en 1978, l'Institut a perdu son pouvoir et a finalement cessé d'exister.

Moi j'étais à l'époque euphorique du père Pouliot. J'arrivais. C'était en 1961. À ce moment-là, j'étais le seul médiéviste dominicain formé à la manière de Toronto, très scientifique, la manière germanique. C'est-à-dire le retour aux manuscrits. Ça, ça fascinait le père Pouliot qui n'était pas un savant, mais un éveilleur, un esprit ouvert aux échanges culturels.

Cet homme était très thomiste à l'ancienne. C'était la seule façon, j'oserais dire, d'être philosophe et théologien. Comme il avait sept ou huit étudiants japonais, il avait réussi à obtenir des fonds, je crois, de l'UNESCO, pour inviter un professeur pendant quelques mois pour enseigner ce qu'on appelait la paléographie latine, c'est-à-dire comment on lit des textes latins des VIIIe, IXe, X^e, XIe siècles et surtout du XIIIe siècle.

Et moi, j'enseignais la paléographie ici, à l'Institut d'études médiévales. J'étais donc un pionnier. Je savais comment l'enseigner, par planches, écritures distribuées selon les siècles. L'important, c'est la connaissance du latin. Mes étudiants japonais la possédaient.

Vous aviez étudié à l'École des chartes ?

Oui, j'avais étudié la paléographie à l'École des chartes en France, et à Toronto également. Donc, j'avais le profil académique, j'avais un doctorat.

Mes étudiants de Kyoto étaient très honorés d'avoir un professeur étranger, un scientifique – j'en souris aujourd'hui –, qui allait leur enseigner en français et en anglais. Ils disaient qu'ils comprenaient tout. Je n'ai jamais su s'ils avaient tout compris.

J'ai commencé en français, puis suis allé un peu vers l'anglais. J'avais l'impression que ça ne changeait pas grand-chose. Parce que ce qui était important, c'était que je leur donne une photocopie d'un document du vi^e siècle en latin, en leur disant : « Transcrivez. »

Le latin d'autrefois, c'était de la sténographie remplie d'abréviations. Souvent, remplie de tics littéraires, un peu comme en graphologie. Et eux, ils n'avaient pas besoin que je parle, ils transcrivaient. Je trouvais ça très agréable.

Mais moi, le petit Canadien français catholique, je découvrais que tous les étudiants étaient bouddhistes. Ils étaient huit ou neuf. De jeunes garçons. Extrêmement polis, très raffinés, très aimables.

Je leur demandais quelquefois de me conduire à un temple shintoïste ou bouddhiste. J'étais émerveillé par la qualité des lieux, par le grand silence, le grand respect. Des temples bâtis en bois, avec des jardins. On y répétait des textes, simplement ça, sans liturgie développée. Là, la liturgie n'était pas tellement communautaire ; elle devenait communautaire parce que tout le monde écoutait ensemble. Nous, lorsqu'on lit la Parole de Dieu, nous souhaitons que chacun écoute. Mais là, à Kyoto, chacun écoutait. Il n'y avait pas de commentaire qui venait te distraire.

Cette religion, le bouddhisme, précédait le christianisme. Elle comportait un ascétisme qui me rappelait le stoïcisme. Et moi, intérieurement, sans dire un mot, je voyais les bouddhistes, comme les stoïciens que j'aimais beaucoup – Sénèque, par exemple, qui a tellement marqué le milieu monastique – qui étaient là, à notre portée, et que nous ne connaissions pas.

Je voyais aussi l'importance de la méditation, des cérémonies silencieuses, l'importance des symboles extérieurs. Quand on arrivait au temple à Kyoto, il y avait de grands jardins, du sable, une pierre, deux ou trois roches, comme on dit chez nous. Et un grand silence. Même les touristes n'avaient pas envie de parler.

Je me demandais : « Qu'est-ce qui se passe ? Qu'est-ce que ça veut dire, ça ? » Mettez-vous à la place du petit gars du Troisième Rang.

Là, j'ai découvert la profondeur de la religion orientale. Elle m'a passionné. Elle me passionne encore.

Ça ne mettait pas du tout en doute ma propre religion. Parce que pour moi le Christ, c'est aussi un Oriental. Je voyais leur manière d'être, leur discrétion que je comparais aux indiscrétions des Occidentaux. Je voyais la pierre qui représente pour eux l'éternel. Le sable, qui représente le fluide, le passager.

Leurs temples, quand ils brûlaient, ils les reconstruisaient exactement de la même manière qu'au VIIe siècle : même structure, même architecture. Ni les constructeurs ni les architectes ne se battaient pour décrocher un contrat.

Vous, un médiéviste canadien, avez été appelé à enseigner au Japon. Pourquoi des bouddhistes voulaient-ils suivre des cours de philosophie médiévale ?

Les distinctions religieuses au Japon n'ont pas beaucoup d'importance. Eux, ils ne savaient pas trop qui j'étais. Ils savaient que j'étais un ami du père Pouliot.

C'est comme si on était tous bouddhistes, en un sens.

La distinction ne s'imposait pas. Ce qui s'imposait, c'est que je venais, non pas des États-Unis, mais du Canada. Et le Canada, c'était un pays pacifique.

Les Américains les avaient reconstruits. Mais il restait à l'intérieur des souvenirs, non pas chez les jeunes mais chez les parents, des souvenirs amers, qu'on ne manifeste jamais au Japon.

C'est une « civilisation » de gens super intelligents. Ils ont compris que les Américains leur offraient de les reconstruire : on se reconstruit.

Toujours à Kyoto, c'est quand j'ai su qu'ils allaient au temple que j'ai compris qu'ils étaient bouddhistes, et j'ai voulu en savoir davantage sur leur religion. Un jour, il y a eu une petite fête. Ils ont pris du saké. Ils ont commencé à parler. Ils ont dit : « C'est la faute du bouddhisme si on a perdu la guerre. Le bouddhisme nous a appris la compassion, à pardonner, à supporter, à attendre. Tandis que les Américains, les chrétiens, eux, sont toujours sur le qui-vive. Toujours agressifs. Leur religion les rend agressifs : ils veulent la guerre. » Selon leur critique, le bouddhisme est trop parfait, trop pacifiste pour les temps de guerre.

Qu'est-ce que ça a été pour vous ce contact avec un pays tellement éloigné du nôtre ?

Ma première réaction en fut une de surprise. J'avais entendu parler du Japon comme d'un pays de mission dans mon enfance. Mission signifiait alors conversion. Dans le subconscient d'un petit garçon du Troisième Rang, ça voulait dire qu'ils étaient inférieurs à nous. C'était pas exprimé verbalement, mais subconsciemment ; si on allait les convertir, c'était pour quelque chose de supérieur, comme on allait en Afrique.

Là, il y a une ambiguïté, premièrement.

Quand je suis arrivé là, j'ai vu une «organisation» extra-ordinaire. Des milliers et des milliers de gens qui se croisaient sans se frapper. C'était, extérieurement, un calme inimaginable.

Les publicités n'interrompent pas les émissions?

Je regardais la télévision, c'était beaucoup plus beau que chez nous. Il y avait beaucoup moins de publicités.

Au Québec, quand on annonce une aspirine, il faut, d'après les lois de la publicité, dire le mot aspirine au moins dix fois pour que le subconscient de celui qui regarde soit déjà mobilisé par ce mot qui s'impose à l'esprit. Là-bas, par exemple pendant un téléroman, une femme parle et pendant qu'elle parle, sa sacoche s'ouvre et une bouteille en sort. Et la caméra suit la petite bouteille pendant que la dame continue à parler. Le téléroman continue. La petite bouteille s'ouvre, une aspirine en sort et commence à rouler partout. La caméra la suit. Le téléroman continue. J'ai lu: aspirine. J'ai vu ce mot dix fois.

Ma première conclusion: ils sont supérieurs, parce qu'ils sont antérieurs.

Certains Japonais, quand ils avaient bu, me disaient: «Les Chinois, eux, ils l'ont la culture. C'est d'eux que nous avons appris.»

Le Japon, c'est subtil, il y a là une fierté différente de la fierté américaine. C'est intérieur. Je crois que le bouddhisme l'a beaucoup marqué.

Quand les Japonais faisaient des grèves, c'était beaucoup plus intelligent qu'ici. Ici, quand on fait une grève, on part en rang. Plus il y a de monde, mieux c'est. Eux, ce n'était pas ça. Ils constituaient un groupe d'étudiants, divisaient les groupes, partaient en serpentant, et la police ne savait plus quoi faire.

Les serpents étaient sinueux, organisés. Ils se donnaient des mots d'ordre. C'était d'une grande intelligence pratique.

Nous étions en 1961, j'avais les yeux de l'époque : je voyais l'extrême efficacité du Japon. Par exemple, pour prendre le train, il faut que tu te mettes devant la station précise. Tu vas être avec des milliers de personnes. Et tu vas entrer dans le wagon sans t'en apercevoir. Personne ne va te marcher sur les pieds. Tu entres par la force du groupe, et tu en sors de la même façon. C'est inimaginable, difficile à expliquer.

Voici un autre souvenir. Un matin, à la fenêtre, j'observais une femme japonaise qui marchait derrière son mari, gynécologue, à l'université impériale. C'était la saison des pluies (*Nubai*). Elle marchait seule derrière son mari. Elle tenait le parapluie au-dessus de lui. Elle, en kimono, elle se faisait mouiller. Elle arrive à la voiture, ouvre la portière, remet le parapluie, et revient à la pluie à la maison.

Je me disais que ce n'était pas possible : « Reste calme. Tu demanderas aux Japonais ce qu'ils en pensent. »

J'ai demandé à une Japonaise qui s'exprimait assez bien en français. (Elle avait séjourné deux ans à Paris.) Je lui ai dit que cela m'avait scandalisé. Elle m'a répondu : « Monsieur Lacroix, je ne vois pas du tout le problème. Madame marche derrière son mari parce qu'elle sait qu'elle est première dans son cœur. »

Mais lui, est-ce qu'il n'est pas premier dans le cœur de sa femme ? Ne pourrait-il pas avoir des égards semblables ?

Nous sommes en Occident, nous. Vous avez raison. Mais pour elle, il n'y avait pas de problème.

À propos de la sexualité, par exemple. Dans les romans japonais anciens, il n'en était pas tellement question. C'était un secret. Dans les romans plus récents, la sexualité devient active lorsque la nature l'invite. Si une jeune femme ne se sent pas appelée à la sexualité par son corps, il n'en est pas question. C'est une morale différente, une morale naturelle.

Vous avez un peu découvert la pensée, la littérature japonaise ?

J'ai beaucoup lu. J'avais écrit un petit livre, *Le Japon entrevu*, qui a été publié chez Fides. Seulement entrevu, comme ce que je rapporte présentement.

D'après les étudiants, et d'après ce que me disait le père Pouliot, ce sont de grands imitateurs. Et eux le disaient eux-mêmes : « Le Japon, c'est la civilisation terminus. Nous n'inventons rien. Nous attendons que les autres inventent. Nous prenons le produit et le rendons à terme. »

Ils améliorent le produit.

Le travail, c'est la mystique du Japon.

J'ai vu des milliers de jeunes filles faire le même geste. Le travail était entrecoupé d'exercices physiques. C'était très impressionnant et très déroutant. Elles n'avaient pas l'air si malheureuses. Elles n'avaient pas l'air fatiguées. Elles sont très sensibles à l'hygiène corporelle, m'a-t-on dit.

Vous avez séjourné au Japon d'avril à août 1961. Dans le livre que vous avez écrit au retour, vous faites le lien entre la poésie japonaise et la poésie médiévale au sujet du culte de la nature. Vous étiez là pour enseigner, mais vous avez pris la peine de lire beaucoup.

Beaucoup. Avant et pendant mon séjour.

Au couvent des Dominicains, nous vivions à la manière japonaise. Il y avait des frères japonais.

Je ne manquais aucune occasion de m'imprégner de la culture japonaise. Je suis allé au théâtre, même si je ne comprenais rien.

L'Orient m'a toujours intéressé.

Avez-vous appris la langue un peu ?

Non. Je n'avais pas assez de temps et c'était difficile. Je vivais avec mes confrères dominicains, donc...

Vous n'aviez que le visuel...

Que le comportement extérieur. J'étais comme un sourd qui observe. C'était formidable.

Vous dites de belles choses sur le bouddhisme. « Bouddha a sûrement fait beaucoup de saints humains, parce qu'il croit en l'homme. »

Pour moi, les bouddhistes, ce sont des stoïciens.

Une guerre de religion contre les bouddhistes semble impensable.

La Chine a imposé aux Tibétains son régime. Il y a donc des bouddhistes guerriers, comme il y a eu des moines chrétiens guerriers, les Templiers, par exemple.

Vous dites aussi : « L'autre point à noter au sujet du bouddhisme, c'est son sens du mystère, de l'inconnu, de l'infini, de l'inaccessible. » Et vous ajoutez : « C'est quelque chose que même de très bons chrétiens ont perdu. » Le bouddhisme est assez en vogue, ici.

Il est en vogue. Nos gens vont chercher ce qu'il y a dans le bouddhisme, ce qui correspond très bien à un besoin contemporain, un surplus de compassion.

Nous sommes des individualistes. Chacun pour soi. Chacun son salaire. Que les autres se débrouillent !

Le bouddhisme vient en un sens répondre à des aspirations : le salut par la personne, mon karma à moi, la maîtrise de soi.

La sagesse du bouddhisme, comme ils ne connaissent pas le christianisme, c'est de dire : « Nous allons nous sauver nous-mêmes. Plus nous serons parfaits, plus nous allons nous réincarner dans une situation de perfection. »

La force de Bouddha et de certains mystiques hindouïstes, c'est qu'ils ont voulu intégrer la mort. Ils l'ont intégrée en faisant en sorte qu'elle n'existe pas. Je pense à la réincarnation.

La réincarnation?

Oui. Tu ne meurs pas, tu te dissous. Selon ta conduite, tu peux devenir une petite fleur, un roc, ou mieux, un héros.

Peut-être étais-je un saint auparavant, je ne sais pas. À certains moments, j'aurais envie de l'être. Le serais-je? Mais si je deviens plutôt – soyons optimistes – une rose? Ce n'est pas vulgaire. C'est beau, nos rêves surhumains!

Au Rwanda

Vous êtes allé aussi au Rwanda.

C'était en 1965, à Butare, deux ans après la fondation de l'université.

Vous étiez de la première équipe.

Oui. Avec les mêmes rêves. Il y avait les professeurs qui voulaient y aller, ceux qui étaient là. Les Belges n'acceptaient pas que ce soit des gens du Canada français qui fondent l'université. Chez les uns, chez les autres, il y avait du dévouement, mais aussi beaucoup d'ambition. Il y avait aussi des jeunes qui espéraient, en passant par l'Afrique, arriver ici au Canada et avoir un meilleur salaire. J'ai vu la petitesse des Blancs, j'ai aussi vu leur générosité.

Les missionnaires par excellence du Rwanda, c'était les Pères Blancs belges. Le père Lévesque avait été sollicité parce qu'il n'était pas américain, parce qu'il n'était pas européen, parce qu'il était canadien, et surtout parce qu'il avait le sens social. Il avait fondé des départements d'université. Il était arrivé là en pleine euphorie. Mais en même temps, il était aux prises avec des problèmes concrets.

J'ai vécu le début d'une université. J'ai connu ça.

Son vice-recteur, alors dominicain, Pierre Crépeau, était un homme extraordinaire. Je dis toujours que c'est Pierre Crépeau qui a fondé l'université. Il y avait tant de dévouement, de générosité chez cet homme, mais en même temps tant d'humilité. Le père Lévesque recevait des sommités mais, lui, il travaillait dans l'ombre.

J'aimais voir comment le père Lévesque procédait. Ça prenait beaucoup de diplomatie. Il connaissait tous les ministres. Il était l'ami du premier ministre Saint-Laurent. Il avait Duplessis contre lui : ça le servait, ça l'aidait beaucoup à mobiliser l'autre partie en faveur d'octrois plus substantiels.

Là, j'ai vu l'humanité à l'intérieur de l'université, comme je l'avais vue à l'intérieur de l'Église.

Est-ce qu'elle existe toujours, cette université?

Oui.

Il y a eu le génocide.

Des assassinats en série. On ne peut pas s'imaginer, en 2009. Les gens de 1994 ont perdu la tête. Complètement.

Le génocide, c'était un événement épouvantable, qui s'explique par la peur. Il y avait de la politique derrière, mais c'était d'abord la peur, encouragée par un groupe qui voulait se venger d'un autre groupe.

Revenons à 1965. C'était difficile pour vous de vous y adapter?

Oui et non. Il n'y avait pas d'heure. Il n'y avait que le temps. Et le temps était continu. C'étaient les Blancs qui divisaient le temps, les empêchaient de vivre à leur rythme. C'étaient les Blancs qui voulaient s'emparer de leurs bananeraies et faire de l'argent. Ils étaient incapables de respecter la culture des Africains. Ils agissaient en propriétaires.

Mais en même temps, il y avait le goût maladif des petites élites improvisées, de posséder une voiture noire, comme les ambassadeurs. Le goût enfantin de vouloir imiter les riches Blancs. Ridicule !

Il y avait aussi de très belles choses. Le dimanche des Rwandais par exemple! Les femmes étaient belles. Elles sortaient des habits merveilleux. Elles allaient à la fontaine une cruche sur la tête, en se tenant bien droites. On avait l'impression qu'elles étaient des reines.

À l'église, ils venaient tous. Les femmes allaitaient leurs enfants. Les femmes étaient fières d'avoir des enfants.

Nous, ici, on désapprend les beaux habits du dimanche! C'est la triste parade des modes urbaines.

Qu'avez-vous enseigné au Rwanda?

Je suis arrivé pour leur enseigner un peu *La Chanson de Roland*, l'épopée médiévale. Dans leur immense politesse, ils ont attendu, et au bout d'un moment, ils m'ont dit : «Vous savez, on a tout ça.»

Ils avaient les empereurs, ils avaient les rois, ils avaient les combats éthiopiens, tutsis, bantous... les mêmes schèmes littéraires. On commence toujours par l'épopée. Ensuite, on fait un peu de poésie épique. Puis on fait, un peu plus tard, du roman.

J'ai appris des choses là. Toutes les littératures ont à peu près les mêmes origines, des origines épiques. Vous savez, Maria Chapdelaine, c'est l'épopée, hein?

Et ensuite, peu à peu, les poètes s'en mêlent. Les poètes sont davantage attirés par la nature, le terroir, la forêt, ou la mer.

Et après, beaucoup plus tard, vient Tristan et Yseult, le roman.

J'avais la chance de voir les rapports entre les sociétés. Et j'ai demandé aux étudiants de donner le cours et ils l'ont donné.

Ils ont l'art de la parole, le goût du récit légendaire, du fait héroïque; ils ont la mémoire des axiomes, des proverbes...

«Raconte-moi l'histoire d'un roi.»

C'était une révélation inimaginable que dans un petit pays oublié d'Afrique, qui n'est pas connu parce qu'il n'a pas de grandes richesses naturelles, je retrouve les origines d'une histoire littéraire.

J'ai vu la force de l'imaginaire et la mémoire des étudiants. Un charme. Ils pouvaient répéter mot à mot un cours que j'avais donné. Mot à mot avec des gestes. C'était incroyable. Ils avaient toute une mémoire. Ce sont des gens de la tradition orale.

Mais quand vous parlez d'une littérature, aviez-vous accès à des documents?

Non. Il n'y avait rien.

J'ai ici un des premiers livres du Rwanda. Par l'abbé Kagamé. Lui, il est allé en Belgique. Il a étudié comment la royauté s'est formée. Comment, à l'intérieur de ça, il y avait des spiritualités qui se développaient, l'obéissance, la fierté d'aller à la guerre.

Les missionnaires, Crépeau, Sylvestre, me disaient : « Leur éducation se fait à partir des proverbes. »

Ce sont des pays savants, de tradition orale. Ils peuvent répéter tous les mots et les gestes.

Donc, le Rwanda, ça a été important dans votre vie?

Très important. Ça m'a fait aimer la tradition orale, que j'avais vécue dans mon enfance d'abord.

Chez nous, il y avait un seul livre, *L'Almanach du peuple*, qui annonçait la température, c'est pour ça qu'on l'aimait. Nous on surveillait la température, pour les foins, pour l'hiver, pour le bois.

Mon père le résumait oralement. Un vrai météorologue!

Ma religion, je l'ai apprise à l'école. J'ai appris le catéchisme par cœur, sans réflexion. Le reste de la religion, c'était les sermons du curé.

Mon père était un conteur. Ma tante aussi. Donc, j'ai vécu de la tradition orale.

Vous avez retrouvé ça au Rwanda?

Oui. Je me disais : «C'est encore possible.»

J'étais devenu l'homme du livre. Celui qui écrivait des livres. Je me disais : «Qu'est-ce qu'on perd quand on ne cultive pas sa mémoire? Qu'est-ce que l'écriture nous apporte, si entre-temps ma mémoire oublie des détails importants?» Je m'intéressais à la mémoire.

C'est important, la mémoire, très important.

Vous avez donc enseigné une année là-bas?

À peu près, oui. Je crois avoir appris davantage d'eux que ce que je leur ai donné.

Quand je suis arrivé là, j'avais une liberté absolue. Quand je demandais aux étudiants : «Vous souvenez-vous d'une reine?» Ils se mettaient à raconter. C'étaient eux qui m'enseignaient.

Au lieu de leur enseigner les réalités de l'Europe, vous êtes donc allé chercher leur propre fonds littéraire?

Je suis allé chercher ce qu'ils savaient. Je ne voyais pas l'intérêt de leur enseigner la civilisation médiévale, qu'ils ne connaîtront jamais. Pour moi, c'est un peu du rapporté, puisque je suis canadien.

J'ai rencontré le fameux abbé Kagamé, qui était le plus grand spécialiste du monde de la tradition orale en Afrique. Il avait une mémoire impossible à imaginer. Je lui ai demandé : «Racontez-moi l'arrivée des premiers missionnaires canadiens.» Il se rappelait les heures, les noms, les habits, les paroles, les dates, tout.

Le 9 novembre 1965, vous vous rendez au Rwanda pour enseigner. Vous parlez d'Imana dans votre livre sur le Rwanda.

Le dieu de l'intérieur, de la forêt, le dieu de tout.

C'est une perspective personnelle. Ce n'est peut-être pas la réalité.

Vous avez publié ce petit livre en 1966, peu après votre retour. Vous parlez du christianisme bénéfique pour les Rwandais. Vous dites que le christianisme a enlevé aux Rwandais leurs tabous, leurs peurs.

Mais il reste des choses. C'est un peu comme le vaudou, c'est tabou. On est chrétien, on est baptisé, mais on va aller voir le sorcier quand ça va trop mal.

Comme ici, on met une médaille dans ses poches, parce qu'on ne sait jamais, peut-être que ça ira mieux.

Ce christianisme fait que les gens restent eux-mêmes. Ils ont une dimension qui leur permet de s'élever au-dessus de la réalité, en même temps qu'ils y reviennent.

On revient toujours au même débat : qu'est-ce que le christianisme peut apporter à un peuple étranger ? Est-ce qu'il y a vraiment une imposition d'une culture étrangère ? Vous avez vu des gens que le christianisme épanouissait.

Au moment du génocide, des chrétiens s'entretuent. Où est-il le christianisme ?

C'est peut-être une religion seulement des individus.

L'*ecclesia*, c'est une assemblée. Une assemblée de croyants. Mais pour le Christ, l'essentiel, c'est la personne. Il fait un détour pour aller voir la Samaritaine, un détour pour aller guérir un enfant.

Mais on est tellement socialisés... de pensée.

Quand, trente ans plus tard, vous avez vu ce qui s'est passé...

J'ai vécu ça avec le père Lévesque, devenu mon voisin de chambre. On s'est souvent demandé si c'était notre faute.

Est-ce que c'était notre faute s'ils arrivaient comme ça, tout à coup, à développer d'une façon totalitaire une agressivité qui existait entre les tribus comme s'ils se mettaient à imiter les révolutionnaires d'ailleurs?

Leur christianisme restait flou, comme celui des Haïtiens de tradition.

Le christianisme n'a pas empêché...

Sauf chez les religieux et religieuses, où l'on retrouvait le vrai christianisme. Le dévouement, la générosité, l'ouverture d'esprit. Je me demande si on peut convertir le peuple. Le peuple, il est têtu, il est naturel. On peut l'améliorer, lui donner des tendances nouvelles, mais pas le changer profondément.

C'est beau, vos livres sur le Japon et le Rwanda.

C'était une manière de faire le point, ma manière à moi. Mes confrères se moquaient de moi. D'ailleurs, quand je partais, ils me disaient: «Vas-tu revenir avec un livre?»

Mais vous vous êtes donné de la peine. Il ne s'agit pas seulement d'un journal de voyage.

À Kyoto, j'ai lu. J'ai beaucoup parlé avec le père Tarte, un vieux missionnaire. Je suis allé voir les missions. Je suis allé voir les gens, les étudiants. J'ai regardé comment ils faisaient leurs grèves. Je n'ai pas perdu une seconde.

À Butare, au Rwanda, j'ai profité du compagnonnage et de l'amitié de deux confrères alors dominicains: les pères Crépeau et Sylvestre. Des missionnaires hors pair: ils parlaient la langue du pays, connaissaient les familles, les visitaient, les catéchisaient. Tout ce que j'ai appris d'eux! Deux Québécois héros de la tradition orale rwandaise!

À l'Université de Caen

Vous avez enseigné en Normandie également, à Caen?

J'ai enseigné à l'Université de Caen pendant trois ans (1973-1976).

Des années universitaires complètes?

Oui. Et même, il est arrivé des choses étonnantes. La première année, j'avais sept ou huit étudiants. Et après mon premier cours, finalement, ils ont presque envahi l'amphithéâtre. J'étais original, paraît-il. Ils n'avaient jamais vu ça des professeurs qui parlent si facilement aux étudiants.

J'interrogeais les étudiants : « D'où venez-vous? De quel coin? Quel est votre nom? Des Lévesque, il y en a chez nous... »

C'était des retrouvailles sentimentales et le monde étudiant est sensible à ça. J'étais devenu une espèce de personnage.

À l'Université de Caen, c'était un peu marxiste à l'époque. Quand ils ont appris que j'étais un curé, que j'allais boire un café avec des étudiantes, tous les schèmes des Français étaient renversés. Et moi, je ne m'en suis pas rendu compte.

J'enseignais ce qu'on appelait à l'époque la civilisation canadienne-française. J'étais libre.

Donc, vous étiez là pour leur parler d'ici?

Oui et, ensuite, pour recevoir une bourse du Québec, j'avais un cours sur le Moyen Âge latin.

Il y avait beaucoup de grèves, de sorte que je n'ai rien fait... ou presque.

Mais c'était après 1968?

N'oubliez pas que 1968, c'était Paris. Quand ils sont venus pour me sortir du cours, ils n'ont pas pu parce que j'étais étranger. Je leur ai dit : « Je m'en vais, ne vous inquiétez pas, puisqu'il n'y a pas de cours ailleurs. »

C'était extraordinaire de voir les Français provinciaux. C'était un charme. Ils sont tellement gentils. Ensuite, je me sentais chez moi. J'avais des noms : Sénécal, Anctil, Lévesque, des Leclerc il y en avait tant que vous voulez. C'est très étrange.

Vous avez été là trois années complètes ?

Trois années. La première année était prévue. La deuxième année, le gouvernement français m'a redemandé. Le gouvernement canadien ne demandait pas mieux, parce qu'il avait toujours à choisir et que ça faisait des chicanes. La troisième année, il y aurait eu une guerre entre deux ou trois professeurs, un professeur serait parti avec la femme de l'autre… et moi j'étais celui qui était souriant. Ils se sont aperçus que je ne générais pas de problèmes, surtout pas avec des marxistes. Ils m'ont dit : « Vous allez nous aider à la direction du Département ? »

Quel Département ?

Le Département d'études françaises. C'était pour calmer l'atmosphère. Ça n'a pas changé grand-chose.

Il m'est arrivé des choses très drôles, étranges parfois.

Lors d'une rencontre de professeurs, une dame qui faisait de l'édition critique pour la Pléiade parle, parle, s'excite, je souris, elle me fixe des yeux, absolument en colère. « On voit bien que vous n'êtes pas de chez nous. Si vous aviez à subir l'éducation nationale. »

Plus tard, je lui ai expliqué : « Madame, vous voulez savoir pourquoi j'ai souri ? Vous avez employé cinq fois le plus-que-parfait du subjonctif, qu'on n'ose pas enseigner chez nous, au Québec, tellement c'est difficile. J'étais heureux d'entendre de l'excellent français. »

J'ai été applaudi. Elle m'a demandé de jouer au tennis contre elle… et je l'ai laissée gagner.

Qu'est-ce qui vous a marqué le plus de la Normandie ?

D'abord les amis normands que je n'ai jamais oubliés, présents en mon esprit comme avant.

Surtout les cimetières de guerre. Après mes cours, à l'université, souvent, très souvent, j'allais marcher dans les cimetières. À Caen, j'étais au centre des lieux du débarquement.

J'avais des étudiants qui étaient les enfants de ceux qui ont été tués ou qui ont survécu aux débarquements. Ils me disaient : « Papa m'a dit que les Canadiens, vous êtes descendus là. » À Courcelle, j'allais voir les parents, ceux qui survivaient. J'allais me promener dans les cimetières et je voyais : 20 ans, 22 ans, 23 ans… je trouvais ça émouvant. Je me disais : « C'est les nôtres. C'est à cause d'eux que j'enseigne. C'est à cause d'eux qu'on est ici. »

Je l'ai dit ailleurs, ces jeunes morts à la guerre pour nous me rappellent le Christ qui monte à Jérusalem pour y donner sa vie à l'humanité.

Le monde de l'édition : Le Noroît, Fides, etc.

Vous n'avez pas été qu'un enseignant, un universitaire. Vous avez été aussi présent dans de nombreuses institutions culturelles. Vous avez créé ou co-créé des revues, vous avez été présent aux Éditions du Noroît, vous avez dirigé une collection chez Fides. Pour vous, cette dimension de responsabilité culturelle a été importante ?

Oui. Il a été important de me mettre au service des institutions, plutôt que de me mettre au seul service de mon moi profond. Pour moi, c'est évangélique d'aller vers les institutions, lieu du bien commun.

Une phrase de Pie XI m'a toujours impressionné. Il disait que de devenir un homme public, c'est le summum du don de soi. Un des plus beaux exemples de la charité, selon lui, ce sont les hommes d'État qui donnent leur vie à leur communauté d'appartenance.

Pouvez-vous parler des Éditions du Noroît ?

J'étais là à la fondation en 1971. Ça se passait chez René Bonenfant, à Saint-Lambert. Étaient présents son épouse, Jacques Brault, une ou deux autres personnes. Bonenfant a dit qu'il fallait faire quelque chose pour la poésie. Il a dit : « Nous allons lancer quelque chose à nos risques. Et on va gérer ça dans la maison. » Et lui il a fondé ça. Et pendant un an, deux ans, tout se passait dans le sous-sol. Ils ont publié de beaux livres. Jacques Brault a publié là.

Vous avez publié des choses au Noroît ?

Oui au Noroît, j'ai publié plusieurs livres, dont mes contes : *Trilogie en Bellechasse*. Je les ai beaucoup amusés. Les livres du Noroît ne se vendent pas. Mais mes livres se vendent. Voyez-vous, la religion ça rapporte ! J'exagère une fois de plus !

Vous avez aussi été responsable d'une collection chez Fides ?

L'expérience vécue en lien avec les Éditions Fides (sur le boulevard Dorchester, maintenant boulevard René-Lévesque) de 1956 à 1972, pour la publication des *Classiques canadiens* en 45 volumes, fut assez unique en son genre.

Elle réussit et trouve son public. Le comité de publication désigné par l'éditeur Paul-Aimé Martin, c.s.c., était composé de Félix-Antoine Savard, Guy Frégault, Luc Lacourcière, Marcel Trudel et moi-même.

Les séances de travail demeurent les mêmes. Le fondateur des éditions, le père Martin, préside, sage et déterminé, il sait où il va, sans que nous le sachions toujours. Bien sûr, l'abbé

F.-A. Savard n'a pas les mêmes réflexes que le laïc militant Marcel Trudel ; on le sait et on le vit. Il demeure que le travail se fait et les consensus sont relativement faciles quant au choix des collaborateurs. Pour ma part, j'apprends sur le terrain à respecter les différents points de vue.

Frégault parle peu, il écoute, prépare *Frontenac* (1956) et le publie. Luc Lacoursière promet un *Nelligan* qui ne viendra jamais. Marcel Trudel, concis, se met aussitôt à la tâche et voici en 1956 son *Champlain*. F.-A. Savard prépare lentement *Marie de l'Incarnation* (1962). Moi, en 1956, j'achève *Saint-Denys Garneau*.

Comme le comité de rédaction donne l'exemple, la collection est vite mise en route. Elle rendra de grands services à l'époque.

Pour moi ce fut encore une heureuse expérience. J'étais habitué à travailler seul en cellule. J'apprends à composer avec d'autres auteurs, à gérer intérieurement des différences. Il faut dire que j'aime l'auteur de *Menaud* en particulier. Quant à Marcel Trudel, j'ai encore pour lui, comme pour un autre historien de la Nouvelle-France, le père Lucien Campeau (mort en 2003), un immense respect. Pour moi, Campeau et Trudel sont des piliers, des modèles. Si près des sources, si fidèles à leur idéal de chercheur méthodique. Je les admire d'autant plus que j'ai peu de souci du détail, ni la patience de tout vérifier.

1956-1975. Directeur-fondateur de *Vie des lettres canadiennes* (1956-1972) et *Vie des lettres québécoises* (1972-1979). En 1956 – et jusqu'en 1974 –, je me retrouve avec le regretté Jean Ménard (1930-1977) de l'Université d'Ottawa et Luc Lacourcière (mort en 1989), de l'Université Laval, directeur-fondateur d'une série d'études sur la *Vie des lettres canadiennes*, canadiennes entendu dans le sens traditionnel où *canadien* veut dire *canadien-français*. Bien sûr, plus tard il faudra rebaptiser la série *Vie des lettres québécoises.* Nationalisme oblige! Le changement d'adjectif n'ajoute rien à la valeur de cette collection qui eut son heure de gloire, grâce à la collaboration des éditeurs des Presses de l'Université Laval.

C'est surtout Jean Ménard qui m'a épaulé et lui, le premier, fera le travail essentiel qui consiste à relire les manuscrits. Jean est un ami et il a été mortellement blessé par des comptes rendus de ses propres œuvres, rédigés par le critique Gilles Marcotte. Jean, trop sensible, finit ses jours brisé, heurté, découragé.

Les critiques d'ici, en général, à l'époque de Jean Ménard, étaient des imitateurs des prosateurs français qui, eux, vivaient dans l'abondance des textes. Ici, au Québec, où l'on devrait plutôt encourager, voire conseiller les jeunes auteurs, pour se montrer «intelligents» et perspicaces, on se complaît parfois, sinon souvent, à les «descendre», je veux dire «à les sous-estimer».

Est-ce à cause de nos complexes d'infériorité si la majorité de nos écrivains éprouvent beaucoup de peine à se mettre en route? Peu, dans ces années 1940, savaient les encourager.

Quant à Luc Lacourcière, il oubliait de répondre à nos appels, tout en désirant signer comme directeur de collection.

Je reviens à Jean Ménard, homme d'un grand savoir littéraire. Il était d'une loyauté sans bornes. Par lui, amateur aussi, j'apprends sur la peinture, la sculpture, la musique.

À mesure que la vie des lettres dans notre milieu est activée par quelques auteurs et écrivains dont on ne se souviendra peut-être jamais.

Les auteurs des éditions critiques en général, ces héros-martyrs de nos lettres, sont vite oubliés. Pourtant, ce sont eux qui assurent souvent la durée d'une tradition littéraire.

Devrais-je parler d'une noble aventure? Il s'agit des *Cahiers d'histoire du Québec au XXe siècle.* Dix numéros, de 1968 à l'hiver 2000. Une revue semestrielle, préparée au Centre de recherche Lionel-Groulx.

Grâce aux donateurs qui y croyaient, grâce aux collaborateurs qui tous, comme le rédacteur en chef Stéphane Stapinsky et moi-même, travaillions gratuitement. Les *Cahiers* n'ont obtenu aucune subvention. Ils ont été rarement cités, plutôt boudés par les historiens d'université. Les grandes bibliothèques des grandes universités du Québec n'y étaient pas abonnées, ce qui est incroyable. Et pourtant les *Cahiers* s'imposaient par leur contenu et par la qualité de leur présentation.

Je ne comprenais rien à ce refus. J'étais surpris, un peu malheureux au début.

Le Devoir? Il n'en dit rien ou à peu près rien. La *Revue d'histoire de l'Amérique française* reste discrète, hormis quelques mentions rapides.

Des amis m'ont expliqué que la *Revue d'histoire de l'Amérique française*, propriété des revues de l'Université du Québec, avait des problèmes de diffusion autant que d'argent. Comment pourrait-elle favoriser une nouvelle revue au Québec, dirigée par un curé, médiéviste en plus, entouré de «jeunes inconnus»?

Ma conviction profonde demeurait et demeure que pour étudier la nouvelle identité québécoise sans tomber dans la fiction, comme dirait Gérard Bouchard, et pour créer de nouvelles solidarités, il convenait d'ajouter aux revues existantes un certain encadrement culturel au-delà des frontières établies.

Notre aventure vouée à l'indifférence s'est terminée par un numéro préparé sous le signe de la vie de l'esprit et de la modernité.

Aujourd'hui, je me sens heureux d'avoir donné à mon «pays» en devenir plusieurs heures de ma vie et d'avoir prouvé à mes intellectuels et historiens du Québec que je les aimais, que je les aime, que je les aimerai même malgré eux!

Le Devoir et **Fides**

Nous remarquons que vous avez toujours eu une certaine préférence pour les Éditions Fides et Le Devoir.

Les Éditions Fides, oui, par amitié pour le père Martin, leur fondateur. Cette œuvre s'est imposée par sa qualité d'édition, ses choix et son souci de garder un lien entre savoir, science, foi et culture. Le père Martin, c'était un vrai Québécois qui arrivait en ville! Quel flair! Quelle ruse! Si humble! Si efficace!

Quant au journal *Le Devoir,* malgré toutes les embûches, ce quotidien garde le cap sur le fait québécois comme expression politique du Canada français. Quelle ténacité! Cette difficulté qu'il éprouve à traiter de cette forme de religion catholique qui fut celle du Québec jusqu'à ces dernières années tient peut-être à nous les clercs qui avons paru plutôt désarmés face à tant de refus.

Parlons de Fides, cet éditeur auquel vous avez souvent attaché votre nom et où vous avez trouvé tant d'amis qui, nous le croyons, vous sont encore chers, même s'ils sont décédés.

C'est chez Fides que j'ai d'abord rencontré Mgr Félix-Antoine Savard, Luc Lacourcière, Marcel Trudel et d'autres.

J'étais parfois l'homme de confiance du père Martin, directeur-fondateur de la maison. On était vraiment bien à travailler ensemble. J'aimais déjà beaucoup l'édition, les livres.

Le père Martin était un homme à la fois très humble, très efficace, et secret, mais aussi capable d'audace.

Félix-Antoine Savard

Comment avez-vous connu Félix-Antoine Savard?

Je l'ai connu lorsqu'ont été fondés les *Classiques canadiens* (Fides).

Nous sommes par la suite devenus de grands amis. Nous avons siégé ensemble à différentes occasions, nous nous sommes retrouvés à l'université.

Ensuite, je suis devenu ami avec Luc Lacourcière.

Félix-Antoine Savard et Luc Lacourcière étaient très proches. En étant ami de l'un ou de l'autre, je devenais nécessairement partenaire.

Il faut dire que Luc Lacourcière profitait de la notoriété de Savard et Savard profitait de la réputation de folkloriste que Luc Lacourcière avait, en tant que successeur de Marius Barbeau. Un Beauceron très près des gens, Luc Lacourcière avait son côté archiviste et son côté secret, habile à découvrir le secret, l'inédit.

Il y avait une convergence absolue. Au point de vue idéologique. Au point de vue amour des gens, du peuple.

Il existait un besoin de connaître leurs chansons, leurs rigodons, leurs contes. À ce propos, je me souviens que Mgr Savard m'avait demandé de préfacer *Le Barachois*. Ce que j'ai fait (Fides, 1963).

Nous avions beaucoup de plaisir avec F.-A. Savard. On se retrouvait quelquefois dans les restaurants à Québec. Il y avait également Conrad Laforte, folkloriste. Ensuite un compositeur du nom de Roger Matton, un imprévisible musicien reconnu pour ses rendez-vous manqués.

Nous étions surpris, à l'époque de nos études, de voir un Monseigneur parmi les romanciers.

Mgr Camille Roy, le chanoine Groulx, Mgr Vachon à Québec, ça faisait partie du même territoire. Les prêtres à l'époque souvent faisaient de la poésie, écrivaient des livres. C'était l'époque cléricale. Le prêtre faisait partie du paysage « québécois » à part entière.

Donc vous êtes devenus très amis, Mgr Savard et vous?

Très très amis. J'ai des lettres de lui. J'en ai déposé une à la bibliothèque Saint-Michel-de-Bellechasse.

On s'écrivait. On s'occupait de folklore, d'études médiévales. Savard était un homme généreux, intellectuellement très ouvert, mais aussi un homme qui avait besoin d'être approuvé, ce qui est normal. Je suis allé souvent chez lui à Charlevoix.

On a fait ensemble des enquêtes folkloriques à Saint-Hilarion. Même qu'à un certain moment, je l'ai supplanté, à cause d'un monsieur qui avait une maladie de la peau, on appelait ça... à l'époque..., une maladie qui part très vite. Un soir, Mgr Savard était là. On portait la soutane. J'étais en blanc, donc ça impressionnait beaucoup plus les enfants que Mgr Savard qui était en noir. Ce monsieur-là demande à Mgr Savard de le guérir. Et Mgr Savard dit : « Je vais vous bénir. » Moi j'ai dit : « Non seulement je vais vous bénir, mais je vais vous guérir. » Et le lendemain, sa maladie de peau n'était plus visible. Lacourcière a conclu : « Lacroix est plus fort que Mgr Savard pour les miracles. » Ça, c'est de l'excellent folklore !

Est-ce qu'il venait d'un milieu rural?

Oui, j'avais l'impression qu'il était comme nous. D'un milieu rural et aussi d'un milieu forestier. Il était curé à Clermont. Il aimait tellement les gens.

Son roman, *Menaud, maître-draveur,* c'était du vrai pour moi, d'après la connaissance que j'avais de lui.

Et lui, Mgr Savard, comment le voyez-vous aujourd'hui?

Mgr Savard, un grand romantique, les yeux toujours à l'horizon, il ne nous regardait pas tellement en face. Il regardait le paysage. Ça m'a toujours frappé. Quelqu'un qui ne vous regarde pas, qui vous situe toujours dans le paysage où vous êtes. Des yeux de marin, si vous voulez. Comme un marin, lorsqu'il regarde le fleuve, il ne regarde pas simplement le quai à côté, il voit tout le fleuve et il imagine l'océan.

Mgr Savard, ce qui me frappait toujours, c'est ses yeux, son regard. Ensuite, son extrême sensibilité.

D'autre part, humain comme nous tous, il avait de la difficulté à accepter la critique.

À un certain moment doyen de faculté, Trudel s'était opposé à lui. Trudel était un historien d'une immense précision. Savard, c'était le poète qui imaginait les paysages. Il n'avait pas besoin de dates. Tandis que Trudel avait besoin de structures, de textes, de documents pour écrire la vraie histoire des faits.

Mgr Savard, on n'était pas porté à le critiquer, par respect. Souvent, on ne voyait pas la réalité comme lui, mais on ne pouvait pas tellement le lui dire. J'oserais dire que c'est son extrême sensibilité qui quelquefois nous paralysait. On le sentait toujours ému.

Alors, siéger en même temps chez Fides avec Guy Frégault, si sérieux, avec Trudel, si exact, avec Mgr Savard, Luc Lacourcière, c'était toute une épopée pour moi. Chacun avait une personnalité très forte.

Présences

Fernand Dumont disait de vous : « Il est passé maître dans l'art de concilier de manière absolument remarquable sa contribution à la culture savante et son affinité avec les gens des milieux populaires. Cette présence aux deux extrémités de la culture est tout à fait exceptionnelle. »

Est-ce que la confiance de base que vous donne votre vie chrétienne est un facteur important de cette universalité ? Votre attitude positive, accueillante, attire les gens.

Je ne fais pas d'effort.

Quand je vois les Pères de l'Église redire que toute créature humaine est faite à l'image de Dieu, je n'ai pas le goût de me demander si la personne en face de moi est athée, incroyante ou divorcée.

Je n'ai pas le droit de juger à partir des étiquettes reçues ou imaginaires, sans oublier la tradition des rumeurs.

Vous avez la capacité d'être à l'aise, de communiquer avec le monde du sens commun et le monde savant.

Je m'accuse quelquefois, devant des confrères, d'être léger, panoramique. Fausse ou vraie culpabilité?

Vous avez fait un séjour à Harvard en 1959-1960.

Plus que ça. Trois années de suite. J'étais boursier de la Guggenheim. J'étais avec Léon Dion (†1997), sociologue et écrivain.

J'avais chaque fois trois mois payés. J'allais à la bibliothèque Widener travailler en histoire, en historiographie.

Ils avaient des livres en français?

Ils ont tout. Vraiment tout. C'est incroyable.

Léon Dion était un ami du père Georges-Henri Lévesque. On s'est identifiés très vite.

Léon Dion arrivait à neuf heures avec son lunch. Il en ressortait à neuf heures du soir. C'était trop pour moi. Quel bonhomme! Quelle générosité aussi!

C'était impressionnant pour moi de voir Léon Dion, qui avait déjà beaucoup de prestige à l'époque. C'était un éternel étudiant. Il lisait tout.

Nous avions chacun notre travail. On s'encourageait mutuellement.

À mon avis, Léon Dion mériterait d'être lu et relu, sinon réédité. Voilà un penseur politique généreux, conciliant, nuancé!

La fréquentation des poètes
et des artistes

Il semble que vous avez connu plusieurs poètes et artistes, comme
Gatien Lapointe, Marie Uguay, Mireille Lanctôt, et d'autres
comme Guy Maufette...

Ah! Marie! Très émouvant. Je suis allé la voir chez elle, elle
avait le cancer. Je l'ai vue après son opération. Ma visite n'avait
rien du prêtre traditionnel. J'admirais ce qu'elle faisait. Je la
sentais beaucoup souffrante. J'ai jugé que je me devais, étant
donné que je connaissais la personne par ses paroles, ses poésies,
que je me devais d'aller la voir pour aller la voir, sans plus!

Pour moi, c'était une question de gratitude. Elle m'a très
bien accueilli.

Dans son journal, on voit une femme qui lutte pour espérer, qui
parle de l'amour, de ses voyages. Vous avez parlé...

On a parlé bien simplement. J'ai même reçu une belle lettre
d'elle. Je l'ai donnée à une nièce, qui aime la poésie.

Marie Uguay, pour moi, c'était une des grandes poétesses,
mais dans la ligne précise de la souffrance, d'une œuvre en
route. Elle me rappelle un peu Saint-Denys Garneau qui, dans
ses moments d'angoisse, était au meilleur de sa forme. La
souffrance, finalement, était la source de leur poésie.

Marie Uguay me fascinait beaucoup, parce que c'était
l'époque où tout à coup la sexualité s'imposait ici et là comme
une source de la poésie. Épicure...

Et moi, je voyais chez Marie Uguay, comme chez Saint-
Denys Garneau, un stoïcisme latent.

Le stoïcisme est une très grande chose. C'est une chose que
je retrouve aujourd'hui, d'ailleurs, et beaucoup dans le bouddhisme, tel qu'il est pratiqué. Ce besoin de se ressaisir, de
s'auto-affirmer, de se sauver soi-même, le courage personnel.

Donc, Marie Uguay, c'était ça. Elle savait qui j'étais, il n'y avait aucune ambiguïté en ce sens-là. Elle ne m'a pas demandé de la consoler. Ou de lui dire mes perspectives. Je trouvais que sa souffrance était tellement intense. Elle la manifestait dans ses écrits. Elle était pour moi déjà une voie de salut.

Vous avez mentionné quelque part, dans un article, qu'elle s'était nourrie de Neruda.

Oui. Elle m'avait parlé de Neruda et c'est ce qu'elle m'a dit.

Beaucoup de poètes se sont nourris de Neruda sans jamais le nommer.

Elle m'avait dit que Neruda l'intéressait beaucoup et qu'elle le lisait. Elle le lisait en fonction, non pas de sa maladie, j'oserais dire, mais en fonction de la qualité même de son œuvre.

Mais vous avez continué à fréquenter les poètes. Vous parlez de Marie Uguay, dont vous lisiez les poèmes, et bien d'autres poètes et artistes semblent être près de vous, dans un sens ou l'autre.

Ah! j'aimerais nommer tout de suite le peintre Muhlstock, ou encore Mireille Lanctôt, Gatien Lapointe († 1983), sans oublier l'inévitable Gaston Miron († 1986) et l'inimitable Guy Maufette († 2005).

Parmi les femmes tristement oubliées, mais si «spirituelles»: Gemma Tremblay († 1974) ou encore Rita Lasnier. Aussi oubliée, bien que vivante, Michelle Lalonde, poétesse engagée.

Dire qu'à une certaine époque, dans *Le Devoir*, à chaque semaine, il y avait une poésie. Je me souviens de la *Revue dominicaine*. Anne Hébert a publié, elle aussi, dans la *Revue dominicaine*.

Ils sont très importants les poètes au Québec. Ce sont des visionnaires. Oubliés, à moins d'être politisés, comme Miron.

J'ai connu Miron. Très intelligent, moqueur. C'est Jacques Grand'Maison qui a présidé les funérailles, dans le Nord. Miron dort dans le cimetière catholique.

Mireille Lanctôt (†1984)

Vous avez parlé de Mireille Lanctôt.

Mireille était une grande amie à moi. Chrétienne authentique, en recherche, qui ne reniait rien. À la fin, nous discutions de Teilhard de Chardin. Et moi, juste pour le plaisir de discuter, je prenais le parti opposé. Elle était si éprise de Teilhard de Chardin!

Mireille était à la fois peintre et journaliste à la radio et à la télévision. Très belle, elle représentait la femme telle que la société du temps la souhaitait : digne, instruite, libre.

Très cultivée. C'était une femme moderne qui évoluait dans une société moderne. Avec une pensée philosophique, spiritualiste très très forte. À Radio-Canada, elle était une excellente intervieweure.

Sa disparition fut une perte énorme. L'univers féminin était en grand deuil.

Elle était capable d'être elle-même vis-à-vis de sa famille, même vis-à-vis de sa religion. Et en même temps, elle était capable d'aimer tout son monde. Elle était amoureuse des artistes, amoureuse de ses frères et sœurs.

Une société prouve son excellence quand elle est capable de produire des gens comme Mireille Lanctôt.

Commentaire d'un poème de Gatien Lapointe

Vous avez connu personnellement Gatien Lapointe. Pourriez vous commenter quelques vers de ce poète? Voici la première phrase qui nous a frappés : « Et naît le souffle d'eau au large de l'aurore. »

Le fleuve, l'océan, l'eau, le premier, c'est très important. Gatien Lapointe n'est pas du tout de la tradition de ceux qui s'interrogent, qui se morfondent, avec leur gros moi profond, c'est le lien direct avec la nature.

« Deviendrais-je le monde que je rêve ? »

Il rêve à l'univers, il est au-delà des frontières. Au-delà de la politique.

Ce que j'aime, moi, c'est de retrouver l'eau. Un élément incontournable dans la nature et la poésie.

Gatien Lapointe, je l'ai enseigné en Normandie.

« Saurais-je l'ordre d'un arbre qui monte en plein élan de ses racines ? »

L'arbre pour moi est un modèle de ténacité. C'est un modèle de vie concrète. Il est toujours exposé. Il a le courage d'être toujours dehors. Il sera toujours exposé au vent. Il tient debout à cause de ses racines.

C'est un appel que le Seigneur nous envoie, parce que le Seigneur parle à travers la nature. Les arbres ont un langage particulier.

L'histoire de l'humanité commence avec un arbre. L'arbre du bien et du mal. L'arbre est incontournable. Dans les arbres, il y a des messages. Je suis près des Amérindiens de ce point de vue là.

C'est un message qui reste un mystère. Notre vie reste un mystère. Je crois que le mystère est inévitable. Le mystère, c'est d'en savoir un peu mais de ne pas savoir le reste.

Revenons à Lapointe : « Les autres m'obligent d'espérer. »

La part des autres dans la vie est très importante, mais aujourd'hui j'ai l'impression que très souvent les autres nous invitent à désespérer, que les autres nous donnent, à travers le pouvoir médiatique qui nous les fait connaître, toujours des images plus négatives. Ils font la guerre, ils se battent, ils divorcent…

Les autres qu'on ne voit pas, les autres du quotidien, les autres qui croient dans de petites choses, qui vont au travail le matin, les autres dont on ne parle pas, eux me font espérer.

Si je parle des personnes dans mon expérience personnelle, il n'y a aucun doute qu'elles m'aident à espérer. Même les plus pessimistes. Je retrouve souvent chez ces derniers une tendance à vouloir vivre leur vie de façon plus positive.

La plupart des suicides que je connais, ce sont des suicides très personnels. Ce sont souvent des individus qui se sont détachés de la société. Qui se sont éloignés des autres. Ils me confirment qu'on a besoin des autres.

Je les prends comme des exceptions qui ne me donnent pas le droit de juger. S'ils s'étaient occupés des autres, ils ne se seraient pas suicidés. Ils se sont éloignés peu à peu, à cause de drames intérieurs.

Le suicide est vraiment un phénomène très individualiste.

Relisons Lapointe : « Ce jour ne m'appartient pas si je n'ai pas nommé tous ceux que j'aime. »

Ah! c'est beau, ça me plaît. On est solidaires les uns des autres. Et chaque jour, on devrait nommer tous ceux qu'on aime. Et donner à chacun une pensée, moi je dirais une prière. C'est très important d'être avec les autres, d'être avec les autres pour les aimer. Et non pas pour les juger.

Et pour se souvenir de ce que sont les autres. Parce que les autres sont bien meilleurs qu'on ne le pense.

C'est beau, ces citations de Gatien…

Il dit aussi : « J'inventerai un merveilleux voyage, j'annulerai les hasards de ma mort. » Notre vie n'est pas une dérive.

Non. Il y a toujours le fleuve, toujours le devenir. Sa mort, à 52 ans, une mort naturelle, a surpris beaucoup de monde. À Trois-Rivières, on s'en souvient beaucoup.

Il dit une chose étonnante : « J'ai répété sept fois le mot obscur de Dieu. »

C'est sa recherche. Est-ce qu'on peut accepter que Dieu soit obscur ? Parce qu'on veut avoir la lumière. Dieu reste un mystère. On a beau avoir la foi, on peut avoir tous les dogmes possibles, il reste que ce Dieu-là, comme dirait la Bible, reste un Dieu caché.

Je ne peux pas le percevoir. Je peux écrire son nom, mais en l'écrivant je le diminue. Je peux faire une image, mais en faisant une image je me trompe. J'aime beaucoup les athées qui sont purs. Parce qu'ils nient Dieu, parce que le Dieu qu'ils voudraient connaître, ils ne peuvent pas le connaître. Et le Dieu dont ils ont entendu parler ne peut être qu'un Dieu de l'histoire. Un Dieu humain. Un Dieu piégé par nos mots, par nos images.

Les musulmans ont des choses à nous apprendre, les juifs aussi : le respect du nom de Dieu. Les musulmans multiplient les noms. Les Juifs cherchent plutôt à les éviter. Moi je trouve ça très beau. Maître Eckart. Les gens de « l'inconnaissance » au XIVᵉ siècle. Ce n'est pas bête. Ils viennent nous rejoindre, eux.

Si tu ne le connais pas, il faut que tu te taises. Si tu ne le connais pas, parles-en comme quelqu'un qui ne le connaît pas, mais en en parlant, tu exprimes tes désirs.

Vous avez nommé le mot Dieu à plusieurs étapes de la vie… peut-on parler d'une quête ? Le mot Dieu a-t-il changé de coloration ?

J'ai l'impression que c'était trop superficiel pour dire que c'était une quête. C'était plutôt un héritage. Un héritage reçu.

Quand j'ai commencé à réfléchir personnellement sur le Christ – ça a pris du temps –, c'est là que j'ai vu l'unicité du Christ, qui parle de Dieu d'une façon extraordinaire, par rapport à Bouddha, par rapport à Moïse.

Votre relation à Dieu…

Elle devient. Et là, je suis en train de m'apercevoir que Dieu a voulu, a permis que je vive longtemps, pour me permettre de le connaître davantage.

Et pour le faire connaître. Parce que ma connaissance n'est jamais tournée seulement vers moi. Je ne veux pas apprendre pour apprendre. Je veux apprendre pour donner. C'est notre côté dominicain. « *Contemplata aliis tradere.* »

Mireille Lanctôt m'invitait à ses vernissages. De même que d'autres aujourd'hui, qui ont sans doute une tendance spiritualiste qu'ils poursuivent à travers la peinture.

Ils vous invitent même s'ils ne vous connaissent pas personnellement?

Même s'ils ne me connaissent pas. Ils ont entendu parler de moi.

L'intérêt pour la peinture est important chez moi. J'ai passé tout un mois à visiter le Louvre. Tout un mois. J'ai toujours été très attiré par la peinture et les musées.

J'ai aussi été très très ami avec Louis Muhlstock, un peintre-dessinateur qui est décédé récemment. Il m'avait même donné une peinture. Il était juif. J'allais le voir à son atelier. J'ai des lettres de lui. Quel peintre fascinant. Libre, généreux, affable. Une visite chez Muhlstock, c'était chaque fois inoubliable, un rituel!

Et qui d'entre nous pourrait oublier Gaston Miron († 1996)? Gaston que je rencontrais aux lancements et aux salons du livre. Gaston le joyeux, le douloureux, l'amoureux, l'oral, le rassembleur, le Québécois du Nord aussi turbulent que son p'tit train. Quel plaisir de causer, de rire avec lui! Gaston le poète à l'état pur.

Des noms d'artistes vivants tout de suite reviennent à ma mémoire un peu au hasard, mais des artistes qui me sont très chers et avec qui j'ai des rapports personnels, Jacques Brault, si discret et pourtant… Fernand Ouellette, Hélène Dorion, une Anne Hébert philosophe, en plus des musiciens-compositeurs.

Mes rapports avec la sculptrice Sylvia Daoust, surtout avec la géante des tapisseries de haute lice Micheline Beauchemin et l'ami cher René Derouin, tous les deux excellents en art mural, sont toujours aussi chaleureux. Micheline Beauchemin, si discrète. Dans ses très belles fresques, tout y passe : une vive sensibilité, un grand cœur, et le goût à caractère universel pour tout ce qui s'appelle finesse, doigté, autant que vérité des yeux.

Et René Derouin, l'artiste coloré qui creuse sa route, franchit l'espace et ouvre sa vie à l'interculturel, à la globalité.

Pour ma part, j'adore rencontrer les poètes tout bonnement, sans apparat, sans programme et parler avec eux.

Par exemple, j'ai passé une soirée extraordinaire avec une intellectuelle italienne, Jacques Brault et Hélène Dorion. On était ensemble à tous points de vue. On n'a pas eu besoin de demander si on était français, ou anglais, ou italien.

Vous parliez de quoi ?

On parlait de poésie, on parlait de la société, on parlait de l'évolution de la littérature moderne.

J'ai noté qu'il y a beaucoup plus de divinité dans l'implicite souvent que dans l'explicite. Le divin, c'est caché. Le divin, c'est secret. Comme l'amour.

Il y a des gens qu'on aime tellement profondément qu'on n'a pas besoin de le leur dire et qu'ils n'ont pas besoin de l'entendre. Le mystique est poétique. Le spirituel est partout.

Hélène Dorion dit quelque chose qui fait penser à Dieu, mais qui n'est peut-être pas une référence à Dieu : « Quelqu'un vient, nous prend la main, nous force à nous relever, à emprunter une autre voie que celle du vide. On tire le fil de lumière jusqu'à l'autre rive. »

« [...] c'est l'œuvre dans une poussée sans fin, sans rien à rejoindre. »

C'est le désir de l'infini. Le jour où on ne désire plus l'infini, qu'est-ce qu'on est?

Je préfère penser au fleuve en pensant à l'océan, plutôt que de simplement penser au fleuve en pensant aux rives.

Est-ce que ce n'est pas l'expérience commune de la plupart des gens qui ont ce besoin de s'instruire, de s'améliorer, de se développer? Une montée. Mais s'ils avaient une vie religieuse, un dialogue avec quelqu'un, ils verraient peut-être le sens de ce mouvement-là.

Dès que les gens ne prient pas, ils se retrouvent précisément dans la situation que vous décrivez. Je vois ça en accompagnant des malades. Des intellectuels. Le jour où ils commencent à prier, ça veut dire qu'il y a une acceptation et une ouverture sur l'infini.

On a été élevés dans un monde religieux et pour être dans le monde d'aujourd'hui on s'en éloigne. On a peut-être gardé la petite lumière de la foi mais on se cherche un langage qui permettrait d'en parler.

Je vais vous donner un exemple récent. Chaque année, il y a des artistes qui font la traversée de la Gaspésie en hiver. En 2004, on m'a invité comme invité d'honneur. « Qu'est-ce que je vais faire là? » On me dit : « On a besoin de vous. » Qu'est-ce que ça veut dire, ça? Je me le demande encore.

Il n'y a pas que des poètes et des universitaires qui tournent autour de vous. Il se trouve peut-être des « gens » de la politique et, nous dit-on, de la finance.

Sans doute l'influence de mon père. Ce sont les hommes de la politique qui m'intéressent surtout, au point d'en avoir parfois pitié.

Daniel Johnson père

Pouvons-nous parler de Daniel Johnson père?

J'ai connu Daniel Johnson parce que je préparais le premier mariage de son fils Daniel.

Je ne me souviens pas s'il était premier ministre ou chef de l'opposition. Je me souviens surtout d'avoir rencontré un homme d'une grande bonté; en même temps, il avait une sobriété dans la parole, une sorte de sagesse, de lenteur même; ça me frappait beaucoup. Il observait. Ses yeux semblaient plus importants que sa langue.

Il ne faisait jamais sentir l'importance qu'il avait dans la société. C'est son côté humain, son côté discrétion, et en même temps efficace – les gens l'aimaient.

La force de Daniel Johnson, c'était d'être capable d'intégrer tout ça et de rester maître de lui-même, et de ne pas être porté à l'insulte, de respecter l'autre, et d'être fier d'occuper ce poste-là.

Comme il le disait lui-même, il vivait dangereusement. Et on n'aurait jamais pensé que ce danger-là pouvait le stresser. Il avait une manière très digne, extérieurement.

J'aimerais ajouter que les deux fils Johnson, Daniel et Pierre-Marc, m'avaient beaucoup impressionné par leur simplicité, leur intelligence. Daniel le pacifique et Pierre-Marc, éveillé à tout.

D'autres politiciens?

D'autres politiciens? Je me souviens d'avoir enseigné à Bernard Landry. Étudiant sérieux, appliqué. À l'Université de Montréal dès 1945, Dieu sait si j'en ai des souvenirs de politiciens de toute espèce. Passons!

Il m'est souvent arrivé de parler à Lucien Bouchard. Il m'impressionne chaque fois. C'est un homme d'État à la Pearson.

En même temps, je garde une opinion favorable de chacun d'eux: donner sa vie, son temps, risquer sa réputation pour la chose publique exige un grand courage et du caractère. Ce que le «gros public» peut être méchant à ses heures! Je ne veux pas insister ici.

Une rencontre avec Gilles Vigneault

Vous avez rencontré Gilles Vigneault récemment.

Oui. La récompense de mon amour des artistes et des hommes publics qui osent tout donner à la société.

Je le connaissais, mais on ne s'était jamais vraiment parlé. Seulement une fois. Moi, Vigneault, c'est mon modèle, du type qui incarne tout ce qu'il chante, toute sa poésie, toute sa prose. J'avais dit en entrevue que c'est peut-être celui qui m'a le plus influencé quand j'ai décidé de quitter les études scientifiques pour en arriver à rejoindre le public à travers la parole, les gestes, la vérité des récits de vie.

Il est vrai que nous avions fait un film ensemble sur Saint-Benoît-du-Lac; ensuite, nous avons été décorés ensemble à l'université, mais sans jamais vraiment causer.

De quoi avez-vous parlé en 2007, quand vous l'avez rencontré pour un projet de film?

Nous avons parlé beaucoup de l'importance d'enraciner sa vie. Lui, il parlait de son père, de sa mère, il disait qu'il vivait encore de ce qu'il avait appris au collège. Il vivait encore des humanités. Il éprouvait beaucoup de tristesse de voir que les humanités n'étaient plus au programme.

Il a eu un grand ami à moi comme maître: Luc Lacourcière. Tous les deux des hommes de fidélité.

Sa foi? «Moi, je suis un croyant, mais je ne crois pas à n'importe quoi», a-t-il dit d'un ton très amical.

Il y a certains traits parallèles entre vous deux, la proximité du fleuve, la fidélité à vos origines. Vous avez beaucoup écouté ou lu la poésie de Vigneault?

J'ai assisté à tous les concerts de Vigneault à Montréal. Je le lui ai dit d'ailleurs. Il n'en revenait pas. «Les disques, je n'écoute pas ça. J'avoue avoir quelquefois enregistré illégalement vos concerts.» Il m'a dit: «Vous n'êtes pas le seul.»

Je lui ai dit que j'enregistrais «secrètement» les chants, les applaudissements, les rires. «Pour moi, c'est aussi important que vos paroles.» Ça, ça lui plaisait beaucoup.

Être devant Gilles Vigneault, voilà qui m'a donné une idée de ce qu'un homme peut faire avec son passé. Moi, le fleuve, je l'aime beaucoup. Lui, le fleuve, c'est la mer; moi, le fleuve, c'est l'île d'Orléans.

Nous nous retrouvions, à cause de l'espace, à cause de nos origines, lui, il a 78 ans, je pense, moi j'en ai 91[5]. C'était un moment historique.

Tout à coup, il s'arrête en cours de conversation qui a duré près de deux heures et me chante une hymne religieuse en latin.

«Ah, je me souviens de ce chant-là et de bien d'autres.»

Il part faire un petit tour de France pour, comme il dit, «aider sa mémoire» à ne pas céder.

Vigneault, c'est la Parole faite chanson. C'est la vérité d'un Québec devenu adulte. Tradition et modernité pour le meilleur!

Un de ses recueils s'appelle Tenir paroles.

Un vrai homme de parole et de tradition orale! Lui était à Rimouski, moi, à Sainte-Anne-de-la-Pocatière. Tous les deux, nous avons été instruits par des prêtres résidents. Je devine une

---

5. Cet entretien a eu lieu en 2007.

grande part de reconnaissance chez lui envers ses parents, ses amis, son collège, sa fidélité envers les anciens. Quel prodige de courtoise politesse! Vigneault est parmi les grands de toute notre histoire depuis 1760. Il faudra un jour relire, étudier ses monologues faits de tant de sagesse et de promesses verbales.

Il témoigne à sa façon de nos racines.

Absolument. Et de nos rêves d'un pays francophone en Amérique assuré de sa survivance.

Que Vigneault se propose en février 2008, pour le 400ᵉ anniversaire de la ville de Québec, de composer une grand-messe, revue et corrigée (*Le Devoir,* mercredi 27 février), je ne peux m'empêcher de crier Alléluia!

Je me dois, à mon âge, de citer un de mes rêves des années 1974, tel qu'il est raconté dans *Communauté chrétienne* (15, nᵘ 78, p. 588-589).

Si Vigneault nous composait une messe de minuit! Si Léveillé nous inventait une berceuse d'église pour les enfants qui y sont venus!

L'attachement quasi viscéral des Québécois pour leurs chanteurs comme Leclerc, Vigneault, Léveillé, Ferland, Charlebois et bien d'autres, est pour moi un événement culturel prometteur. Il y en aura encore de ces chanteurs discoureurs et cultivés. Bien sûr Céline Dion, mais elle est d'un talent et d'une audace démesurés. Incomparable à tant d'égards! Admiration, oui, mais sans pouvoir d'imitation. De toute façon, l'incomparable Céline interprète plus qu'elle ne crée. À chacun son génie!

En quittant l'université, vous changiez de cap.

J'ai pris une autre orientation. Je me suis rapproché des gens, des artistes, des écrivains. Un monde que j'aime, que je connais. J'y suis à l'aise.

Les professeurs et les étudiants que j'ai connus ont eu des enfants. Et quand les enfants étaient mal en point, on leur disait: « Va voir Benoît Lacroix. »

D'où les baptêmes, les funérailles, les mariages. Aux universitaires se joignaient peu à peu les proches.

Non, ce n'est pas difficile de se faire des amis. Il s'agit d'aimer le premier, là où tu es. Aimer pour donner plutôt que pour recevoir.

Je suis prêtre. Je le suis pour les autres et avec les autres, quels qu'ils soient. En même temps, je rejoins d'autres institutions, plus flexibles, mieux adaptées à mon âge.

Le Centre d'études des religions populaires

Vous avez actualisé vos explorations dans l'étude des religions populaires.

À l'Université de Montréal, alors que je suis encore directeur de l'Institut d'études médiévales (1963-1969), je mets en route, en 1968, une institution dite CERP (Centre d'études des religions populaires). Cette institution est rendue possible grâce à des collaborateurs, des amis je dirais, d'une noblesse et d'une efficacité à nulle autre pareilles: tels les regrettés Pierre Savard, J.-C. Falardeau, Fernand Dumont, grâce à l'appui d'un professeur confrère à la fois informé et d'une amabilité exceptionnelle, il s'agit de Pierre Boglioni.

Je constate une fois de plus à quel point le folkloriste Luc Lacourcière fut pour moi un inspirateur.

Il était entendu que ce centre répondrait à une situation particulière au Canada français. Au moment où partout la modernité fixait ses objectifs, n'y aurait-il pas lieu de rappeler l'identité du Québec « religieux », qui est d'abord un fait historique?

Cartier, Champlain, les Français sont arrivés avec leurs bagages de fin de Moyen Âge. Ils sont ici pour toutes sortes de raisons. Des raisons mystiques, des raisons économiques. Le goût de l'aventure ? Sûrement.

Ces gens apportent avec eux toute cette idée des confréries, des croix, des médailles, la mort en noir. Ce n'est pas nécessairement relié immédiatement à la pratique officielle du culte. Ce n'est pas marginal. C'est quelque chose qui découle d'un sentiment religieux, qu'on trouvera aussi chez les juifs et dans l'islam : ce dernier a les pèlerinages, les jeunes, la prière.

Le premier geste de Jacques Cartier à Gaspé a été de planter une croix.

Comme l'a fait Christophe Colomb quand il est arrivé à San Salvador. Sont venus ensuite tant de gestes et de signes.

Ville-Marie n'a-t-elle pas été fondée par une confrérie plus mystique ? Y a-t-il une couleur particulière au christianisme d'ici, par rapport à la pluralité de courants qui s'opposaient en France à l'époque ?

Ici, ils ont apporté le goût de bâtir des temples près de la mer. C'est le fleuve qui a guidé leur premier instinct. Le goût d'offrir des médailles. Le goût des ex-voto. Sainte-Anne-de-Beaupré est remplie de ça.

Notre première religion aurait-elle été davantage populaire ?

Le peuple est admiratif de femmes comme Jeanne Mance et Marguerite Bourgeois, Catherine de Saint-Augustin, Marie de l'Incarnation. Un monde extraordinaire. Ce sont les débuts d'une chrétienté qui à mon avis était assez marquée par les tics des religions populaires, marginales, le péché, les censures.

Y a-t-il du jansénisme dans cette religion ?

Plutôt, de la sévérité. Le jansénisme, c'est une idéologie. Ici, les idéologies, c'est pas très fort.

Mais le courant comme tel a traversé jusqu'ici ?

Oui, le courant ascétique. N'oubliez pas que ceux qui traversaient les mers, c'était des gens forts. Des gens du risque. Ils risquaient leur vie chaque fois qu'ils traversaient.

Marguerite Bourgeois, ce n'est pas n'importe qui, elle traverse souvent l'Atlantique.

C'est une autre grande mystique. Dans ce courant mystique, il y a de tout. Comme Jeanne Mance. Ce sont les femmes qui ont fait la mystique en Nouvelle-France. D'autres ont véhiculé ce qu'ils avaient reçu : ils ont bâti ici une sorte de mystique du don de soi, aux Amérindiens. Les Jésuites ont payé la note à ce sujet-là.

Ça n'enlève rien aux évêques qui sont arrivés beaucoup plus tard : Mgr de Laval qui était un dur ; Mgr de Saint-Vallier, un moraliste.

Dans des moments de fondation, il faut des gens forts.

Les premiers prêtres qui sont arrivés ici étaient extraordinaires. Les Jésuites étaient des humanistes. Des gens d'une culture merveilleuse. Et ils ont produit ce qu'il y a de plus beau dans le Régime français. Charlevoix, Lejeune, les lettres des *Relations des Jésuites*. La vraie culture, ce sont eux qui l'avaient.

Il y avait même une musique originale, que nous redécouvrons dans les Chemins du baroque. Un baroque de la Nouvelle-France.

Et ils ont traduit des chants de Noël, qu'ils faisaient chanter aux Amérindiens.

Marie de l'Incarnation était géniale. Marguerite Bourgeois, comme fondatrice, était géniale. Il ne faut pas hésiter devant les mots. Jeanne Mance aussi à sa manière, quel dévouement !

Donc, c'est une religion très forte et qui apporte un grand courant mystique.

Le peuple vit de confréries. La confrérie de la Sainte-Famille, c'est significatif. Pour le scorbut, on fait une procession. On fait des processions, des neuvaines. On apporte des reliques. Tout ça est bien marqué aux XVIᵉ et XVIIᵉ siècles.

J'ai eu l'impression que la Nouvelle-France pratiquait une religion mystique par exception et populaire à la manière de tout le monde.

Par exemple, les cantiques de Marseille, qui étaient chantés en 1703, ce sont tous des cantiques qui viennent de France. On chante le carême, on chante l'Ancien Testament. On chante tout ce qui est chanté là-bas. Le peuple pratique comme là-bas, « de l'autre côté ».

Quand ça s'est arrêté en 1760, tout s'est arrêté dans ce courant mystique. Il restait le peuple. Les autres sont partis. C'était la conquête anglaise. Ça ne pouvait pas se faire pour un Français cultivé. Cela ne se faisait pas.

Là, il y a eu la brisure.

Il y a donc un autre appauvrissement culturel après la conquête.

Les gens qui sont ici, qui font leur travail, même s'ils sont Français, n'ont pas beaucoup le goût d'approfondir leur religion. Ils la pratiquent le plus fidèlement possible, mais on ne peut pas dire qu'ils l'approfondissent.

L'histoire mentionne qu'au XIXᵉ siècle, vers 1840, la pratique religieuse était tombée à 40 %. Que s'était-il passé entre 1760 et 1840 ?

Il y a eu une espèce de vide nécessaire après la conquête. N'oubliez pas que les Anglais étaient des protestants. C'était des ennemis traditionnels de la France. Il y avait le serment au roi, et non pas au Christ.

Donc, il y a eu un problème d'encadrement dans l'Église.

D'encadrement et surtout de vide culturel. Dans les paroisses, il ne restait que le prêtre et le médecin comme personnes instruites. Ça, dans toutes les petites paroisses, c'est bien marqué.

Il restait chez le peuple un certain goût d'insubordination. Le peuple a toujours été insubordonné. Le peuple est têtu en lui-même.

Votre idée de fonder le Centre d'études des religions populaires vient-elle du fait que vous constatez qu'ici au Québec en 1970 le peuple avait recommencé à résister, à bouder la religion?

En réalité, il ne boude pas la religion, il boude les curés. Je le constate tous les jours. Il ne veut plus les voir. Il ne veut plus les entendre, ni surtout se faire diriger par eux.

Et puis, il y a les femmes maintenant qui disent que les curés ont pris trop de place dans leur vie d'épouse et de femme tout court.

Comment étudier ces phénomènes à la fois culturels et religieux? Organisons une suite de colloques annuels.

Le premier colloque a eu lieu en 1970 dans un presbytère de Bellechasse. Fernand Dumont était avec moi. Lui, il a fait la synthèse d'un point de vue plus sociologique. Moi, j'avais de la difficulté avec la sociologie, plutôt habitué à penser par moi-même. Pour moi, la pensée d'un groupe n'existe pas. La pensée dépend d'un membre du groupe qui est plus fort que les autres.

Notre « héros », c'était l'ami Fernand Dumont.

L'intéressant dans cette aventure, comme dans celle des *Cahiers d'histoire du Québec au XXe siècle*, plus tard, est qu'elle fut généralement boudée pour ne pas dire oubliée par nos « grands et nouveaux » historiens professionnels, qui en même temps rejetaient Groulx et tout ce qui était catholique. Le *Refus global!*

Il ne fallait donc pas compter sur les historiens professionnels pour faire de la publicité, ni sur les journaux. Nous le savions et nous nous réunissions annuellement dans la détente et la joie, et surtout sans amertume.

Est-ce que par la suite ils ont intégré ces éclairages-là ?

Plus ou moins. J'ai nettement l'impression que, parmi nos intellectuels, il y en a peu qui s'intéressent à la pensée populaire. Ils s'intéressent surtout à ce qui est vérifiable quantitativement… et vite !

Pourtant, voici parmi quelques rares essais sérieux, une récente et heureuse initiative : le livre d'Ollivier Hubert sur les pratiques religieuses au Québec (en 2000). C'est bien fait. Il adopte l'hypothèse, parfois réductrice, que le goût du pouvoir mène les Églises. Les Églises ont un génie du contrôle, que les sociétés civiles n'ont pas, parce qu'elles sont trop partisanes. Il y a du vrai dans ça. Moi, je me pose des questions. Un livre qui interroge ainsi son lecteur est un livre à prendre au sérieux.

Que dire des « aventures » de Marguerite Bourgeois, de Jean Vanier, de Marguerite d'Youville ? Plutôt le pouvoir d'aimer que de contrôler !

Quant aux divers colloques du CERP, peut-être oubliés aujourd'hui, ils venaient rejoindre mes préoccupations partagées par bien des « vieux pays ». C'est ainsi que je publie avec Madeleine Grammond et Lucille Côté, en 1985, *Religion populaire au Québec : typologie des sources, bibliographie sélective (1900-1980)*. Un texte cité en Europe, comme d'autres d'ailleurs, mais ignoré ou oublié ici.

Cela ne me choque pas. Le savoir historique avance ici au Québec à très petits pas et l'important demeure la route jamais abandonnée. L'avantage et l'épreuve de la plupart des écrits historiques savants d'ici sont qu'ils passent inaperçus et pourtant ils font leur chemin. Un exemple récent et prometteur : les livres de Guy Laperrière sur les communautés religieuses d'un certain siècle dans leurs rapports avec la France.

Les jeunes cultures vivent ainsi de dévouements souvent anonymes, mais elles vivent. L'essentiel est là.

Pourquoi est-ce significatif pour vous, l'histoire de notre religion ?

Ce qui est dangereusement significatif est que ce peuple, si peu instruit dans le passé, se fasse dire n'importe quoi. Tout ce qu'on peut entendre et voir aujourd'hui à la télévision ! Ce peuple, si peu habitué à délibérer, à choisir, se laisse aller au gré du vent de l'opinion publique et risque de perdre le sens de la fête pour vivre plutôt le tragique de l'existence, improvisée ou dictée par des voix étrangères à son généreux passé. Nos relectures du passé sont souvent assez biaisées, faute d'avoir reçu ces connaissances historiques dans les écoles.

Surtout quand il s'agit de notre passé religieux ?

Oui. Assez biaisé. Des chiffres, des statistiques, des raccourcis, des interprétations nécessairement courtes.

L'église est devenue un non-lieu.

J'ai l'impression que l'église, le temple, est malheureusement devenue comme une maison historique abandonnée. Les jeunes s'y perdent, avec ces bancs alignés. Un seul y parle. Ça ne va plus ! D'autres formes et lieux de rassemblement sont en route.

Un oratorio

Même l'institution musicale vous intéresse : vous avez composé le texte d'un oratorio.

Une belle aventure. Avec Anne Laubert. J'ai fourni les paroles et elle a fait la musique.

On se rencontrait tous les mois. Quand elle était découragée – c'était un oratorio en quatre étapes –, je lui offrais une pizza et une bouteille de vin. S'il n'y avait pas eu ça, d'après elle, elle n'aurait pas pu terminer. D'autre part, cette expérience m'a permis de rencontrer d'autres musiciens. Une fois de plus je constate que, sans les créateurs de musique, toute institution musicale risque sa propre survie.

C'était en quelle année?

En 1984. À la cathédrale de Montréal. La vie du Christ en quatre étapes.

C'était un texte que vous composiez en latin?

Nous prenions la Bible. Nous discutions. Je faisais la vérification du latin. Elle avait besoin, pour la musique, d'un latin solide. Je lui lisais le latin.

L'Institut québécois de recherche sur la culture

Vous avez participé aussi à la création de l'IQRC?

Oui. En 1979. C'était une création laïque, du Parti Québécois. Je faisais partie de l'équipe fondatrice. L'âme en était Fernand Dumont. Camille Laurin n'était pas loin. Guy Frégault a été aussi à sa manière un allié du projet. D'autres sont venus se joindre à cette institution strictement universitaire. Fernand Dumont y a mis son cœur et beaucoup de temps. Faire fonctionner ensemble des chercheurs, des intellectuels particulièrement surdoués n'était pas de tout repos, je vous assure.

De grands esprits peuvent tout à coup exprimer des petits côtés de leur *ego* caché! Qu'il faut de la patience pour assumer et intégrer. Fernand Dumont, avec qui j'ai de fréquents échanges sur les personnes et les situations, avait le prestige qu'il faut pour s'imposer et diriger. Mais la patience a ses limites. Surtout quand ces «génies» se montraient voraces. Je ne cite pas de nom, on ne me croirait pas.

En observant la naissance de l'IQRC et son développement, j'ai surtout appris que la culture pouvait devenir une motivation essentielle, même en politique partisane. Ce qui me rassure beaucoup, même aujourd'hui.

Il fallait s'y attendre, l'IQRC a parfois été malmené par les politiciens et les bureaucrates gouvernementaux, jusqu'à pavaner un jour sous un titre plus large. Cependant, plusieurs, sinon la majorité de ses chercheurs ont gardé la ferveur première. C'est tout à l'honneur de cette institution d'avoir donné un élan qui se manifeste encore dans ses publications. Mon bonheur est qu'une de mes cousines, Denise Lemieux, y participe et y joue un rôle majeur, bien qu'effacé. D'autres ont aussi permis à cette institution d'être parmi les meilleures en histoire de notre milieu culturel.

Le Centre étudiant Benoît-Lacroix

D'autres institutions, nombreuses, n'ont cessé d'être associées à votre nom. Dites-nous ce que signifie pour vous, par exemple, le Centre étudiant Benoît-Lacroix.

Le Centre étudiant Benoît-Lacroix, c'est tout un ensemble d'activités.

Créé par Guy Lespinay, o.p., il y a une vingtaine d'années, ce centre est au service des étudiants de l'Université de Montréal, un centre identifié catholique avec la création d'une petite paroisse universitaire du dimanche soir. On y chante! Les Africains et Africaines y ajoutent rythme et tambourinage, flûte, etc. Une eucharistie «des nations» y est préparée et vécue, chaque année.

À ce centre, on prépare aux sacrements : baptême, confirmation et mariage.

Vous êtes actif dans ce centre ?

Oui et non. Étant donné que le centre porte mon nom, je préfère être discret, sinon je deviendrais comme une vedette. La première vedette au centre, c'est l'étudiant universitaire.

Ça vous a surpris qu'on donne votre nom à ce centre ?

Oui, beaucoup. Comme les Dominicains avaient été très présents à l'université, des étudiants et quelques professeurs voulaient un nom de dominicain qui ait été pour les étudiants une sorte de « référence ».

Et m'y voilà ! Discret par devoir, honoré et mystérieusement présent par plaisir.

En même temps, l'on parle du Centre étudiant Benoît-Lacroix à l'Université de Montréal et de la Bibliothèque municipale Benoît-Lacroix à Saint-Michel-de-Bellechasse. Toutes sortes d'activités honorifiques qui vous mystifient et nous rassurent en un sens. Vous, comment réagissez-vous ?

Je me retrouve membre en titre ou honoraire de toutes sortes de commissions, fondations, telles la Fondation du Patrimoine laurentien, la Fondation Mireille-Lanctôt, la Fondation du Collège universitaire dominicain, sans oublier les *Cahiers de Saint-Denys-Garneau*, à partir de 1996.

Je pense sérieusement que je suis victime d'une ambiguïté sociale et d'une réputation surfaite. Je n'ai rien fait pour m'attirer tous ces honneurs, fonctions et titres.

Si je n'avais pas eu ma communauté de vie et de prière, les Dominicains, si je n'avais pas eu à l'université une jeune secrétaire aussi dévouée que compétente, Lise Gauthier-Gagnon, et une éditrice aussi persévérante que Giselle Huot, ou des religieuses espionnes de mes fautes grammaticales, les sœurs Lucille et Madeleine, je n'aurais reçu aucun de ces « titres ».

J'en suis profondément convaincu. Ces gens sont parmi mes docteurs *honoris causa* préférés, de mon autre université, l'université des âmes et des cœurs!

C'est en apprivoisant les médias que j'aurai de plus en plus fréquenté ma «seconde université», celle qui avec l'âge élargit mes horizons à mesure que j'agrandis le champ de mes activités pastorales et culturelles.

IV

L'UNIVERSITÉ DES ÂMES ET DES CŒURS

L'accident de parcours que je viens de sub...
existence est la fois précieuse et fragile, co...
l'énergie qui nous la font la vivre intensém...
engagés dans la vie publique, et combien s...
unissent à nos parents et à nos fidèles amis.

En vous disant de nouveau merci, je vous a...
vous et les vôtres durant ce beau temps de P...

Claude Ryan

L'université des âmes et des cœurs

Vous n'avez pas encore pris de retraite. Mais vous aviez préparé d'une certaine façon vos nouvelles activités.

En même temps que je suis universitaire, spécialisé, officiellement savant et décoré, je m'entraîne à l'apostolat populaire en créant parallèlement un magazine maison : *Feux verts*.

Cette action para-universitaire m'a-t-elle préparé à devenir un jour «professeur-étudiant-administrateur» de ce qui sera définitivement en 1990 mon université des âmes et des cœurs ?

Quoi qu'il en soit, c'est dans les années 1970, qu'avec un groupe de jeunes garçons handicapés physiques, nous publions durant plusieurs mois un mensuel maison, *Feux verts*, et dont je suis le responsable.

Ma mémoire ici s'embrume. Je me souviens de Jules Arbec, le plus actif, de Y. Lafrance, qu'un amour inattendu faisait oublier l'article promis, etc. On s'aimait bien, dans cette aventure qui ne pouvait qu'être passagère.

L'ironie est que, faute de fonds, nous devons nous arrêter rapidement. L'objectif de cette publication était de rendre les handicapés plus confiants et plus heureux. Une courte et heureuse aventure.

Je me disais: «Le Christ a tellement aimé les personnes handicapées qu'il convient de leur dire que Jésus les aime encore.»

Comme plus tard, à propos d'une personne atteinte de la maladie d'Alzheimer, je me disais qu'il nous appartenait d'être solidaires. Les derniers ne seront-ils pas les premiers?

Parmi les nombreuses institutions à caractère spirituel auxquelles j'ai participé – et j'y suis encore! –, il y a l'Institut séculier des Filles de Sainte-Catherine-de-Sienne, devenu l'Institut Saint-Dominique.

Cet institut, fondé en France en 1948, dont je suis au Canada l'aumônier depuis 1949, a publié *Vigilantes* de 1955 à 2000. Un bulletin maison, qui circulait aussi en France.

Pour moi, c'est un miracle de fidélité à l'essentiel que ces personnes devenues très âgées, reliées secrètement par des vœux, demeurent dans l'anonymat fidèles à l'esprit et à la lettre de saint Dominique.

Leur présence au Canada et aux États-Unis, si minoritaires et effacées soient-elles, demeure un miracle de persévérance.

Ces dames ne sont plus qu'une poignée en Amérique, dispersées, manifestant devant moi la générosité première, capables d'être et d'agir en dehors de toute promotion sociale. Il ne fait aucun doute pour moi: Dieu les aime. Et j'ose souhaiter qu'il aime tout autant leur indigne aumônier nonagénaire! Leur moyenne d'âge est de 80 ans.

«Petit reste», oui, mais quelle amitié entre elles! Quand vient la mort de l'une, les autres sont toutes autour. Quand la charité devient première, peu importent les chiffres, les diplômes et les âges.

Venons-en plus immédiatement à votre université des âmes et des cœurs. Elle commence au moment où vous êtes professeur, directeur d'études ou administrateur.

Si, dans les années 1990, je quitte officiellement l'enseignement à l'Université de Montréal, c'est pour m'associer désormais à ce que j'appellerais à la manière médiévale l'université des âmes et, à la manière moderne, l'université des cœurs.

Donc il y a eu chez vous une prise de conscience. Vous vous êtes réapproprié des choses de votre vie, que vous prenez le temps d'approfondir.

Et de vivre aussi. J'ai passé des salles de l'université à un ministère ailleurs. Je suis passé du théologien-historien diplômé à celui qui se doit de présenter quelqu'un, le Christ, Jésus de Nazareth. Et je ne crois pas avoir trahi mon passé. Si je n'avais pas tant étudié, je n'aurais pas été autant sensibilisé à l'ensemble de ce qui nourrit aujourd'hui mon esprit. Tout est grâce!

Je pense souvent au Christ voyageur et missionnaire qui, en aidant, en parlant, trouvait le temps de s'adresser à un aveugle, à une pauvre veuve, à un enfant malade.

Il est devenu mon inspiration première et de plus en plus, à mesure que j'avance en âge.

En prenant votre retraite de l'université, vous avez dit que vous recommenciez l'université.

L'université des âmes.

Ma nouvelle université est toute à tous, avec ou sans diplôme, jeunes ou moins jeunes.

Les rencontres que je fais au hasard, les baptêmes, mariages et funérailles me tiennent lieu d'enseignement. Autre univers, autres exigences.

Enfin libre! Gratuité!

Vous aviez fait un travail pastoral toute votre vie. Mais là, vous vous y êtes consacré plus intensément.

En fait, je ne pensais pas vivre aussi longtemps. Sans le vouloir, je me disais: «Il faut que je rencontre les autres. Il faut que je les rencontre et sur le plan humain et sur le plan spirituel. » « L'humain, chemin du divin. »

Mais ça s'est passé spontanément. Vous n'aviez pas un plan, un projet d'aller vers tel ou tel milieu?

Non. Je m'étais dit : « Je vais me mettre au service des autres. » Mais dans un sens culturel, dans lequel s'inclut évidemment le religieux.

Le culturel demeure mon angle d'action. Sans trop distinguer entre marxistes, pas marxistes, athées, agnostiques. Je ne veux pas de cet univers superficiel qui de chaque différence crée une opposition, sinon une lutte de « pouvoir ».

Ce qui m'intéresse, c'est la personne, c'est la pensée. La pensée libre, la pensée libérée. Plus que les idées trop encadrées. Plus que les dogmes mêmes qui, pris à la lettre, limitent la pensée.

Donc, pour revenir à votre carrière à l'université des âmes, ça fait une quinzaine d'années que vous faites ça, ce qui vous occupe beaucoup parce qu'il y a beaucoup de gens qui ont recours à vous pour les célébrations.

Il arrive même que des gens demandent à l'avance que je préside leurs funérailles ! Et dire que, moi, je pense plutôt aux miennes !

Et vous acceptez tout ça?

J'accepte. Je ne choisis pas.

Je suis actuellement à aider d'autres « aidants » à faire venir du Burundi la femme et les cinq enfants d'un étudiant. Il faut leur trouver un logement, des écoles. Ça, j'aime ça.

Je parraine, non pas sur le plan financier, mais sur le plan moral, fraternel. Je ne suis pas seul. C'est passionnant d'être d'un groupe d'entraide internationale.

Mais toutes ces activités-là prennent beaucoup de votre temps.
D'autres auraient pu dire: «Je vais en profiter, je vais écrire
deux ou trois livres, je vais me protéger.»

Entre-temps, oui, je vis une révolution culturelle. Les gens veulent voir. Ils lisent moins.

L'image risque de dévaloriser la pensée écrite. Paul VI le disait: «Les gens ont moins besoin d'idéologies que de témoins.»

Je crois de plus en plus à la pastorale sur le terrain, au quotidien, au jour le jour.

Il y a un autre ministère que je n'avais pas prévu aussi durable, quand j'ai répondu à un certain appel même sans savoir où j'irais, c'est celui de la radio et de la télévision.

Vous êtes présent en ondes depuis un bon bout de temps.

La radio, j'y suis depuis 1958. Au moins un Vendredi saint à Radio-Canada, *Les chants de la douleur*. Richard Verreault y chantait.

Aujourd'hui, à Radio Ville-Marie, je participe à une émission hebdomadaire. Depuis plus de cinq ans.

Ainsi de suite... Quels souvenirs!

De belles voix, Jean-Paul Nolet, Jean Deschamps, Diane Giguère...

La télévision, j'y suis depuis 1961. Je m'y sens à l'aise. Quels merveilleux souvenirs. Ces entretiens avec Wilfrid Lemoine, Denise Bombardier, Pierre Nadeau, surtout Bernard Derome, Roland Leclerc.

Et cette création, avec Paul Tremblay († 2006), la *Messe sur le monde*.

À *Messe sur le monde*, en compagnie de Paul Tremblay encore et du réalisateur Raphaël Pirro († 2007), nous étions le trio parfait, en ce sens que la Parole de Dieu était première et la musique, la plus belle qui soit, souvent le meilleur grégorien, venait comme nous encadrer en présence d'un auditoire invisible que nous savions, par différentes sources, en accord avec l'essentiel de l'émission. Émission religieuse avant tout, mystique aussi. La beauté! La beauté!

À la radio même, comment oublier ces émissions spéciales d'été en 1977 intitulées *Hymne à l'univers*, en compagnie d'une amie européenne, de passage à Montréal?

Quant à mes meilleurs souvenirs de télévision, c'est en tant que commentateur liturgique avec Bernard Derome, à Radio-Canada, lors de funérailles dites nationales. Le contraste par exemple entre les funérailles «internationales» d'un Pierre Elliott Trudeau (octobre 2000) et celles, davantage «populaires», d'un Maurice Richard (mai 2000).

Comment pourrais-je oublier certaines funérailles nationales quand je sens dans la foule en particulier l'émotion, le chagrin... Son deuil collectif peut être saisissant en images. Je me souviens d'avoir vu lors des funérailles d'un groupe de gens âgés, victimes d'un accident de bus, toute une paroisse en deuil. C'était à Saint-Bernard-de-Dorchester. Ces gens se connaissaient: ils formaient une grande famille.

Même leur pasteur s'est effondré de chagrin. L'image du «bedeau en larmes» qui sonne le glas de ses parents et amis peut-elle être oubliée?

Cela se passait à l'église paroissiale qui, à l'occasion, donnait un sens sacré à toutes ces émotions. Pourtant, on y chante Alléluia! Et des cantiques d'espoir.

Des paroles bibliques accompagnées d'une immense tristesse, cela rend la «religion» plus universelle et plus vraie que jamais.

Grâce à ces célébrations télévisées, je comprenais sur place à quel point les dimensions religieuses étaient un acquis pour un jeune peuple: elles élargissaient le champ de mes préoccupations.

Comment avez-vous appris, vous, à apprivoiser la télévision?

J'ai vraisemblablement l'indépendance naturelle d'un «habitant» qui arrive en ville. J'entre, je fonce, sans arrière-pensée. Sur place, je n'ai d'oreilles et d'yeux que pour celui ou celle qui m'interroge. Les techniciens ne sont pas de ma «paroisse». Et j'ai complètement oublié le fait qu'il pourrait y avoir ailleurs des gens qui m'observent.

Peut-être suis-je simplement un homme de tradition orale pour qui le discours seul importe.

Mais je voudrais avoir le même détachement face à l'écriture. Hélas, ce n'est pas le cas. Est-ce que je suis un descendant lointain d'un voisin abénakis de Bellechasse pour aimer tant discourir?

Le père Couturier est décédé jeune, à 56 ans. Il disait, peu avant sa mort: «Je me sens plus près du jeune homme de quinze ou vingt ans que j'étais hier que du vieillard que je commence à être» (dans La vérité blessée*). Vous sentez-vous comme ça?*

Au moment où vous me posez la question, je pense que c'est possible. À un certain moment, on retrouve ses racines. Après l'hiver arrive le printemps. Le printemps dévoile les racines. Les racines sont là. Sans elles je me serais perdu. Parlant de racines, d'origines, des images me reviennent. L'image du fleuve. L'image du train qui va quelque part. L'image du père, de la mère, de l'enfant qui ne sera jamais pour eux plus qu'un enfant. L'adulte grandit. Les parents attendent leurs chers petits! L'image d'Amérindiens partant ensemble à la chasse ne s'oublie pas.

C'est plus fort maintenant chez vous qu'au mitan de votre vie?

C'est plus conscient. Plus fort. Je suis devenu plus sensible aux influences familiales et à ce que j'ai reçu des Micmacs, des Abénakis qui vivaient près de chez nous. J'avais complètement oublié, et ça me revient.

Ce n'est pas à cause de rencontres particulières?

Je suis provoqué aussi par le retour des études savantes amérindiennes. Une ancienne étudiante, Anne Doran, a publié chez L'Harmattan à Paris un essai sur les Montagnais.

Je me rappelle leur présence silencieuse près du bois chez nous. Leur autonomie. Ils se contentaient chaque jour de la chasse, continuant à vivre de peine et de misère, ne se mêlant pas à nous.

Comme je suis très sensible à la création, à la nature, je me dis qu'ils nous ont apporté quelque chose que nous n'avions pas. Ils ne nous ont pas vus, nous ne les avons pas vus. Pourtant, quel trésor que leur culture fondamentale! Il n'y a rien de pire que des voisins qui s'ignorent.

Nous leur avons imposé le christianisme... sans comprendre la profondeur de leur religion.

De toutes les religions que je connaisse, c'est le christianisme qui me paraît le plus capable d'intégrer des différences de culte.

Mais nous avons ignoré la spiritualité des autochtones.

Nous l'avons ignorée, parce que c'était, paraît-il, des païens. Quel mot! Si peu charitable en intention.

Comme ils priaient, comme ils adoraient le soleil, ceux qui avaient étudié leur religion, à partir de leurs notions à eux, n'ont pas reconnu les Amérindiens.

Sauf les jésuites qui ont senti qu'il y avait quelque chose là. Les premiers missionnaires jésuites ont été vraiment honnêtes à mon avis. Ils ont cherché à apprendre la langue. Ils ont cherché à traduire des textes dans la langue amérindienne. Donc, ils cherchaient des rapprochements, et pas simplement à prononcer des jugements de valeur. La preuve supérieure de leur bonne volonté: plusieurs sont morts martyrs, en faisant le don suprême de leur vie.

Une activité multiple

Donc, votre nouvelle carrière, votre université des âmes, vous occupe beaucoup depuis une quinzaine d'années parce qu'il y a beaucoup de gens qui ont recours à vous pour les célébrations.

Oui, pour des funérailles, des baptêmes et des mariages. En effet, il m'arrive souvent de présider des funérailles. À cause de mon âge? Malgré tout le respect que je dois à la liturgie officielle de mon Église, il m'arrive parfois d'adapter mes rubriques à la proclamation essentielle du message chrétien. Je n'ose pas vous donner des exemples de peur de vous scandaliser. Eh oui, le sabbat pour l'homme! Plutôt que des homélies, prononcer solennellement des mots sacrés, comme des mantras.

Vous avez beaucoup d'autres activités, nous a-t-on dit. Même à votre âge!

Beaucoup de rencontres imprévisibles. En plus de mes visites rituelles aux malades, j'aime aider les réfugiés. Surtout s'ils viennent de mes «pays préférés», le Rwanda et le Burundi.

J'avoue aimer ce dernier genre de médiation. Il s'agit d'intervenir ici et là, auprès d'une banque, d'un directeur d'immeuble, d'un agent de pastorale et, en cas de mariage, de consulter les services de l'archevêché. Pour un immigrant, la moindre attention devient une grâce inestimable.

Vous qui avez écrit plusieurs livres, vous avez encore des projets d'écriture?

J'ai fait le choix d'être plus accessible et plus visible. Écrire est-il plus fort que moi? J'écris pour parler!

Au début, je croyais devoir écrire sur l'art de vieillir, je me suis ressaisi et j'écrirai sur l'art de vivre. C'est commencé. Peut-être finirais-je par écrire plutôt sur l'art de naître, ou même sur l'art de mourir, comme Érasme.

De toute façon, je trouve dans ces projets le plaisir d'écrire et j'y consacre mes avant-midis. Voilà qui me force à demeurer chez moi et à ne pas obéir à ma tendance d'être superficiel : *tout à tous,* jusqu'à oublier d'être aussi à moi !

Chaque semaine, je prononce trois homélies. Toutes écrites, selon ma vieille habitude de professeur d'université.

À propos de mon projet de livre sur l'art de vieillir, je vous avoue avoir déjà détruit près de 100 pages, trop « naiseuses » ! Devrais-je tout simplement en finir, me taire ?

Vous recommencez ?

Oui. Il faut quand même respecter ses auditeurs et lecteurs éventuels, pas vrai ? Savez-vous que je recommence… à enseigner en 2008, à l'Université du troisième âge ?

L'Université du troisième âge

Où enseignez-vous ?

Pour l'Université du troisième âge, de l'Université de Sherbrooke à Longueuil. J'arrive aussi de Lévis, dans le même contexte, pour l'Université de Rimouski.

Qu'enseignez-vous ?

La vie au quotidien, l'humour sacré des Québécois. Des sujets que je connais un peu. Un autre cours sur l'art de vivre. Comment je vois l'art de vivre aujourd'hui. Avec les discussions qui s'ensuivent, c'est passionnant. Je me sens chez moi avec les gens de mon âge !

Dans votre prochain livre, vous parlerez encore de religion ?

Oui, à ma façon, et dans le respect.

Je prévois deux parties : une partie strictement humaine et une autre selon la Bible. Ce qui me permet de ne pas mélanger les questions, et de respecter mon auditoire de croyants et de non-croyants. Mais, en même temps, je considère la Bible comme étant la source ultime de toute inspiration.

Mais le livre n'est pas terminé et vous donnez déjà des conférences?

Ce livre est encore un projet, proche ou lointain, selon les jours. Je donne des conférences pour me stimuler.

Vous écrivez à partir de vos échanges avec les gens?

Eh oui! Mes proverbes, mes présocratiques et mon Aristote vont aussi y passer.

Donc vous êtes capable de traiter des grands philosophes dans les rencontres comme ça?

Oui. C'est même nécessaire si je veux offrir ma vie, mes mots, aux autres et jusqu'à la fin.

Donc, la philosophie, quand on enlève le jargon, ça marche.

Ça marche très bien.

Les gens ont besoin de repères aujourd'hui. Ce qu'ils apprennent des journaux et de la télévision, c'est un méli-mélo. Chacun y exprime son idée. Chacun y expose son point de vue. Les gens qui n'ont pas trop d'instruction se demandent comment penser la vie, comment aimer, espérer, comment croire à plus grand que soi. D'où l'importance des idées et des principes.

Que dites-vous de si important?

Je leur dis: «La première chose à faire, c'est de bien vous connaître. Vous êtes de tel milieu, vous avez tel âge. Vous n'êtes pas l'autre. Vous devez vous voir tel que vous êtes. Votre santé, ce n'est pas la santé de l'autre. Vos études, ce sont les vôtres.»

Je leur dis: «Êtes-vous bien certains d'être vous-mêmes?» Les gens me regardent. Il y en a plusieurs qui admettent avoir toujours rêvé être comme leur père. Comme leur sœur. Comme leur ami.

Une fois que nous nous connaissons, soyons solidaires. Et solidaires, acceptons, offrons nos vies, en faisant de notre mieux.

Des gens de quel âge assistent à vos conférences?

Des gens de tous les âges en principe. En fait, de 60 ans et plus.

Les Samedis de la foi

Vous avez organisé les Samedis de la foi depuis…

Depuis une vingtaine d'années.

C'est toujours vous qui animez ces rencontres?

Oui. Une bonne vingtaine de personnes y viennent. De tous les milieux. Je fais une conférence, ensuite c'est l'eucharistie. Il y a quelques échanges libres à la fin avant de se quitter.

À quelle fréquence faites-vous ces rencontres?

Chaque premier samedi du mois. D'octobre à avril inclusivement.

Vous avez abordé beaucoup de sujets en vingt ans?

Tous les sujets possibles.

Pas toujours religieux?

Ah non, pas toujours.

La dernière fois, je leur ai parlé de l'évolution spirituelle de la foi reçue, la foi-héritage des Québecois. Comment moi j'ai appris la religion et Dieu en regardant le fleuve, comment j'ai été probablement et longtemps théiste avant d'être chrétien… et frère dominicain. D'habitude, dans un entretien, j'écris tout. Mais avec ce groupe privilégié j'improvise davantage. En discourant, je trouve d'autres formules et d'autres pensées qui ne sont pas celles que j'aurais écrites à l'avance.

La retraite ? Plutôt l'aventure !

Vous avez un champ d'activités très varié.

Très varié. Encyclopédique à ses heures. C'est possible d'autant plus que je ne «vacance» pas souvent. Si j'avais eu une famille, des enfants, il m'aurait fallu des haltes. D'autre part, je suis victime de mon enfance qui ne connaissait pas le mot VACANCES. Mon père, ce grand parleur, nous répétait souvent: «Moé, j'attends le ciel pour me reposer.»

Votre vie est davantage une aventure depuis que vous n'êtes plus professeur d'université.

Comme professeur d'université, j'étais dans la recherche de pointe. J'ai même publié chez Vrin (Paris) à deux reprises. J'ai quitté l'université sans y être obligé, je l'ai fait par choix, pour céder la place à des jeunes diplômés.

Je pense à cette tradition de savants, qui meurent en transcrivant des manuscrits. Ça me fascine, mais ce n'est pas moi.

J'aurais pu faire comme le père Lagrange, comme le père de Durand et continuer à faire de la science pointue. Je crois que mon tempérament ne se prête pas à une carrière de ce style. Je manque de stabilité.

Vous faites toujours des recherches, tout de même?

À la retraite de l'université, les recherches que je fais sont souvent influencées par les personnes que je rencontre. Ce n'est plus le seul laboratoire des idées, c'est le laboratoire des personnes. Des personnes de toutes catégories. Des gens aux prises avec la vie telle qu'elle est, et non pas avec la vie telle qu'on l'étudie.

À côté de votre enseignement universitaire, que ce soit auprès de plusieurs communautés religieuses ou dans des groupes populaires, vous avez toujours été présent à beaucoup de monde.

Dans le livre qui célèbre vos 80 ans, il y a des témoignages de toutes sortes de milieux.

Donc il y avait deux Benoît Lacroix. Vous laissez libre cours à celui qui est plus communicateur.

Il y a Benoît Lacroix frère de saint Thomas et Benoît Lacroix fils de Caïus Lacroix.

Vous mettez les deux au service de la pastorale.

J'aime les gens, il ne faut pas l'oublier.

Vous dites aussi, dans Nous les vieux : « *À nos âges, on devrait trouver importants les détails, les petites choses de la vie quotidienne.* » *La vie intimiste, ça n'est pas trop votre monde. Il y a des retraités qui s'entourent de leurs livres, de leur musique.*

Je suis disponible. Mais en même temps, je vis des choses très belles à travers des rites sacramentels. Les gens sont présents. Les parents sont présents aux enfants. Les enfants aux parents. Il y a des gestes tout simples qui me fascinent. Des regards, des silences. La vraie vie. L'amour est dans les détails.

De même, quand je vois les parents sortir de l'hôpital Sainte-Justine[6] – tendresse et inquiétudes mêlées –, je constate que l'essentiel est là.

Parlant toujours de votre université des cœurs et des âmes, les gens qui s'occupent des personnes âgées dans les foyers de longue durée… déploient des ressources étonnantes.

Extraordinaire solidarité encore. De l'excellent Évangile. Sans mots, sans sermons. J'ai peur que les religions trop organisées oublient le quotidien, les petits gestes.

Quand le Christ dit : « Un verre d'eau… », il valorise ces petits gestes quotidiennement en action dans nos villes et campagnes.

---

6. Un hôpital pour enfants, situé tout près du couvent des Dominicains où réside le père Lacroix.

Vous êtes nostalgique des mœurs d'autrefois?

Probablement. Voici un exemple encore.

À la campagne, il était impensable qu'on ferme la porte à clef, la nuit. Ça ne se faisait pas. Ce n'était pas poli, au cas où des gens voudraient venir dormir. Me voilà marqué : ma porte est ouverte, même la nuit, quels que soient les dangers. Ta maison n'est pas seulement pour toi. Si tout à coup quelqu'un a un besoin, si quelqu'un passe. Me voilà marqué à jamais. Ma vie est une maison ouverte. Il n'y a rien d'humain qui me soit étranger.

Une porte s'ouvre. La maison renaît, la famille grandit.

Le danger avec les Lacroix est que la porte soit plus grande que la maison.

Un colloque à Naples

Il y a eu un colloque sur votre pensée à Naples en 2005. Vous y avez assisté. Qu'en pensez-vous?

Je n'en pense, il va sans dire, que du bien!

Le titre du colloque avait de quoi me faire rougir : « L'humanisme franco-canadien. Un cas, Benoît Lacroix. »

Les actes de ce colloque, qui a eu lieu à l'Université de Naples, ont paru sous le même titre[7].

Mais pourquoi Naples?

À l'université, j'ai eu plusieurs fois l'occasion de rendre service à des étudiants italiens. La directrice des études étrangères de l'Université de Naples, Marina Zito, est venue au Canada. Elle m'a rencontré. Je lui ai rendu beaucoup de services. La professeure a décidé à l'occasion de mes 90 ans de me

---

7. *L'humanisme franco-canadien. Un cas, Benoît Lacroix*, Università degli studi di Napoli «L'Orientale», sous la direction de Marina Zito, Naples, 2007.

récompenser. Elle a mobilisé l'ambassade canadienne, la délégation du Québec, et elle a eu les fonds. J'ai entendu parler de moi pendant une journée et demie à Naples. Toute une épreuve ! Je citerais encore Voltaire à savoir que « l'exagération est le mensonge des honnêtes gens ».

Naples… il y avait un rapport avec Thomas d'Aquin ?

J'ai visité les lieux où il a vécu. Parce que Madame Zito est sensible à l'histoire de la pensée, elle m'a indiqué certains lieux où il est passé. Mais nous n'avons pu faire plus, faute de temps.

D'autre part, la mise en œuvre du projet a été le fruit d'un travail conjoint de la professeure Marina Zito et de l'inimitable Giselle Huot. Ce fut un grand succès avec la participation active des étudiants, dans une belle atmosphère.

Luc Gouin, auteur du film *Lacroix sur parole,* est sur place. Luc est talentueux, il s'interroge sur les valeurs traditionnelles, Son épouse, Manon – elle est comédienne –, y est également.

Autour du colloque…

Et voici que le colloque donne lieu, à Naples encore, dans la plus stricte intimité, à une cérémonie grandiose et pourtant si simple. Un matin ensoleillé, face au Vésuve, avec quelques amis et proches, Luc et sa compagne, déjà parents de deux jeunes enfants, me demandent de les marier religieusement. La cérémonie est belle, émouvante même. Aucun rituel officiel, aucune signature et tout est vrai, dans leur démarche et dans les rites créés sur place.

C'est dans un couvent dominicain ?

Nous sommes à proximité d'une église où œuvrent et demeurent quelques pères dominicains italiens, tous plus gentils les uns que les autres. Je peux agir en tout respect et liberté.

Un espace à ciel ouvert. Très romantique. C'était beau. Les

deux se sont exprimé des messages qui étaient très émouvants. Il y avait l'ami Roberto, qui chantait.

Juste en face du Vésuve, imaginez!

À votre université, ce colloque a-t-il eu des échos?

Non, un professeur à la retraite n'a pas à distraire les collègues qu'il connaît moins. Ce colloque napolitain a été d'autant plus particulier qu'il n'avait rien des apparats des congrès destinés à valoriser des chercheurs en quête d'échanges savants. Ici à Naples, l'étudiant était le premier servi. L'Université de Montréal ne l'a pas su et c'est un peu normal.

Donc c'était un colloque sur votre œuvre.

Exactement ça. Je suis rendu à ce stade-là. L'âge des résumés!

La perspective d'un nonagénaire

Voyez-vous des choses nouvelles par rapport à il y a dix ans?

Oui. Le réveil des jeunes, ils s'en vont dans toutes les directions. C'est pas nécessairement relié aux Églises. Ils se regroupent. Ils font des pèlerinages, des marches, Compostelle. Ils descendent en Amérique du Sud pour donner un mois, une semaine de leur vie. Ils ont seize-dix-sept ans, ils vont travailler chez les pauvres. Ce mouvement missionnaire ne s'est jamais éteint.

Autrefois, les communautés religieuses inspiraient ces initiatives. Aujourd'hui, il s'agit souvent de génération spontanée. L'Esprit, quoi! Beaucoup de gratuité mêlée à l'esprit d'aventure. Les journaux n'en savent et n'en disent rien. Tant mieux!

Vous n'êtes pas angoissé? Vous avez 93 ans.

J'ai 93 ans. J'ai déjà passé plusieurs jours à l'hôpital. J'ai même failli mourir. J'y ai revu en images le fleuve avec des vagues, moi là, au milieu sur un radeau qui flotte au gré des vagues. Un radeau qui fait corps avec la mer.

Vous n'avez rien appris de neuf à l'hôpital ?

J'ai appris beaucoup. J'ai appris sur moi-même. Sur ma communauté et toute la liberté qu'elle m'accorde. J'avais programmé toute ma vie. Tous mes livres. Tous mes horaires. J'avais programmé même mes supérieurs sans qu'ils le sachent et sans que je le sache.

J'arrive à l'hôpital, et du jour au lendemain, je suis programmé. Je ne sais pas qui je vais voir. J'ignore l'heure des repas. Je ne sais pas quel remède je vais avoir. Je ne sais pas combien de jours je vais rester là. Je suis dépendant de tout le monde.

C'est extraordinaire. Je risquais d'être un enfant gâté, égoïste. Et à l'hôpital, ce que j'ai découvert, c'est la générosité des infirmières, des aides, des médecins. J'ai découvert, en étant dans des chambres à plusieurs, le vide dans lequel se retrouvent certaines personnes lorsqu'elles sont malades. Un immense vide. Ça m'a beaucoup frappé. Je me suis dit : « Voilà le monde réel. » Les Dominicains vivent dans un monde « idéal », platonisant, disons. À l'hôpital, j'ai trouvé le monde réel. J'ai compris que la majorité des gens ne pouvaient pas prévoir leur avenir. Leurs enfants grandissent, les choses que les parents avaient imaginées n'arrivent pas. Les gens ordinaires inventent davantage leur liberté que dans un groupe où déjà la liberté est acquise sans difficulté.

Les communautés religieuses permettent qu'on y mène une vie à l'abri des grandes turbulences. Bienfaits et danger des libertés protégées.

Si on vous annonçait que vous avez une maladie qui vous permette de prévoir votre fin, vous vivriez ça dans le sens de cette continuité ?

Je l'avais prévu et accepté. Mais je ne veux pas capitaliser sur mes réussites. Ni délibérer sur mes « misères ». Je dirais plutôt deux mots au Seigneur : « Merci ! Miséricorde ! »

Le 93e printemps est aussi neuf pour vous que les autres ?

C'est nouveau bien sûr. Mais soyons réalistes : ce printemps-ci va passer. Comme les autres.

Récemment, des journalistes se sont mis à demander à des gens de se définir et de livrer leur vision du monde en six mots. Quels seraient vos six mots à vous ?

Amour, étude, don de soi, acceptation, compassion, prière.

Vous n'hésitez pas ?

Non. Peut-être aurais-je à modifier l'ordre des mots. Peut-être !

Est-ce qu'il y a des moments dans votre vie où vous avez eu l'impression d'être parvenu à une sorte de sommet ?

En quittant l'université, j'ai fondé le Centre d'études des religions populaires. Après avoir fonctionné avec ces messieurs universitaires (« nous, les diplômés »), j'avais hâte de revenir et de rencontrer le monde ordinaire, le monde de tous les jours. Ce retour aux miens représente un sommet pour moi.

Je me disais que je quittais l'université mais que je ne quittais pas la réflexion. J'allais simplement retrouver une autre classe sociale... la mienne, la vraie ! J'avais atteint un sommet en étant tout à tous après avoir été davantage au service d'une élite. Mais je ne voulais pas opposer un « clan » à l'autre.

Mais quand vous êtes parti de Saint-Michel pour entrer chez les Dominicains, vous avez connu un tel changement de décor ?

Oui, mais j'étais trop jeune pour en mesurer tous les impacts.

Je suivais la vague, comme sur le fleuve. J'avais appris de mes parents à faire confiance. Eux, si croyants.

L'autre gros changement que vous avez vécu, c'est donc votre départ officiel de l'université?

Absolument.

Vous parlez de 1990?

Le départ officiel, c'est quand j'ai eu 65 ans. Mais, même si j'avais opté pour étudier la religion populaire telle qu'elle s'est manifestée ici, j'ai continué à répondre à certains besoins «universitaires», par exemple à l'Université du troisième âge.

Intérieurement, en 1985, je quittais l'université. Ça me faisait mal de partir, de perdre ce contact quotidien avec les étudiants et les étudiantes. Mais je m'étais dit: «Je ne resterai pas là pour avoir une meilleure pension.» Comme je n'avais pas de famille, je pouvais partir et je suis parti.

Vous avancez en âge, vous en êtes conscient. Ex-universitaire, prêtre toujours, comment réagissez-vous? Cultivez-vous encore des projets?

Mais quand tu arrives à 90 ans et plus, tu es obligé d'intégrer tant de deuils. Et de voir les gens qui te regardent comme si tu étais un survivant. Les autres qui se demandent: «Est-ce que je vais pouvoir me rendre là? Et pouvoir garder ma santé, garder ma tête, comme lui à 93 ans?»

Comment je réagis? Je suis parfois nostalgique. Je pourrais ne rêver qu'au fleuve à la manière de Gatien Lapointe, ou rêver à Saint-Michel à la manière dont le grand Vigneault rêve à Natashquan.

Lapointe et Vigneault, ce sont des gens que j'aime beaucoup. Ce qu'ils disent, ce qu'ils font, ça rejoint et leur enfance et leurs succès, et en même temps ce goût de garder toujours un contact avec la première réalité qui les a mis au monde.

Ça c'est une phase nouvelle.

C'est ce qu'on appelle le quatrième âge?

Oui, c'est le quatrième âge. Oui. Souvent on m'appelle à Radio-Canada pour me demander si j'ai un nom à suggérer. Ou bien pour me demander ce que je pense. Comme l'autre jour on faisait un film sur la vie après la mort, ils sont venus me voir. Je dis un peu ce que les chrétiens pensent.

Une psychologue parlait récemment à Radio Ville-Marie à propos du vieillissement. Elle disait qu'il faut accueillir chaque âge de la vie comme une grâce. Elle rappelait que le mot vieillesse commence par « vie ».

Vous avez franchi un cap, vous êtes pour nous comme quelqu'un qui serait allé en Antarctique et qui nous décrirait ce qu'il a vu, nous on ne sait pas si on va aller là. Mais vous êtes dans la même vie que nous.

Je suis un survivant! Je m'en excuse, mais en même temps je dois accepter de témoigner des « grâces » d'une certaine vieillesse intégrée.

La traversée de la Gaspésie à 91 ans

Pouvons-nous nous parler un peu plus de votre séjour en Gaspésie en 2007? Vous avez vécu là quelque chose de spécial.

Bien sûr: le fleuve encore. La Gaspésie au bout du fleuve, comme au bout de ma vie!

J'ai été invité à accompagner presque 200 skieurs. Quand tu as 91 ans, qu'il est certain que tu ne fais pas de ski, tu te demandes pourquoi tu es invité et tu ne le sais pas.

Vous n'étiez pas président d'honneur?

À aucun titre. Je me suis aperçu que les gens qui avaient organisé pour la cinquième fois la traversée de la Gaspésie, étaient des gens sensibles à la culture et à ce qu'on pourrait appeler la dimension religieuse. Ils ont invité un savant qui s'appelle Yanick Villedieu. Ils ont invité Julie Payette, la femme qui est allée dans l'espace, et ils m'ont ensuite invité, et aussi Josée Blanchette, comme journaliste.

Donc un groupe d'invités pour représenter le monde de la culture.

Pendant que les autres faisaient du ski, nous allions rencontrer la population. J'ai fait deux ou trois conférences. J'ai rencontré des étudiants, des jeunes. Des jeunes de cinq à sept ans. Vous vous rendez compte! Celui qui a enseigné tout le temps de sa vie à des messieurs et à des dames de l'université se retrouve à son âge à devoir parler à des jeunes. J'ai eu chaud la première fois. Ça me fascinait.

Pour les skieurs, je représentais un aspect de la culture, la religion. Il n'y avait ni prière ni messe. On n'a même pas souligné le mercredi des Cendres. Il n'y avait ni journaux ni radio. Nous étions tous ensemble, pendant sept ou huit jours d'expériences de ski. Un Gaspésien me montait dans les hauteurs, sur les pics de Gaspésie, en motoneige. On prenait beaucoup soin de moi. Voilà qui n'est pas à dédaigner!

Ce qui m'a frappé d'abord, c'était les skieurs eux-mêmes. Cet espèce de respect qu'ils avaient. Je n'étais pas du tout embarrassant.

Je me souviens de Pierre Falardeau. Il était d'une gentillesse extrême. Je portais un manteau spécial. Il m'a demandé de le mettre dans mon testament pour qu'il le reçoive lorsque je mourrai.

Les autres skieurs? À la fin, on m'a demandé de préparer une sorte de célébration, disons plutôt culturelle. Mais on m'a dit: «Soyez vous-même.» Et alors, j'ai lu des textes amérindiens et j'ai composé une prière chrétienne. C'était la dernière journée. Avec toute la fatigue de la journée, j'ai vu des gens qui pleuraient. Dans un contexte inimaginable. Le sport, lieu idéal de fraternité. Comme la musique. Comme la Parole.

C'était à l'extérieur?

Tout le monde était en habit de ski, prêt à partir pour la Baie-des-Chaleurs, sur la glace. C'était un peu la finale.

Donc, les skieurs m'ont beaucoup impressionné par leur savoir-faire. Par leur manière d'être. Et j'ai senti que dans un autre contexte que celui des paroisses on pouvait être vraiment ensemble.

De plus, j'ai beaucoup aimé la population. La population gaspésienne, isolée, un peu heurtée du fait que Montréal prend tout l'espace. Des gens généreux, hospitaliers, familiers, avec beaucoup de cœur. Et prêts à tout nous donner.

Par exemple, un pêcheur de Caplan voulait aller pêcher pour moi, pour que j'apporte ses prises à Montréal.

Sur quoi portaient vos conférences?

Des conférences qui étaient plutôt des dialogues. Comment vivre, comment se reconnaître, comment être solidaires des autres. Comment offrir son temps, sa vie, la valorisation du bénévolat, sa richesse même.

Avec les enfants, c'était un charme. Avec eux, il fallait que je raconte. On m'avait dit: «Racontez.»

Je racontais mes voyages.

Vous parliez d'événements de votre vie... Ils étaient sensibles au Rwanda?

Le Rwanda, le Japon. Tout ce qui est récit.

Je me souviens d'avoir dit à un jeune: «Moi, j'ai fait le tour du monde.» Il m'a répondu: «Moi aussi, j'ai fait le tour du monde.» Je lui ai demandé: «Tu as fait le tour du monde?» Il a dit: «Oui, je suis allé à Percé et je suis allé à Gaspé.»

Où étiez-vous à ce moment-là?

J'étais à Bonaventure, quand tout à coup j'ai senti l'importance des autres humains, l'éloquence des pauvres gens qui n'ont pas grand-chose. Et en même temps leur sens de l'adaptation.

Le dernier soir, à Gaspé, les skieurs ont voulu organiser un immense banquet avec du vin, de la danse, des chansons, et là, quelque chose de très révélateur s'est produit. Ils ont demandé à l'évêque de se servir d'une église qu'il ne pouvait pas chauffer en hiver faute d'argent. L'évêque leur a dit : « Écoutez, faites ce que vous voulez avec cette église-là. Vous l'avez bâtie ! »

Ils ont déplacé les bancs et l'église s'est transformée en une salle de réception, avec un bar. Ensuite, ils ont mis un grand voile devant le crucifix pour ne pas, disons, blasphémer. Étaient là des gens de toutes catégories, des Montréalais venus dans deux autobus et des Européens aussi.

La soirée a été extraordinaire. Mais le plus amusant, c'est que les journalistes de Radio-Canada, section Gaspésie, couraient après moi quand ils ont appris que j'étais un curé. Ce sont eux qui semblaient ne pas comprendre : « Comment se fait-il ? Ça ne se fait pas dans une église ! C'est défendu, ça ! On ne danse pas, on ne sert pas de vin dans une église ! » Ils voulaient voir ce que je dirais.

Je leur ai dit : « La vie publique du Christ a commencé par une noce. Est-ce qu'on va reprocher au Christ d'avoir même fait un miracle pour qu'il y ait davantage de vin ? »

Il y a des gens qui viennent d'Europe pour ça ?

Quelques-uns, oui.

Claudine Roy, une femme qui a un charisme inimaginable, animait tout ce monde-là. Elle savait le nom de chacun.

Ça me faisait penser à ces députés d'autrefois qui savaient le nom et presque l'histoire de tout le monde. Cette Claudine avait autorité sur tous dans un sens si positif. C'est incroyable ce que peut accomplir une seule personne quand elle donne tout avec cœur et à plus que soi.

On était en campagne électorale, ça ne s'est pas fait sentir?

Pas du tout. On n'y a même pas fait allusion. Il n'était question que de la joie de vivre, de partager. Il y avait des gens de tous les âges, trois médecins, deux ergothérapeutes et des infirmières. C'était sécurisant à tout point de vue.

Des gens en forme.

Il y avait même un garçon de 11 ans. Il a fait les 300 kilomètres. Il n'était pas plus fatigué à la fin qu'au début.

Pour ce qui est de la nourriture, on mangeait des sandwiches. Quelquefois, le soir, on prenait un repas. Il fallait être en santé.

Ce n'était pas une compétition. Tout le monde était sur le même plan. C'était un appel au dépassement de soi, simplement.

Ils vont faire encore une autre «tournée» l'an prochain. La traversée, qu'ils l'appellent, la grande traversée de la Gaspésie. On arrive à Sainte-Anne-des-Monts et on descend complètement vers la Baie des Chaleurs. Ça prend trois heures. Et tout recommencera.

Il y a une réappropriation de la Gaspésie?

Oui, avec la fierté. Un si beau pays. Un pays violent, fort, avec des montagnes, des rocs, la mer.

Pour les Gaspésiens, c'est une manière de se situer dans leur propre histoire. Et en même temps, c'est une manière de valoriser ce qu'ils sont. Les gens qui organisent ça, ils ont trente, quarante, cinquante ans.

La Gaspésie révèle un peu de la force sauvage du Québec, des autres Québécois, du Québec plus loin laissé à lui-même, en dehors des considérations matérielles. Vivent les Gaspésiens!

Le film *Lacroix sur paroles*

On a fait un film sur vous. Est-ce que ça a été révélateur, est-ce qu'il y a des choses qui ont surgi, un peu comme l'unité de votre vie ?

Le plus beau, ce fut de me retrouver dans une équipe venant d'horizons spirituels différents, où l'on s'entendait tellement bien. Ça m'a beaucoup touché.

J'avais un peu peur, parce que je ne savais pas ce qu'ils allaient retenir. Ils ne feraient rien pour m'embarrasser, je le savais. Mais tourner 53 heures pour garder 53 minutes ! Lesquelles ?

Quand ils m'ont interrogé sur le catholicisme, je me devais de tenir compte de leur horizon. Je ne pouvais pas développer toutes mes idées. J'aurais été superficiel. D'autre part, ces entretiens m'ont forcé à réfléchir à la tradition orale. Le film m'a initié à l'univers primitif du visuel. Oui, j'ai eu peur, peur de ne pas assez dire ou de tout dire. Si une image vaut mille mots, mille images ne risquent-elles pas la logorrhée ?

Le film qu'on a fait sur vous a dû vous amener à faire une certaine synthèse de votre vie.

Ce qui m'inquiète actuellement – je le dis sans arrière-pensée –, c'est que je ne me sens pas important. Je me sens comme un bon paysan qui est arrivé en ville, qui s'est adapté, qui parle comme il veut parler, lui. Je suis un peu marqué par mon père, peut-être. Mon père, la ville, vous savez, les députés, les ministres, pourvu qu'ils soient libéraux, ça lui suffisait.

Vous dites que vous n'êtes pas important. Mais en même temps vous incarnez quelque chose que vous avez envie de diffuser. Dans Nous les vieux, *Madame Lescop dit : « La vieillesse est une étape fantastique de renouveau. » C'est ça pour vous ?*

Moins un renouveau qu'une prise de conscience de la richesse de ce que je vis sur le plan culturel et religieux. Par exemple, redécouvrir de plus en plus le Christ, moins celui de mes études, que le Christ de la rue, le Christ présent aux repas, le Christ humain, le Christ quotidien qui donne sa vie aux autres.

Mais je n'aurais pas découvert le Christ de la rue si je ne l'avais pas d'abord enseigné et connu en tant que Fils de Dieu. En voulant connaître davantage le Fils de Dieu, en voulant savoir comment il avait vécu cette dimension, j'ai perçu qu'il ne mettait pas d'opposition entre l'humain et le divin. Et il a parfois choisi – ça m'a fasciné – de parler plus sérieusement à ses amis, ses proches, racontant au peuple ce qu'il voulait entendre, des petites nouvelles, des paraboles.

Comment se sentent les gens autour de vous, les Dominicains et les autres, par rapport aux débats actuels sur notre vivre-ensemble ? Percevez-vous des inquiétudes ?

On a l'impression que les gens vont un jour cesser d'avoir honte ou d'avoir peur d'exister en terre francophone et que la majorité d'entre eux vont dire leurs croyances catholiques premières. Je crois en Dieu-Amour. Je crois au Christ mort, ressuscité, vivant avec nous. Je crois que la communauté chrétienne vit et survit par l'Esprit saint qui l'habite jour après jour.

Je ne peux pas ne pas être optimiste. Je pourrais ne pas voir. Mais je vois.

Vous voyez parce que vous êtes attentif.

Probablement.

Et parce que ça vous intéresse. Il y a des gens qui ne voient plus l'enfance.

Les images que les médias donnent des gens sont souvent dramatiques. Ce sont souvent les titres des articles qui sont lus, et non les articles.

Vous me demandez si je suis optimiste. Je n'ai pas besoin de lutter pour être optimiste, j'ai toujours les jeunes à regarder, à aimer.

Avez-vous des moments de solitude ? À quoi pensez-vous dans la solitude ?

Ma solitude est plutôt une solitude habitée. Je ne suis pas du tout un rêveur qui ne pense à rien. Ou bien quelqu'un qui ne médite sur rien. J'ai des amis bouddhistes pour qui la méditation, la solitude, c'est d'en arriver à se vider de toute préoccupation, de toute idée, de tout sentiment, pour pouvoir être neutres devant l'existence. Moi j'ai l'impression que je ne pourrais pas y arriver.

La solitude pour moi, c'est un lieu où je pense. C'est la pensée. Je pense à ce que je fais, à ce que je peux faire.

Dans la prière, je prie avec les autres.

Je dis mon chapelet tous les jours, mais je le dis toujours seul, en me promenant. Ce moment est rempli de distractions, mais j'y tiens. Je tiens à mes distractions aussi, dans lesquelles les autres occupent beaucoup d'espace, j'en conviens.

Il y a des angoisses là-dedans ?

La seule angoisse que j'éprouve, c'est de ne pas être meilleur. De ne pas faire ce que je devrais faire. Ce sont des angoisses normales et non des angoisses personnelles.

Ma confiance à l'égard du message biblique est très grande. C'est une confiance éclairée. J'ai eu la chance de le comparer souvent avec d'autres messages et de rencontrer des adeptes d'autres religions.

Peut-être ai-je un don naturel pour désangoisser les autres. Pour simplifier. Pour pacifier.

Et malgré tout, malgré toutes les tragédies de l'histoire, les luttes religieuses, les combats politiques, la solitude même, vous demeurez optimiste ?

Moi, je n'ai pas de pensée, au fond. Je marche beaucoup par intuition.

Gilson parle quelque part d'un « optimisme chrétien ». Est-ce que cet optimisme ne caractérise pas votre pensée, votre formation ?

Je crois que le christianisme est la plus grande religion qui soit sur le plan de l'espérance. J'ai beau regarder les juifs qui attendent encore, qui se protègent en voulant devenir une nation... Vous savez, c'est une faiblesse, comme quand l'Église veut être un pouvoir. Je m'interroge beaucoup sur l'islam, sur ce que je considère comme un cul-de-sac : Dieu est tout, Dieu décide de tout. Est-ce du fatalisme ?

Le christianisme, c'est le Christ, celui qui a bousculé bien du monde. En arrivant, il dit : « Moi je suis le Fils. Appelez l'Autre Père, moi je suis son Fils. C'est pas fini. Appelez l'Esprit, parce que ça va continuer. » Ça me fascine au point de vue religieux. Tout à coup, Dieu est proche.

Pour les musulmans, Dieu est unique, en haut : « N'y touche pas, tais-toi, n'en dis pas trop. S'il y a des funérailles, répète les mots du Coran, n'ajoute rien. » C'est à la fois beau et radical comme rituel. Pourtant, il n'en était pas ainsi au Moyen Âge, quand il y avait de grands « théologiens » musulmans. Thomas d'Aquin a cité Avicenne, Averroès.

Je crois aux religions. Sur le plan culturel, je crois aux religions, aux grandes religions. Au sentiment religieux, à l'intérieur de chaque personne.

En étudiant, j'ai appris que le Christ était celui qui sauvait. Et que les religions étaient valables dès qu'on cherchait à découvrir en elles le plus beau, le plus vrai, par grâce de discernement.

J'ai toujours hâte d'apprendre comment les musulmans considèrent tel problème ou comment les bouddhistes vivent leur moi profond. Je ne me sens pas menacé du tout. Au contraire.

Je suis capable de nuancer en voyant la réalité parce que je suis historien. L'historien vit dans le relatif. Il n'y a pas d'absolu en histoire. On a bien l'impression que l'absolu n'existe pas, à moins que je pense à la divinité, à la transcendance.

L'amour est un absolu, mais il se vit dans le relatif. Dans les conquêtes quotidiennes, les recommencements. Quand je rencontre des vieux couples, ça m'impressionne beaucoup. Je vis la même chose, moi.

Ils ont surmonté les difficultés. Deux personnes ont décidé de ne pas lâcher. Et là je sens une force qui dépasse celle de l'individu.

J'ai parlé lundi dernier à 125 personnes du troisième âge. Je leur ai dit : « Quelqu'un est mort pour nous, ça veut dire qu'il faut vivre pour les autres. » Voilà pour mon optimisme.

Reprenons la phrase de Madame Lescop : « La vieillesse est une étape fantastique de renouveau. »

Des vieux qui croient encore, qui sont capables de rire, même de leur passé, c'est bon à savoir et à voir.

Ce qui est intéressant dans *Nous les vieux*, c'est la réflexion – j'oserais dire, de manière prétentieuse – en profondeur. Malgré les apparences.

En résumant votre rôle dans la société ecclésiale d'ici, vous n'avez pas assumé une fonction précise, vous n'avez jamais été curé ou aumônier d'université, sauf provisoirement en France, et pourtant vous avez toujours été un prêtre grandement estimé des jeunes, de génération en génération.

Je me suis mis au service de tout le monde en devenant prêtre, mais, sans effort de ma part, je m'attache aux jeunes. De toute façon et sans effort encore, j'aime les gens. Ils me stimulent et ils me valorisent.

L'espérance et l'image des jeunes

Les jeunes…

J'ai vécu des crises de société en leur compagnie. À l'université, je disais de mes étudiants et de mes collègues : « Si quelqu'un est compétent, qu'il soit marxiste, qu'il soit accoté, désaccoté, cela n'a pas d'importance. » À mon avis, il méritait la meilleure note s'il avait mieux étudié et remis ses travaux.

À 90 ans et plus, les jeunes vous intéressent encore ?

Tout autant. Même s'ils sont loin de mes « valeurs » prochaines, je les sens aptes à créer leur avenir.

J'aimerais tellement répondre convenablement à leurs questions à la manière de Jésus : Pourquoi vivre ? Pourquoi aimer la vie quand elle est si difficile ? Et les suicides ? Comment faire confiance à ma société de millionnaires ? Comment faire confiance à ses désirs d'aimer et d'être aimé ? Comment prier ? Comment rencontrer Dieu ? Comment connaître Jésus ?

Je les aime. Parfois trop ! Mais peut-on trop aimer les jeunes ?

Êtes-vous à l'aise avec les descendants du New Age ?

Oui et non. Ces gens nous ont forcés à tenir compte des Orientaux. Ils nous ont rendu un service fou en nous invitant à redevenir sensibles aux valeurs cosmiques. Plusieurs d'entre nous avions oublié les racines « matérielles » de notre spiritualité (par ex. le récit de la création). Ils nous incitent à revoir nos croyances. Par eux, j'apprends à mieux connaître le Christ « cosmique ».

Ils ont une capacité étrange de goûter la beauté.

La beauté à travers la matière. C'est pour ça qu'aux matérialistes, il manque quelque chose. Je dirais : « Soyez matérialistes, mais regardez. Il y a de la vie dans une roche. Ceux qui font des études de géologie disent qu'il y a de la vie dans une roche autant que dans une fleur. »

Le matérialisme est dépassé dans la culture actuelle des jeunes artistes que je connais.

Au jour le jour, et malgré la vie qui avance, d'où vous vient cet optimisme au quotidien ? Vous ne voyez pas le fleuve à Montréal, au 2715, chemin de la Côte-Sainte-Catherine ?

Je ne vois plus, comme à Saint-Michel, le fleuve en Bellechasse. Plutôt, je trouve chaque jour à ma portée des images de vie, autant, sinon plus réconfortantes, étant donné mon âge. Je m'explique.

Sur notre terrain, au 2715, chemin de la Côte-Sainte-Catherine, a été érigée une école. Ils sont plus de 300 de 4 à 12 ans. Je les vois, je les entends, ils jouent, ils rient, ils chantent. Chaque jour de l'année scolaire. Quelles merveilleuses images pour commencer une journée !

Ce n'est pas tout. À quelques pas de là, il y a l'Hôpital Sainte-Justine pour enfants. Souvent, ce sont des bébés qui arrivent, qui partent. Comment ne pas rêver positivement d'avenir en les voyant, en voyant leurs parents tour à tour angoissés, rassurés après une naissance, une guérison.

Tout près encore, se trouve le collège Jean-de-Brébeuf. Des centaines d'adolescents arrivent, repartent. Ils ont entre 15 et 20 ans. Je suis allé rencontrer des jeunes de Brébeuf. Vous ne vous rendez pas compte ! Ces jeunes me posaient toutes sortes de questions sur le bonheur, sur l'amour, j'avais là, tout à coup, l'avenir.

L'avenir, je le visualise encore en regardant arriver, repartir les jeunes universitaires en herbe de la Faculté de l'aménagement et de l'École des hautes études commerciales.

À ma fenêtre, à portée de mes yeux, mon université, l'Université de Montréal, plus de 30 000 étudiants y passent et y étudient. Souvent, le soir jusqu'à 21 h.

Bref, des images chaque jour. Quelle grâce! C'est à eux que je veux donner le meilleur des années à venir! Tous les jours, ma prière les enveloppe.

Pour tout résumer, comme un Amérindien distrait, je dirais que sur mon fleuve imaginaire à Montréal vont et viennent des milliers et des milliers de jeunes marins à qui j'offre ma confiance et mon amitié.

Comment ne pas espérer l'avenir quand tous les jours ce jeune monde prend la mer en route vers l'océan?

Jeunesse, radar du monde!

Dites-nous le titre des trois livres que vous apporteriez en partant à l'étranger pour longtemps ou si un incendie...

1) La Bible; 2) l'ordo liturgique; et 3) les œuvres complètes de sainte Thérèse de l'Enfant-Jésus.

Et trois autres au cas où...

1) *Essai sur la métaphysique d'Aristote* de Félix Ravaisson; 2) les *Fables* de La Fontaine; et 3) la première partie de la *Somme théologique* de saint Thomas d'Aquin.

Et de vos propres ouvrages...

1) *Silence*; 2) *Trilogie en Bellechasse*; et 3) *La foi de ma mère* et *La religion de mon père*.

Citez-nous deux noms du XIXe ou du XXe siècle qui en cet instant vous sont très chers.

Thérèse de l'Enfant-Jésus et Chagall.

TABLE DES MATIÈRES

L'intérieur de ce livre a été imprimé au Québec en janvier 2009
sur du papier entièrement recyclé
sur les presses de l'imprimerie Gauvin.